# GLÜCKLICH
# FÜHREN

**Uwe Rotermund** führt seit 1993 das IT Consulting Unternehmen noventum aus Münster und wurde mit diesem in den Jahren von 2010 bis 2012 als bester Arbeitgeber Deutschlands vom Great Place to Work® Institut Deutschland ausgezeichnet. Sein Unternehmen beschäftigt aktuell 100 Menschen in Deutschland und betreibt Auslandsgesellschaften in Luxemburg, der Türkei und Südafrika. Uwe Rotermund ist Future Circle Member im Horx'schen Zukunftsinstitut, engagiert sich in mehreren Verbänden und hat eine Vielzahl von außergewöhnlichen CSR-Projekten angestoßen. Er ist seit 32 Jahren mit seiner Frau Marion verheiratet, mit der er sieben Kinder im Alter von 11 bis 31 Jahren hat.

Mehr Informationen unter www.noventum.de

UWE ROTERMUND

GESCHICHTEN, GEDANKEN & KONZEPTE

# GLÜCKLICH FÜHREN

## SCHRITT FÜR SCHRITT ZU AUSGEZEICHNETER UNTERNEHMENSKULTUR

noventum
IT MANAGEMENT CONSULTING

Herausgeber: noventum consulting GmbH
Lektorat: Kerstin Linnemann, Linda Overhoff, Veronika Schmalzried
Umschlaggestaltung: Tobias Festing (noventum consulting GmbH)
Layout und Satz: Tobias Festing (noventum consulting GmbH)
Frank Krumnöhler (Joh. Burlage GmbH & Co. KG)
Herstellung: Joh. Burlage GmbH & Co. KG
Typographie: Frutiger Neue, Stempel Garamond
Printed in Germany

ISBN 978-3-00-049657-8

Mehr Informationen unter www.noventum.de

# INHALT

# VORWORT

von Stefan Merath
Autor des Unternehmer-Bestsellers
„Der Weg zum erfolgreichen Unternehmer"

www.unternehmercoach.com

Ich kenne Uwe Rotermund nun schon rund ein Jahr persönlich, seit er das erste Mal bei unseren Unternehmerstars-Seminaren auftrat. Und seither ist es ihm gelungen, mich immer stärker in seinen Bann zu ziehen, denn er hat für Unternehmer, gerade von kleinen und mittleren Unternehmen, eine Menge zu sagen, das weit über das übliche Führungs-Blabla hinaus geht. Vor allem, weil sein Wissen aus der Praxis kommt und sich in seinem eigenen Unternehmen – auch in Untiefen – bewährt hat.

Die Offenheit, die er in seinem Unternehmen lebt, findet sich nun auch in seinem Buch wieder: Von Krisen und Entlassungen während der New Economy-Krise bis zum Besten Arbeitgeber Deutschlands. Spannend finde ich persönlich, dass sich Uwe Rotermund ganz bewusst mit den zukünftigen Herausforderungen beschäftigt (Individualisierung, Female Shift, Globalisierung, Gesundheit usw.). Diese Megatrends sind nicht einfach nur nette Diskussions- (und Spekulations-)Themen, sondern sie bilden die Basis dafür, wie Unternehmen in den nächsten 10 bis 30 Jahren funktionieren müssen und werden.

Klassische Konzepte nach dem Motto, dass eine Führungskraft die genauen Ziele festlegt, Abläufe und Qualifikationsmaßnahmen definiert und Ergebnisse kontrolliert, spielen zwar in bestimmten Umfeldern (Franchising, Massenproduktion, Standard-Dienstleistungen, Bürokratie) immer noch eine Rolle, aber im Bereich der komplexen und/oder menschennahen Dienstleistungen, der interdisziplinären Teams oder sich schnell veränderndерden wirtschaftlichen Rahmenbedingungen funktioniert das nicht mehr. Das Konzept der Führungskraft als der besseren Fachkraft, die in der Lage ist, die Tätigkeiten der Mitarbeiter durch zu designen, gerät an ihre Grenzen. Die Führungskraft, die es trotzdem so versucht, hinterlässt verbrannte Erde bei den Mitarbeitern und rennt geradewegs in den eigenen Burnout.

Wir benötigen für Führung einen neuen Weg! Dieser Weg umfasst meiner Einschätzung nach als Schlüsselkomponenten Sinn und Erfüllung. Nur wer sein Unternehmen so aufbaut, dass Mitarbeiter Sinn und Erfüllung empfinden, wird im 21. Jahrhundert dauerhaften Erfolg haben. So ist es eine Schlüsselfähigkeit eines Unternehmens, seinen Mitarbeitern Sinnangebote zu machen. Und im Rahmen dieser Sinnangebote sind Mitarbeiter dann flexibel in der Lage, sich selbst Ziele zu setzen und die Arbeit so zu strukturieren, dass sie erfüllend ist. Dazu braucht es Vertrauen. Und deshalb ist eine Vertrauenskultur, wie Uwe Rotermund sie beschreibt und lebt, zwingende Voraussetzung für eine zukunftsfähige Führung.

Wenn ich mir die globale Entwicklung als Ganzes anschaue, dann überleben viele unserer Wirtschaftsbereiche aktuell überhaupt nur dank umfangreicher (offener und verdeckter) Quersubventionen. Arbeitskräfte sind woanders billiger und sie arbeiten mehr, Maschinen gibt es woanders in derselben Qualität, das Business-Knowhow ist global und in jedem afrikanischen Dorf per Internet abrufbar, qualifizierte Menschen mit Studienabschluss gibt es in Indien, China und anderen Ländern in vielfacher Anzahl. Selbst in Bezug auf die Arbeitsethik steht Deutschland kaum an der Spitze. In all diesen Bereichen haben wir einen Vorsprung von höchstens ein paar Jahren oder gar Monaten.

Was uns aber unterscheiden kann, ist die Tatsache, dass in den letzten 40-50 Jahren in unserer Gesellschaft ein drastischer Kulturwandel stattgefunden hat – weg von Hierarchie hin zu Kooperation und Vertrauen. Weg von Befehlen hin zur Sinn-Orientierung. Nicht überall und noch nicht dominant, aber doch so, dass wir einen entscheidenden kulturellen Vorteil gegenüber Menschen haben, die gerade erst den Stammes- oder Dorf-Strukturen entwachsen. Kulturänderung braucht Zeit! Und dieser graduelle Vorteil ermöglicht es, qualifizierte Menschen anzuziehen und in komplexen unternehmerischen Umfeldern dynamisch zu agieren. Deswegen denke ich, dass Unternehmen, die auf Sinn, Erfüllung und Vertrauen setzen, auch kurzfristig in diesen neuen Umfeldern die Gewinner sein werden. Und ich glaube, dass mittel- bis langfristig auch die anderen Unternehmen nachziehen müssen. Die größte Herausforderung sehe ich hier übrigens noch nicht einmal bei Unternehmen, sondern in staatlichen und bürokratischen Strukturen, die vom Wandel der letzten Jahrzehnte oft noch nicht einmal mitbekommen haben, dass er überhaupt stattfindet.

Mein persönlicher Tipp für Unternehmer und Führungskräfte, die sich fit für die Zukunft machen möchten? Da hätte ich zwar viele Tipps, aber es gibt nur einen einzigen wirklich wichtigen Tipp! Suchen Sie das Umfeld von anderen Unternehmern oder Führungskräften, die eine neue Form der Führung aufbauen. Letztlich handelt es sich um eine Entwicklung, die man nicht alleine machen kann. Diese neue Führung, diese neue Art von Unternehmen ist ein Gemeinschaftsprojekt von Unternehmern, die sich auf regelmäßiger Basis offen austauschen und voneinander lernen.

Das ist etwas fundamental anderes, als wir es üblicherweise bei Verbänden, Kammern oder Netzwerktreffen erleben. Dort steht immer noch das Schaulaufen und/oder Verkaufen im Vordergrund. Wer würde denn dort zugeben, dass bei ihm ein Mitarbeiter wegen des autoritären Führungsstils gekündigt hat? Oder dass seine Strategie nicht funktioniert? Oder dass er noch an seinen Glaubenssätzen zu Mitarbeitern arbeiten müsse?

Diese Netzwerke, von denen ich spreche, sind z.B. Braintrusts, in denen bewusst ein offener Umgang gepflegt wird und deren Mitglieder dieselbe Philosophie haben. Oder – aufwändiger – selbst zusammengesuchte Netzwerke aus spannenden Menschen. Dieses bewusst geschaffene Umfeld ist die Basis – alles andere, wie das Lesen der richtigen Bücher, die richtigen Seminare oder Coaches, das Kennenlernen weiterer spannender Menschen, folgt dann fast von alleine nach.

Wenn ich Mitarbeiter wäre und einen Arbeitgeber suchen würde, wäre das dann auch die wichtigste Frage: In welchem Umfeld bewegt sich meine zukünftige Führungskraft? Was zeichnet dieses Umfeld aus? Dann nachgeordnet: Was waren die letzten Bücher oder Seminare? Welchen Sinn bietet dieses Unternehmen, wozu ist es überhaupt da? Inwieweit kann ich mir im Rahmen dieses Sinns (nicht Ziels!!!) meine Ziele selbst setzen? Und: Wie wird das Vertrauen gelebt?

Alles andere ergibt sich automatisch: Eine Führungskraft, die nur Umsatzziele im Blick hat, kann die obigen Fragen nicht vernünftig beantworten; eine Führungskraft, die sich selbst nicht weiterbildet, wird auch die Weiterbildung der Mitarbeiter vernachlässigen; eine Führungskraft, die kein anregendes Umfeld hat, wird nicht in der Lage sein, auf die Herausforderungen der Zukunft adäquat einzugehen.

Die herausragenden Eigenschaften von Uwe Rotermund, so wie ich ihn kennengelernt habe, sind seine Neugier, seine Offenheit und schlicht die Tatsache, dass er Menschen liebt und sich mit ihnen austauscht, um gemeinsam bessere Wege zu finden. Und genau das erwartet Sie auch in diesem Buch.

Stefan Merath, 09. Mai 2013

# TEIL I

# VERTRAUENSKULTUR AUS ÜBERZEUGUNG

## I.1 EINFÜHRUNG UND MOTIVATION

### Zielgruppe des Buches

Ein Unternehmen ist wie eine komplexe Maschine. Viele Zahnräder greifen ineinander, um am Ende einige wenige entscheidende Dinge zu bewegen und einen Zweck zu erfüllen. So muss am Ende ein Unternehmen auch nur funktionieren und damit seinen Zweck erfüllen. Welchen Zweck muss ein Unternehmen denn erfüllen? Der Antwort auf diese Frage möchte ich in diesem Buch am Beispiel meines Unternehmens noventum etwas näher kommen und dabei auf den ganz wichtigen Aspekt der vertrauensbasierten Unternehmenskultur tiefer eingehen, welcher nach meiner Einschätzung eng mit der Zweck- oder Sinnfrage von Unternehmen verknüpft ist.

Als erster Architekt und Chefingenieur von noventum consulting habe ich 1996 nach einem Management Buy-Out mit meinem Team begonnen, das Unternehmen aufzubauen. Dabei sind, auf Basis eines klaren und personifizierten Wertesystems, viele Prozesse und Strukturen entstanden, die das Unternehmen dahin geführt haben, wo es heute steht. Einiges davon ist niedergeschrieben und verbindlich in die täglichen Routinen eingebaut. Vieles mehr befindet sich jedoch in den Köpfen der Menschen, die noventum ausmachen, und dient diesen als Handlungsorientierung. In meinem Kopf und in meiner Loseblattsammlung befindet sich der noventum Bauplan. In den Managementsystemen ist dieser Bauplan nur an wenigen wichtigen Stellen dokumentiert. Viele ungeschriebene Gesetze, Regeln, Werte, Prozesse, Abhängigkeiten und Ursache Wirkungs-Ketten befinden sich in meinem Kopf. Das möchte ich gerne teilen. Exemplarisch habe ich das immer schon gerne auf Vorträgen und in vielen Gesprächen getan. In diesem Buch unternehme ich den

Versuch, die Zusammenhänge in unserem Unternehmen etwas umfassender darzustellen und dabei insbesondere die Wertegrundlage, den Unternehmenszweck und die ausgezeichnete Unternehmenskultur ausführlicher zu erklären. Wen interessiert so etwas?

Sicher jeden Mitarbeiter, der sich dem Unternehmen verbunden fühlt. Alles, was ich in diesem Buch beschreibe, wirkt sich in irgendeiner Form auf die Tätigkeiten unserer Mitarbeiter aus und bestimmt das Betriebsklima. Die Mitarbeiter werden durch das Lesen des Buches befähigt, die Hintergründe des Handelns der Führungskräfte besser einzuschätzen und können sich noch gezielter in die weitere Entwicklung des Unternehmens einbringen. Sofern sie die von mir hier dargestellten Konzepte und Überzeugungen wertschätzen, kann die Verbundenheit zu noventum weiter gestärkt werden.

Ähnliches gilt für potenzielle zukünftige Mitarbeiter und für die Bewerber, an denen wir großes Interesse haben. Wenn sich diese mit den hier von mir dargestellten Geschichten, Gedanken und Konzepten vertraut machen, haben sie eine gute Entscheidungsgrundlage für ihren nächsten Karriereschritt. Bei positiver Entscheidung für eine Tätigkeit bei noventum ist die kulturelle Integration sicher sehr viel besser und schneller möglich. Ein wichtiges Stück der Unternehmens-DNA ist dann für die Neuen schon entschlüsselt.

Wenn ich den Kreis der Zielgruppe weiterziehe, sehe ich alle weiteren interessierten noventum Stakeholder, und zwar die Gesellschafter, Kunden, Lieferanten und andere enge Kooperationspartner. Wenn diese verstehen, wie wir „ticken“, ist die Zusammenarbeit einfacher, zielgerichteter und vertrauensvoller. So können wir auch einfacher gemeinsam mit den Stakeholdern an einer Weiterentwicklung des Unternehmens arbeiten.

Schließlich überlasse ich die Ausführungen gerne den Unternehmen, die sich auf den Weg machen, in ihrem Unternehmen systematisch eine vertrauensbasierte Unternehmenskultur zu entwickeln. Meine Geschichten, Gedanken und Konzepte sollen dabei als Inspiration dienen, eigene Strukturen zu entwickeln und Schritt für Schritt zu erproben.

Sollte es noch weitere Interessierte geben, wäre das großartig. Ich glaube fest daran, dass wir in unserer Gesellschaft Lebensqualität und Wohlstand erzielen, wenn es uns gelingt, eine vertrauensbasierte Kultur in unseren Unternehmen und mit unseren Geschäftspartnern zu etablieren.

Im ersten Teil des Buches erläutere ich, wie aus meiner beruflichen Biografie meine Haltung, Werte und Vorstellungen von Führung und Management entstanden sind. Der zweite Teil zeigt die Strukturen der Great Place to Work® Methode anhand der konkreten, bei noventum angewandten Instrumente des „Human Resource Management" zur systematischen Entwicklung einer vertrauensbasierten Unternehmenskultur auf. Im dritten Teil geht es um Strategiebausteine und Managementstrukturen des Unternehmens noventum, die den Great Place to Work® Ansatz, also die systematische Entwicklung der Unternehmenskultur, ergänzen. Schließlich möchte ich im vierten Teil auf Basis meiner Vision und Mission einen Ausblick geben.

Dieses Buch ist naturgemäß egozentrisch, also sehr stark aus meiner Perspektive geschrieben. So erklären sich insbesondere die Werte, Haltungen, Entscheidungen und Handlungen aus meiner ganz persönlichen Sicht. Die noventum Unternehmenskultur ist glücklicherweise auch entscheidend durch viele weitere Mitarbeiter, insbesondere durch die Menschen der ersten Jahre, geprägt.

## Mein Weg in die Informatik

Bevor ich auf die Strukturen eingehe, die für eine vertrauensbasierte Unternehmenskultur förderlich sind, stelle ich zuvor kurz meine Biografie dar, denn daraus erklärt sich einiges zu dem heute bei noventum etablierten Wertesystem. Ok, es geht los im Jahre 1975 im jugendlichen Alter von 16 Jahren. Maschinen zu erklären, was sie tun sollen und dann mit Befriedigung zu beobachten, dass das auch funktioniert, hat mich in der Oberstufe des Schlaun Gymnasiums in Münster sehr begeistert. Als Schüler stand mir als Werkzeug ein programmierbarer Taschenrechner von Texas Instruments mit aus heutiger Sicht sehr bescheidenen Funktionen zur Verfügung. Und doch reichte es, um Feuer zu fangen für die Informatik, zumal ich damals recht erfolgreich in den Fächern Mathe und Physik war. Nach dem Abitur kam dann folgerichtig ein Informatikstudium in Betracht, das ich aber nie antrat.

Alte Zeiten – als die Computer noch groß, die Autos noch klein und die Bärte noch lang waren

Zuvor hatte mir der Geschäftsführer der damaligen Buchungszentrale der westfälisch-lippischen Sparkassen, der heutigen Finanz Informatik GmbH & Co.KG, ein Praktikum im Bereich des Großrechneroperatings angeboten. Das Angebot war aus zwei Gründen sehr attraktiv. Erstens konnte ich weiterhin in Münster wohnen, was mir sehr wichtig war, damit ich bei meiner damaligen Freundin und heutigen Frau Marion bleiben konnte, mit der ich inzwischen über 30 Jahre verheiratet bin und sieben Kinder habe. Der nächstmögliche Informatikstudienort war damals (1978) in Dortmund und das schien mir sehr weit weg. Der zweite Grund, das Angebot bei der BWS anzunehmen, war das attraktive Einstiegsgehalt.

So startete ich im August 1978 als Operatorassistent, erst an den Druckern, dann an den Bändern und schließlich, als Höhepunkt meiner Operatorkarriere, an der sogenannten Konsole. Ich arbeitete mich schnell ein, und das Umgehen mit dem Mainframe machte mir richtig Spaß, auch wenn ich im 3-Schicht-Betrieb arbeiten musste. Damals war es meine Absicht, zu einem geeigneten Zeitpunkt das Studium aufzunehmen, aber mit gerade 19 Jahren hatte das ja noch etwas Zeit. Ich hatte mich damals übrigens vom Wehr- oder Zivildienst durch die Verpflichtung zu zehn Jahren Katastrophenschutz beim Deutschen Roten Kreuz befreien lassen. Damit hatte ich für meine Weiterentwicklung bei der BWS den Rücken frei und lernte parallel als Erste-Hilfe-Ausbilder viel Nützliches für spätere Führungsaufgaben.

Nach einem halben Jahr im Operating bot mir der Leiter des Rechenzentrums eine Juniorstelle in der Systemprogrammierung an. Das war der Aufstieg in den Olymp, denn die „Systemer" genossen in der BWS einen göttergleichen Ruf. Ich durfte dabei sein! Die Abteilung umfasste bei meinem Eintritt mit mir vier Mitarbeiter. Neben diversen Systemplanungstätigkeiten als Assistent wurde mir eine umfassende Ausbildung zum Programmierer und Systemadministrator geboten. Ich verbrachte sehr viele Wochen im Jahr bei der IBM in Essen und in Herrenberg sowie beim Ausbildungszentrum der WestLB in Düsseldorf. Mein Verantwortungsspielraum wuchs von Jahr zu Jahr und nach einigen Jahren wurde mir als 26-jähriger die Teamleitung der Netzwerkplanungsgruppe übertragen. Das empfand ich als große Ehre und Anerkennung. Auch war das Motivation für mich, das Studium der Betriebswirtschaftslehre an der FernUniversität Hagen parallel zu meiner Berufstätigkeit aufzunehmen.

Privat hatte sich mein Leben auch spannend weiterentwickelt. Seit 1982 war ich mit Marion verheiratet und wir bekamen in jungen Jahren bereits zwei kleine Mädchen, Laura und Mona. Unser Leben war vielseitig und anspruchsvoll, zumal Marion parallel ihr Lehramtsstudium engagiert durchzog.

Nachdem ich neun sehr schöne Jahre bei der BWS erlebt hatte und mich dort gut entwickeln konnte, hatte ich doch Lust auf eine Veränderung. Da kam mir der Anruf eines Ex-Kollegen sehr recht, in dem er mich für eine Abteilungsleitertätigkeit bei dem Maschinenbauunternehmen Windmöller & Hölscher KG in Lengerich akquirieren wollte. Das Unternehmen befinde sich in rasantem Wachstum und man brauche dort so junge engagierte Menschen wie mich. Das klang sehr spannend und ich sagte zum 1. Oktober 1987 zu.

Derweil war unser drittes Kind Lukas unterwegs, der am 28. Oktober 1987 geboren wurde.

## Erste Führungserfahrungen

Die IT Welt im Maschinenbau unterschied sich deutlich von der bei einem Sparkassendienstleister. Ich durfte mich mit CAD, PPS, Lagersteuerung, Stücklisten, Arbeitsplänen und vielen weiteren neuen Themen beschäftigen. Mir rauchte der Kopf, denn schließlich wollte ich ja als Leiter der IT Systemtechnik ein guter Dienstleister der Fachabteilungen sein und dazu musste ich sie verstehen.

Parallel bauten Marion und ich im Jahre 1988 unser erstes Haus und begrüßten Anfang 1989 unseren zweiten Sohn Severin auf der Welt. Einen Teil der Nächte verbrachte ich auch damit, mich durch BWL-Stoff zu arbeiten, damit ich die Prüfungen an der Fernuni bestehen konnte. Wir beide, Marion und ich, hatten uns schon eine Menge für unser Leben vorgenommen.

Nicht nur die Technik, sondern auch das Unternehmensklima bei Windmöller & Hölscher unterschied sich deutlich von meinem vorherigen Arbeitgeber. Mein Vorgesetzter war geprägt von Vorsicht und Misstrauen, besonders gegenüber seinen Mitarbeitern. Einen kooperativen Führungsstil lehnte er mit der Begründung ab, dass man sich nicht „nach unten" solidarisieren dürfe. Für mich war das eine schwierige Aufgabe. Als junge Führungskraft mit 28 Jahren suchte ich ja noch meine Rolle und konnte mich so gar nicht mit einem autoritären Auftreten anfreunden. Ich versuchte meinem Chef zu beweisen, dass man auch kooperativ führen kann, was ich allerdings noch experimentell nachweisen musste. Das gelang naturgemäß nicht immer. In jedem Fall hatte ich ein angespanntes Verhältnis zu meinem Vorgesetzten. Die Montagsrunden, in denen wir fünf Abteilungsleiter mit unserem Bereichsleiter zusammensaßen, um die Probleme der letzten Woche zu besprechen, waren meist der Horror. Verbale Ohrfeigen waren an der Tagesordnung. Es war ein kleiner Trost für mich, dass sich die Ohrfeigen auf uns alle gleichmäßig verteilten. Von Zeit zu Zeit verschwand dann mal einer aus unserer Runde, entweder weil er aufgegeben hatte, oder weil er erfolgreich „outgeplaced" wurde. Ich glaube, dass ich einen ganz guten Puffer zwischen dem Bereichsleiter und meinen Mitarbeitern abgegeben habe. Ein Weiterleiten des Drucks kam für mich nicht in Frage.

Nachdem ich vier Jahre lang dieses Umfeld erlebt hatte, wobei ich auch viel Befriedigung aus meiner persönlichen Entwicklung durch all die neuen Erfahrungen gezogen habe, drehte sich bei Windmöller & Hölscher der Wind. Das Unternehmen, das bis dahin auf einem starken Wachstumspfad war, musste im Jahr 1992 einen dramatischen Einbruch der Aufträge erleben und fühlte sich daher gezwungen, 30% des Personals abzubauen. Jetzt waren alle Führungskräfte gefragt, ihre Sparvorschläge auf den Tisch zu legen. Unterstützt wurde das Kostensenkungsprojekt von den Beratern der Boston Consulting Group. Schnell lernte ich, dass insbesondere in der IT recht fantasielose Einsparungsmaßnahmen vorgeschlagen wurden. Eines schmeckte mir ganz und gar nicht, nämlich dass die vielen teuren Berater, die schon seit Jahren für einfache Aufgaben eingesetzt wurden, immer noch weiter beauftragt wurden, während wichtige, fest angestellte Mitarbeiter auf der Entlassungsliste standen. Dagegen erhob ich bei meinem Vorgesetzten deutlich mein Wort, was mir eine Menge Ärger einbrachte und schon bald den Anruf eines Personalberaters, der gehört hatte, dass ich mich verändern wolle. Der „Outplacementprozess" war jetzt also auch bei mir gestartet.

Anfangs packte mich der Ehrgeiz, dass ich nicht so leicht aufgeben würde. Ich war davon überzeugt, dass die Gesellschafterin Adelheid Windmöller irgendwann bemerkte, dass meine Einsparungsvorschläge für das Unternehmen nützlicher waren als die meines Vorgesetzten. Dass ich am Ende dann doch „aufgab" und nach fünf Jahren ein anderes Angebot annahm, lag an der Attraktivität dieses Angebots. Ich durfte für das Bielefelder SAP Beratungsunternehmen Lynx eine neue Niederlassung in Münster gründen und dabei ein neues Beratungsfeld mit „RZ-Organisation und Systemtechnik" aufbauen. Das klang sehr spannend. Die Vorstellung, ein Geschäftsfeld von Grund auf zu planen und dann die volle Verantwortung für die Umsetzung zu übernehmen, fand ich großartig. Also griff ich zu, verließ schweren Herzens mein Team in Lengerich und startete am 1. Januar 1993 in meinem Home Office in Münster eine neue Karriere.

Ich glaube, dass die mehr als fünfjährige Erfahrung bei Windmöller & Hölscher bei mir den entscheidenden Schalter in Richtung Vertrauenskultur betätigt hat. Und zwar dadurch, dass ich mit meinem Vorgesetzten genau das Gegenteil erlebt hatte und ich fest entschlossen war, zukünftig ganz anders zu führen. Wenige Monate nach meinem Abschied bei Windmöller & Hölscher erfuhr ich übrigens, dass Frau Windmöller sich von meinem damaligen Vorgesetzten getrennt hatte. An Windmöller & Hölscher denke ich heute noch mit einem guten Gefühl zurück, ich komme auch gerne von Zeit zu Zeit wieder dorthin. Das dort erlebte Misstrauen war aus heutiger Sicht keine Frage der Unternehmenskultur, sondern des Verhaltens einer einzelnen Führungskraft, der die Unternehmensleitung zu lange blindes Vertrauen geschenkt hatte.

## Erste Beratererfahrungen

Schon in der BWS bewunderte ich das Leben der IBM Berater, die hohe Wertschätzung genossen und dafür überwiegend recht bodenständige Aufgaben wahrnahmen. Das traute ich mir auch zu. Die Berater bei meiner späteren Tätigkeit bei Windmöller & Hölscher verdienten ihr Geld überwiegend noch viel leichter, fand ich. Für mich war der Rückschluss jedoch nicht, dass ich mit mittlerer Kompetenz viel Geld verdienen wollte, sondern dass ich die Lust verspürte, für angemessenes Geld echten Nutzen zu erzeugen. Ich wollte ein guter und vertrauenswürdiger Berater sein. Das war meine Mission.

Uwe Rotermund als frischgebackener Unternehmer

Zunächst brauchte ich erst einmal Kunden. Ich begann also in meinem Home Office, am Schreibtisch im Schlafzimmer, meine Dienstleistungen zu beschreiben, Präsentationen zu entwickeln, Zielkunden zu identifizieren und schließlich mit diesen Termine zu vereinbaren. Es war ein sehr schönes Gefühl, jetzt auf der anderen Seite zu sitzen und meine ehemaligen Kollegen zu besuchen. Ich spürte auch von deren Seite viel Interesse und es dauerte nicht lange, bis die ersten Aufträge hereinkamen. Ich war sehr glücklich, wenn ich im Projekt arbeiten konnte, genauso gerne akquirierte ich neue Projekte. Das war offensichtlich erfolgreich, zu Spitzenzeiten fakturierte ich 220 Stunden pro Monat in sechs Projekten.

Ein besonders wichtiges Projekt begann im Frühjahr 1994 bei der WestLB in Düsseldorf. Ich durfte dort einen ausgeschiedenen Mitarbeiter im IT Controlling ersetzen und arbeitete praktisch im Tagesgeschäft in der Linie. Als engagierter Dienstleister war das für mich keine Schande, sondern die Chance, die WestLB durch und durch kennenzulernen. Gerade als IT Controller war es meine Aufgabe, mit allen IT Führungskräften und Projektleitern über deren IT Kosten und Budgets zu reden. Nach kurzer Zeit hatte ich eine hohe Bekanntheit. Das zahlte sich aus, denn in den Wachstumszeiten des IT Consulting wurde mir von Entscheidern der WestLB oft die Frage gestellt, ob meine Firma denn noch mehr solche Leute wie mich hätte. So begann unser Wachstum. Anfangs setzte ich Subunternehmer ein. Einer von diesen Subs war Bernd Hüner, der den Pioniergeist mitbrachte, meine kleine Geschäftsstelle zu bereichern und mit aufzubauen. So wurde Bernd im Sommer 1995 einer meiner ersten Mitarbeiter. Parallel stellte ich Frank Petersen ein und einige Monate zuvor hatte schon Dr. Frank Gutberlet angeheuert.

Im gleichen Jahr stellte ich noch sieben weitere Mitarbeiter ein, viele von diesen Männern der ersten Stunde sind noch bei uns und nehmen Führungsrollen ein. Nicht alle wurden bei der WestLB eingesetzt. Uns gelang es, parallel einige wichtige umsatzstarke neue Kunden zu gewinnen, so die LBS West und natürlich meinen alten

Arbeitgeber, die BWS. Wachstum, Umsatz und Deckungsbeitrag entwickelten sich sehr gut und wir zogen mit unserem Team in ein nettes Fachwerkhaus an der Wolbecker Windmühle ein.

Büro im Fachwerkhaus an der Wolbecker Windmühle

Neben dieser Erfolgsgeschichte möchte ich die großen Anstrengungen, die meine Familie und ich in der Zeit zu bewältigen hatten, nicht unerwähnt lassen. Vom Frühjahr 1994 bis zum Ende des Jahrtausends war ich selbst vier bis fünf Tage in der Woche in Düsseldorf tätig. Als Familienvater wollte ich in der Nacht jedoch in der Nähe meiner Lieben sein, sodass ich morgens um 6:00 Uhr mit dem Zug nach Düsseldorf fuhr und abends gegen 21:00 Uhr wieder zu Hause war, um noch ein bisschen Zeit mit Marion zu verbringen. Während dieser Zeit entschloss sich Marion, eine dreijährige Ausbildung zur Hebamme zu machen, während unsere Kinder von einer wunderbaren Nanny betreut wurden. Man, war das eine herausfordernde Zeit. Wir können glücklich sein, dass unsere Familie diese Phase überstanden hat.

Als Höhepunkt kam dann unser fünftes Kind Justus Quintus im Juli 1995 zur Welt und bereicherte unser Leben nochmals. Knapp zwei Jahre später gesellte sich dann noch unser Luis zu uns und den Kindersegen schloss Elija schließlich im Jahre 2004 ab. Mit dieser siebenköpfigen Kinderschar wird unser Leben in phantastischer Weise bereichert.

## Zellteilung und »Rebranding«

Die Karriereleiter bei Lynx sah in den 90ern ein Management Buy-Out als ultimative Variante vor. Bereichs- oder Niederlassungsleiter, die nicht nur als Quasi-Unternehmer, sondern wirklich unternehmerisch arbeiten wollten, konnten unter dem Namen Lynx eine eigene Gesellschaft führen, an der sich die Kerngesellschaft als Minderheitsgesellschafter beteiligte. Für die Mitgliedschaft in der Lynx-Gruppe, praktisch ein Franchisesystem, musste das neue Unternehmen eine beträchtliche monatliche Gebühr für die Namenslizenz und für Marketingdienstleistungen zahlen.

Auch mir wurde die Zellteilung angeboten. Das war insbesondere deshalb naheliegend, weil wir schon von Beginn an äußerst selbständig agierten. Ende 1996 sollte die Zellteilung erfolgen. Es war meine Entscheidung, ob ich allein neu gründete, oder ob wir die gesamte Niederlassung in eine neue Gesellschaft abtrennten und ich somit alle Mitarbeiter und Kunden übernahm. Ich zögerte keine Sekunde und entschied mich für die letzte Variante. Das war teuer, denn ich musste 51% des optimistischen Marktwertes extern finanzieren und den Finanzdienst über 20 Jahre aus den Gewinnen der Zukunft leisten. Ich hatte Glück. Das Unternehmen Lynx Münster wuchs schnell auf 80 Mitarbeiter und produzierte jedes Jahr ordentliche Gewinne. Wir waren ein großartiges Team mit tollen Kunden. Die Franchisegebühren fraßen zwar einen großen Teil des Gewinns auf, es blieb aber dennoch genug übrig, mit dem ich den Kaufpreis finanzieren konnte.

Zum Jahrtausendwechsel entschied sich der Franchisegeber Lynx Bielefeld, an die Börse zu gehen. Das Zellteilungskonstrukt war dafür jedoch sehr ungeeignet. Lynx versuchte daher, alle Minderheitsbeteiligungen zurückzugewinnen. Jetzt war plötzlich Zellfusion angesagt. Für mich war diese Perspektive nicht attraktiv und ich beschloss, dass wir uns als eigenes und profiliertes Unternehmen evolutionär weiterentwickeln sollten. Als dann die Leistungen des Franchisegebers rapide nachließen, kündigte ich den Franchisevertrag und wir etablierten in 2002 die neue Marke noventum.

Lynx ist übrigens nicht an die Börse gegangen. Als die Vorbereitungen getroffen wurden, war es schon zu spät. Die Dotcom Blase war geplatzt.

## I.2 QUALITÄTSMANAGEMENT MIT FOKUS AUF MITARBEITERZUFRIEDENHEIT

### Halbjahresgespräche

Mit der Etablierung eines eigenen Unternehmens Anfang 1997 war bei uns der Turbo eingeschaltet worden. Mit noch mehr Begeisterung bauten wir das Unternehmen aus. Mir war es ein riesen Vergnügen, neben meiner eigenen Projektarbeit neue Kunden zu gewinnen und neue Mitarbeiter einzustellen. Mit der Gründung des Unternehmens verteilte ich konsequent die Verantwortung auf fünf meiner Mitarbeiter der ersten Stunde, auf Frank P., Frank G., Bernd, Wolfgang Plemper und Jörg Ruff. Bis auf den Letztgenannten sind alle noch bei uns in Führungsverantwortung. Jörg wiederum ist Manager bei einem unserer Kooperationspartner. Meine Delegationsfähigkeit war offensichtlich eine wichtige Voraussetzung für das explosionsartige Wachstum, denn in jedem Geschäftsbereich wurden neue Mitarbeiter eingestellt, integriert und ausgelastet.

Frank Petersen 1997

Dr. Frank Gutberlet 1997

Bernd Hüner 1997

Wolfgang Plemper 1997

Bei aller Wachstumseuphorie ging es uns Führungskräften darum, dass all unsere Mitarbeiter mit großer Zufriedenheit bei uns tätig waren. Um dies immer wieder sicherzustellen, führten wir mit Unternehmensgründung die Halbjahresgespräche zwischen Vorgesetzten und Mitarbeitern ein. Im ersten Teil dieser Gespräche wurden unsere Mitarbeiter von ihren Vorgesetzten systematisch nach den Bereichen Fachkompetenz, Methodenkompetenz, Sozialkompetenz, persönliche Kompetenz und Führungskompetenz beurteilt. Anschließend wurden die persönlichen Ziele für das kommende Halbjahr vereinbart und die Ziele der letzten Periode überprüft. Im dritten Teil des Halbjahresgesprächs beurteilte der Mitarbeiter seinen Vorgesetzten und sein Unternehmen.

Bei dem direkten Vorgesetzten wurde beurteilt:

- *seine Führungsfähigkeit,*
- *seine Kommunikationsqualität,*
- *seine Fähigkeit, Orientierung zu geben,*
- *seine Fähigkeit, zu motivieren,*
- *seine Fähigkeit, Lob und Kritik zu verteilen*
- *und seine Fähigkeit, Kritik anzunehmen.*

Bei dem Unternehmen äußerte sich der Mitarbeiter zu:

- *der Unternehmensstrategie,*
- *der Unternehmensführung insgesamt,*
- *dem Schulungsangebot,*
- *der Kompetenz der Innendienstfunktionen (Back Office)*
- *und dem Betriebsklima.*

Erst wurden diese Themen anhand von konkreten Anlässen diskutiert, bevor dann die Schulnoten für die einzelnen Bereiche vergeben wurden. Dieses Verfahren ist seit Unternehmensgründung nahezu unverändert und wird konsequent für alle Mitarbeiter eingehalten. Langzeitstatistiken zeigen hochinteressante Korrelationen zu Entwicklungsphasen des Unternehmens. Die hier dargestellte Erhebung der Mitarbeiterzufriedenheit ist seit Unternehmensgründung der Schlüsselindikator für den Erfolg unseres Unternehmens.

Deshalb achten wir konsequent darauf, dass mit jedem Mitarbeiter zweimal im Jahr ein Gespräch geführt wird.

## Mitarbeiterversammlungen

Neben den Gesprächen unter vier Augen und den Unit Meetings sind die großen Mitarbeiterversammlungen das Highlight der Interaktion zwischen Führungskräften und Mitarbeitern. Auch diese wurden von Beginn an durchgeführt, auch als wir erst fünf Köpfe waren. In diesen Tagen teilten wir uns noch den Besprechungsraum in unserem Fachwerkbüro mit Marions Hebammenpraxis. Das war schon leicht skurril, die Umsatzprognosen mit Blick auf das Plakat mit dem Bild des geöffneten Muttermunds zu präsentieren.

In den ersten Jahren der eigenständigen Gesellschaft fanden die Mitarbeiterversammlungen quartalsweise statt. Wir nahmen uns einen ganzen Tag Zeit, um die Erfahrungen aus den Projekten miteinander zu teilen, unsere Unternehmensstrategie zu kommunizieren und gemeinsam weiterzuentwickeln.

Foto einer noventum Mitarbeiterversammlung (2013)

Als dann ab 1998 immer mehr Mitarbeiter in unser junges Unternehmen strömten, wurden die Mitarbeiterversammlungen zu wichtigen Integrationsveranstaltungen. Immer wieder verdeutlichten wir als Führungsmannschaft unsere Werte und unsere Strategie. Wir lernten, aus diesen Versammlungen „Infotainmentevents" zu machen, die einfach Spaß machen. Wir mischten Informationen aus dem Tagesgeschäft mit Strategischem, Persönlichem und mit ganz viel Interaktion. Damit schafften wir es, fast immer die gesamte Mannschaft einmal im Quartal zusammenzutrommeln. Zum Abschluss jeder Mitarbeiterversammlung ließen wir die Teilnehmer 12 Fragen zum Unternehmen auf einer Schulnotenskala bewerten:

- *Wie beurteilst Du die fachliche Ausrichtung heute?*
- *Wie beurteilst Du die fachliche Ausrichtung morgen?*
- *Wie beurteilst Du die wirtschaftliche Sicherheit?*
- *Wie beurteilst Du die Fachkompetenz der Mitarbeiter?*
- *Wie beurteilst Du die Methodenkompetenz der Mitarbeiter?*
- *Wie beurteilst Du die Sozialkompetenz der Mitarbeiter?*
- *Wie beurteilst Du den Führungsstil?*
- *Wie beurteilst Du das Betriebsklima?*
- *Wie beurteilst Du die Organisation?*
- *Wie beurteilst Du die Werkzeuge?*
- *Wie beurteilst Du die Mitarbeiterkonditionen?*
- *Wie beurteilst Du die Ausbildung?*

In den ersten Jahren fand die Abstimmung öffentlich auf einem Flipchartblatt statt, später wurde anonym per Papier abgestimmt. Heute findet nach jeder Mitarbeiterversammlung eine umfassende Bewertung anonym per Intranetportal statt. Diese Befragung ist an vielen Stellen redundant zu den Fragen des Personalgesprächs unter vier Augen. Und doch macht es Sinn, die Fragen zusätzlich direkt nach der Mitarbeiterversammlung in Form einer Blitzlichtumfrage zu stellen. Wir erfahren dadurch auch, wie viel Vertrauen wir spontan durch die persönliche Ansprache der Mitarbeiter gewonnen haben. Aus unserer Langzeitstatistik 1997-2013 der Bewertungen auf den Mitarbeiterversammlungen lassen sich wichtige Klimatrends ablesen.

Inzwischen finden Mitarbeiterversammlungen nur noch zweimal im Jahr statt, insbesondere auch deshalb, weil wir diese inzwischen noch viel aufwändiger und professioneller gestalten. Das Ziel ist jedoch das gleiche geblieben: wir wollen glaubwürdig informieren, Perspektiven aufzeigen, neue Mitarbeiter integrieren, unseren Mitarbeitern ein Forum bieten, Anerkennung für besondere Leistungen aussprechen und unsere Mitarbeiter unterhalten. Dafür nehmen wir uns sehr viel Zeit.

## ISO 9002 Zertifizierung

Immer wieder zu informieren und zu kommunizieren war meinen Führungskräften und mir ein sehr großes Anliegen. Parallel dazu empfand ich die Notwenigkeit, das junge Unternehmen durchzuplanen und Prozesse und Kennzahlen aufzustellen. Ich wollte in Zusammenarbeit mit meinen Mitarbeitern definieren, wie unser Unternehmensuhrwerk funktioniert und wollte dies zur Schulungsgrundlage und Orientierung für alle Neuen machen. So setzte ich mich neben der Projektarbeit hin und beschrieb unsere Vision, unsere Strategie, unsere Prozesse, unsere Kennzahlen und vieles mehr. Meine Führungskräfte arbeiteten kräftig daran mit und schon bald hatten wir ein recht ordentliches Prozesshandbuch, an dem wir uns orientierten. Wir hatten die Prozesse im Bereich

- *Personal,*
- *Finanzen,*
- *Vertrieb,*
- *Marketing,*
- *Projektabwicklung*
- *und Strategieentwicklung*

ausführlich beschrieben und mit Qualitätsmerkmalen versehen, sodass es für uns auf dieser Basis recht einfach war, uns nach ISO 9002 auditieren zu lassen. Uns war die Zertifizierung primär deshalb wichtig, weil wir damit gezwungen waren, unser Prozesshandbuch immer aktuell zu halten und sicherzustellen, dass unsere Mitarbeiter damit vertraut waren. Noch heute ist das damals erstellte Qualitätsmanagement-Handbuch mit seinen Checklisten, Formularen und Prozessbeschreibungen an vielen Stellen sehr ähnlich zur Urversion. Diese Konzeptarbeit war tatsächlich die Grundlage unseres Qualitätsmanagements und unseres kontrollierten Wachstums. Die erste ISO 9002 Zertifizierung erlangten wir im Jahre 1999, wenige Jahre später konnten wir unser Qualitätssiegel dann zu einer ISO 9001 Zertifizierung aufrüsten.

Im Markt hat sich dieses Siegel in unserer Branche allerdings nie als Differenzierungsmerkmal durchgesetzt. Darauf kam es uns aber auch gar nicht an.

## Balanced Scorecard

So hieß die von Robert Kaplan und David Norton definierte Sau, die Ende der 90er Jahre durch das Unternehmenssteuerungsdorf getrieben wurde. Eine systematische und ausgewogene Unternehmensentwicklung und -steuerung fanden wir spannend, und so setzten wir ein internes Balanced Scorecard Projekt auf. Wir definierten Unternehmensziele in den vier Standarddimensionen *Finanzen, Kunden, Prozesse* und *Mitarbeiter*, wir beschrieben unsere Ursache-Wirkungs-Kette und wir (er-)fanden sehr viele Kennzahlen auf verschiedenen Ebenen, die sich als aufwändig, aber nur mäßig steuerungsrelevant herausstellten. Die umfangreichen strategischen Planungsprozesse, die wir für die Formulierung der Ursache-Wirkungs-Ketten und für die Konzeptionen von Performanceindikatoren auf breiter Basis durchführten, waren für uns sehr wertvoll. Zu einer systematischen Anwendung dieses Managementsystems kamen wir jedoch nicht. Die große IT Krise in 2002 kam uns in die Quere. Doch dazu später mehr.

## Top 100 Teilnahme

Unser erstes Benchmarking machten wir Ende der 90er. „Top 100 – die 100 innovativsten Unternehmen des Mittelstands“ stand unter der Schirmherrschaft des ehemaligen Baden-Württembergischen Ministerpräsidenten Lothar Späth. In diesem Wettbewerb wurde eine Kurzanalyse der Bereiche Kundenorientierung, Wettbewerbsorientierung, Veränderungs- und Risikobereitschaft, Schnelligkeit, Mitarbeiterorientierung, Teamorientierung sowie Resultat- und Leistungsorientierung durchgeführt. Was waren wir stolz, dass wir auf Anhieb zu den 100 innovativsten Unternehmen gehörten und bei der Gala in Düsseldorf dabei sein durften. Zusätzlich erhielten wir auch noch ein großes Album in 50facher Ausfertigung mit den Profilen aller Preisträger. Eine Doppelseite davon, die wir selbst schreiben durften, berichtete über uns.

Die Zusammenfassung unseres Kompetenzprofils laut TOP 100 sah wie folgt aus:

Abbildung 1: noventum Kompetenzprofil nach TOP 100 Nordrhein-Westfalen (Quelle: Bantle et al. 2000, S. 178)

Diese Bewertung sah beeindruckend aus, und doch erschien uns die Top 100 Platzierung schon bald als nicht ausreichend werthaltig. Ein ausführliches Benchmarking war im Wettbewerb nicht enthalten und eine Reihenfolge der Unternehmen fehlte ebenfalls. So ist es uns schwergefallen, aus dem Ergebnis wirklich zu lernen. Das Zertifikat hatte also überwiegend werblichen Charakter. Das war uns deutlich zu wenig und wir ließen später die Finger von Top 100.

Die Idee des Benchmarkings und des Vergleichs mit den Besten ließ uns jedoch nicht los und wir machten einige Jahre später mit dem Great Place to Work® Ansatz einen neuen Versuch. Zuvor mussten wir jedoch erst einmal kräftig um unser Überleben kämpfen.

## I.3 MITARBEITERZUFRIEDENHEIT WÄHREND DER KRISE

### Der Wind dreht sich

Das erste Halbjahr 2001 war die bis dahin umsatz- und gewinnstärkste Periode unseres Unternehmens. Das war sicher nicht nur unserer hervorragenden Unternehmenskultur, unserer Fähigkeit, Kunden von uns zu begeistern und unseren höchst solventen Kunden zu verdanken, sondern auch der Gesamtlage in der IT. In den letzten Jahren des letzten Jahrhunderts wurden große Budgets zur Vermeidung des Y2K Problems an IT Beratungsunternehmen gegeben und fast gleichzeitig durften sich insbesondere die Banken auf den Euro vorbereiten. Als dritter Aspekt füllte die immer weiter wachsende Dotcom Blase die Auftragsbücher der IT Beratungsunternehmen. Die Party war dann am 11. September 2001 beendet. Sie wäre ohnehin bald vorbei gewesen, die Terroranschläge in New York haben jedoch den Sinkflug dramatisch beschleunigt. Wir haben als erfolgsverwöhntes Unternehmen einige Zeit gebraucht, bis wir uns dessen in aller Konsequenz bewusst waren. Das zweite Halbjahr 2001 war vom Betriebsergebnis plus/minus null und dennoch verzeichneten wir im gesamten Jahr aufgrund des starken ersten Halbjahres ein Rekordergebnis.

Wir fingen im ersten Quartal 2002 an, als die Auftragseingänge deutlich einbrachen, uns ein wenig Sorgen zu machen. Eine neue Erfahrung. Wir waren allerdings davon überzeugt, dass sich die Situation sicher bald wieder normalisieren würde. Als das im zweiten Quartal nicht geschah, mussten wir handeln. Da die Ausgaben die Einnahmen bei weitem übertrafen und wir keine Rücklagen hatten, mussten wir ran an die Kosten, denn wir konnten selbst unsere treuesten Kunden nicht davon überzeugen, in gleichem Maße bei uns zu kaufen wie zuvor. Es waren kaum noch IT Budgets vorhanden und wir konnten von Glück sagen, dass wir noch einen großen Teil der verbleibenden Restbudgets bekamen. Viele unserer Wettbewerber hatten dieses Glück nicht.

Alle variablen Kosten und Ausgaben, die irgendwie vermeidbar waren, wurden sofort drastisch reduziert. Das internationale Geschäft wurde umgehend eingefroren, alle Schulungsmaßnahmen wurden zurückgestellt und auch sonst bremsten wir so gut es ging, ohne jedoch an Kündigungen zu denken oder die Gehälter zu kürzen.

## Brutalstmögliche Offenheit und harte Einschnitte

Was bedeuteten die notwendigen Einschnitte für die Mitarbeiter und unsere Unternehmenskultur? Wie sollten wir unsere Informationspolitik gestalten? Allein das Wort Politik darin war uns fremd und zuwider. Wir entschieden uns für maximale Offenheit. Das war insofern nicht trivial, als dass wir zwar bezüglich der aktuellen Zahlen offen sein konnten, dass aber die Entwicklung der nahen Zukunft sehr unterschiedlich interpretiert wurde. In unserer sechsköpfigen Geschäftsleitung gingen die Einschätzungen der zukünftigen Entwicklung durchaus auseinander. Während die eine Fraktion vom schlimmstmöglichen Szenario ausging und sofortige Entlassungen für unvermeidlich hielt, wollten die anderen Substanzverlust vermeiden und alle Kraft in die Gewinnung neuer Projekte stecken. Ich bin sehr froh, dass wir uns nach intensiver und kontroverser Diskussion am Ende auf ein gemeinsames Szenario verständigen konnten, mit dem wir gemeinsam mit unseren Mitarbeitern in die Diskussion gingen.

Ab sofort fanden Mitarbeiterversammlungen monatlich statt. Wie gewohnt legten wir alle Umsatz- und Kosteninformationen ausführlich vor und erklärten diese. Auch erläuterten wir wie immer die Projektpotenziale, entwickelten daraus für die Mitarbeiter unsere Szenarien und gaben ihnen die Namen *pessimistisch*, *realistisch*, *realistisch plus*, *optimistisch* und *optimistisch plus*. Zusätzlich machten wir es zur guten Gewohnheit, für all diese Szenarien die Drei-Monats-Liquiditätslinie öffentlich zu machen. Ein bisschen Wasser unter dem Kiel hatten wir ja noch, denn wir hatten in der Vergangenheit unsere komfortable Dispolinie von 500.000 € nie genutzt und das würden uns die Banken sicher danken. Dachten wir. Fakt war, dass die Deutsche Bank die Dispolinie von einem Tag auf den anderen kündigte und uns durch einen nicht entscheidungsbefugten Sachbearbeiter mitteilen ließ, dass man in ihrem Hause keine Verluste finanziere. Wir konnten von Glück sagen, dass unsere Zweitbank, die Sparkasse Münster, sich fair verhielt und die Kreditlinie unverändert ließ, ohne jedoch das Loch der Kündigung durch die Deutsche Bank zu stopfen.

Für mich persönlich kam dann hinzu, dass die Deutsche Bank auch gleichzeitig meine privaten Existenzgründungsdarlehen komplett kündigte. Der Gesellschafter, der mir Jahre zuvor auch ein Privatdarlehen gegeben hatte, tat sein Übriges und kündigte dieses ebenfalls kurzfristig. Damit wäre meine Privatinsolvenz nahezu sicher gewesen, hätte sich nicht ein mutiger Mitarbeiter der Sparkasse Münster für mich eingesetzt, all meine Darlehen von der Deutschen Bank auf die Sparkasse umgeschuldet und mir zusätzlich ein Jahr Spielraum für die Fortführung der Rückzahlung des Existenzgründungsdarlehens gegeben. Damit waren ich und die Lebensumstände meiner Familie gerettet, sofern wir das Unternehmen noventum retten konnten.

Zurück zu noventum. Mit reduzierter Liquiditätslinie verkürzte sich naturgemäß die „survival time“. Schnell wurde klar, dass wir die Szenarien *pessimistisch* und *realistisch* mit bestehender Kostenstruktur nur wenige Monate überleben konnten. Das war jedem Mitarbeiter schnell ersichtlich. Wir führten die Diskussion über die Kosteneinsparungspotenziale sehr offen und versuchten natürlich solange wie möglich, das Tabu der Entlassungen zu vermeiden. Wir waren ja schließlich eine Familie und da schickt man seine Kinder nicht fort, wenn man Hunger leidet.

Nachdem wir in der Geschäftsleitung dann vorbehaltslos alle Optionen diskutiert und bewertet hatten, kamen wir zu folgendem Entschluss: von unseren 80 Mitarbeitern mussten wir mindestens 14 Menschen schnellstmöglich entlassen, da wir dauerhaft keine ausreichende Auslastung erkennen konnten. „Schmerz, ja sofort", würde der Selbstentwicklungstrainer Jens Corssen sagen. Ob das dann ausreichen würde, um die Kosten den Umsätzen anzupassen, war noch nicht sicher. Es würde auf jeden Fall für die nächsten Monate das Überleben sichern und den Banken das erwartete Signal der Sanierungsbereitschaft geben. Es zeigte sich übrigens sechs Monate später, dass wir weitere sechs Mitarbeiter entlassen mussten, bevor der „Turn Around" dauerhaft erreicht wurde.

## Konstruktive Trennungen und engagierter Wiederaufbau

Die Entscheidung, Mitarbeiter zu entlassen, hatten wir übrigens nicht basisdemokratisch diskutiert und entschieden. Das musste nach unserer Einschätzung eine einsame Geschäftsleitung sein, nachdem wir zuvor in der gesamten Belegschaft nach anderen Optionen gesucht hatten. Wir hatten es uns auch zur Gewohnheit gemacht, bei jeder Mitarbeiterversammlung einen „heißen Stuhl" einzurichten, auf dem ich alle noch so kritischen Fragen und Hinweise nach bestem Wissen und Gewissen beantwortete. „Wie konnten wir in diese Situation kommen?", „Warum wurde diese oder jene Fehlentscheidung getroffen?" usw. Ich hatte das Bedürfnis, alles ausführlich, wahrheitsgemäß und verständlich zu erläutern. Parallel war ich trotz aller Herausforderungen optimistisch, dass wir uns gemeinsam aus dem Schlamassel herausziehen konnten und versuchte, diesen Optimismus auch weiter zu verbreiten.

In der Geschäftsleitung trafen wir eine weitere wichtige Entscheidung: wir wollten den Menschen, die engagiert und ausgelastet für den so wichtigen Umsatz sorgten, nicht ans Portemonnaie gehen. Wir wollten genau diesen Menschen die Sicherheit geben, dass sie im richtigen Unternehmen waren und dass es sich lohnte, für unser Unternehmen zu arbeiten. Klingt nicht sehr solidarisch, doch dies war die Zeit, den Menschen Wertschätzung zu zeigen, die das Glück und die Chance hatten, das Unternehmen wieder auf die Gewinnspur zu bringen. Mit den anderen Menschen, von denen wir uns nicht getrennt hatten, trafen wir, je nach Auslastung und internen Anforderungen, individuelle Kurzarbeitsvereinbarungen.

Uns ist es offensichtlich gelungen, diesen Dreiklang der Rettungsmaßnahmen transparent und nachvollziehbar zu machen. Alle drei Fraktionen haben ihren Teil dazu beigetragen, dass der Rettungsplan gelang. Die ausgelasteten Fakturierer holten engagiert Geld ins Unternehmen und hielten uns die Treue, die Kurzarbeiter zeigten sich sehr kooperativ und sogar die Entlassenen äußerten großes Verständnis für die Maßnahme, unter der sie zu leiden hatten. Von 20 Entlassungen erhielten wir nur eine Kündigungsschutzklage, welche wir schnell in gegenseitigem Einvernehmen beilegen konnten. Eine grenzenlose Solidarität, die mich sehr beeindruckt hat und die von den Geschäftsleitungsmitgliedern noch dadurch gesteigert wurde, dass sie eine Rangrücktrittserklärung auf ihre stillen Einlagen zur Vermeidung einer bilanziellen Überschuldung abgaben. Ich bin heute noch dankbar dafür und habe das sichere Gefühl, dass wir eine erneute Krise auch wieder gemeinsam meistern würden.

In den letzten zehn Jahren musste dies jedoch nicht bewiesen werden. Auch haben wir seit Ende 2003 keine betriebsbedingten Kündigungen mehr ausgesprochen, getreu der Great Place to Work® Aussage im Themenbereich *Glaubwürdigkeit*: „Ich glaube, dass die Führungskräfte Kündigungen nur als letzten Ausweg wählen“. So soll es sein.

## I.4 NACH DER KRISE – MITARBEITERZUFRIEDENHEIT 2.0

### Einstieg in den Great Place to Work® Wettbewerb

Nachdem wir in den Jahren 2003, 2004 und 2005 erfolgreich unsere Wunden geleckt hatten, wirtschaftlich wieder voll im Saft standen und die Mitarbeiterzufriedenheit in die Nähe der früheren Spitzenwerte gerückt war, legte mir im Frühjahr 2005 unser Personaldirektor Frank P. ein Werbeschreiben des Great Place to Work® Instituts auf den Tisch. Bis dahin hatte ich diese Organisation noch nicht bewusst wahrgenommen. Dieses internationale Institut versprach uns die Durchführung und Auswertung einer anonymen Mitarbeiterbefragung sowie ein sogenanntes Benchmarking aller Maßnahmen, die sich auf die Unternehmenskultur bzw. auf die Beziehung zwischen Management und Mitarbeitern beziehen. Die Befragung und das Audit passten zu diesem Zeitpunkt genau zu unserem Wunsch, eine unabhängige, anonyme und professionelle Erforschung unserer Unternehmenskultur vornehmen zu lassen. Seit einiger Zeit hatten wir uns schon gefragt, ob die Beurteilung der Unternehmenskultur und des Führungsstils tatsächlich in den regelmäßigen Gesprächen unter vier Augen ganz ehrlich war. Sagten uns die Mitarbeiter tatsächlich ihre Meinung ins Gesicht? Waren wir als Führung tatsächlich so kritikfähig, wie wir es glaubten? Zur Beantwortung dieser Fragen schien uns die erstmalige Teilnahme am Great Place to Work® Wettbewerb „Deutschlands Beste Arbeitsgeber“ hervorragend geeignet. Das Great Place to Work® Institut hatte mehrere nach Preis und Leistung gestaffelte Pakete im Angebot, wir entschieden uns erst einmal für das Basispaket mit Wettbewerbsteilnahme zum Preis von ca. 5.000 €. Die Wettbewerbsteilnahme hatten wir damals schon als Einstieg in einen langen Lernprozess verstanden, wollten allerdings auch bei der ersten

Teilnahme gut abschneiden. Ich erinnere mich jedoch nicht daran, dass wir nur im Entferntesten daran gedacht hätten, irgendwann einmal auf dem Treppchen zu stehen. Im ersten Schritt ging es uns primär darum, einfach ein ganz ehrliches Feedback unserer Mitarbeiter zu erhalten und von den besten Arbeitgebern Deutschlands zu lernen. Der Ehrgeiz, in der Spitzengruppe zu landen, packte uns erst zwei Jahre später.

Entsprechend der Great Place to Work® Methode haben unsere Mitarbeiter dann im Spätsommer 2005 in großer Zahl die 63 Fragen anonym beantwortet und unser HR Management hat ordnungsgemäß, aber nicht sehr leidenschaftlich, den Kultur Audit© ausgefüllt.

Kurz vor Weihnachten kam dann Post vom Great Place to Work® Institut. Sie gratulierten uns zu einem hervorragenden 92sten Platz von rund 200 Teilnehmern. Nicht ganz schlecht für einen Wettbewerbseinsteiger, aber auch nicht annähernd so gut, wie wir uns gefühlt hatten. Schade war auch, dass im Jahre 2005/2006, als das Ranking „Deutschlands Beste Arbeitgeber" erstellt wurde, die Liste noch auf 50 Unternehmen limitiert war. Wir waren also in Berlin zur feierlichen Preisverleihung nicht dabei und das tat schon ein bisschen weh. So weh, dass unser Ehrgeiz und unser Stolz ausreichend geweckt wurden. Die allererste Maßnahme nach Empfang der Ergebnisse und vor den ersten Analysen war natürlich die Information aller Mitarbeiter: Wir haben unser Klassenziel verfehlt, aber wir bleiben dran. Jetzt erst recht! Dann galt es, die Auswertungen zu analysieren und die richtigen Ansätze zur Verbesserung zu finden. Im ersten Schritt der Analyse betrachteten wir die Ergebnisse der anonymen Mitarbeiterbefragung im Verhältnis zu dem vom Great Place to Work® Institut durchgeführten Kultur Audit© unserer HR Maßnahmen. Dabei wurde sehr deutlich, dass unsere Mitarbeiter uns in die Top 50 der deutschen Arbeitgeber gewählt hatten bzw. hätten, dass uns unser mäßiger Kultur Audit© jedoch erheblich heruntergezogen hatte. Entweder waren unsere HR Maßnahmen nicht gut organisiert oder wir hatten es versäumt, diese im

Kultur Audit© deutlich zu machen. Wir hatten auf jeden Fall damit den ersten sehr hilfreichen Ansatz: Tue Gutes und rede darüber. Dass sich dies nicht nur auf die Kulturauditoren des Great Place to Work® Instituts, sondern auch ganz besonders auf unsere Mitarbeiter bezog, lernten wir später. Es ist eben nichts selbstverständlich.

Uns war klar, dass wir primär an der wirkungsvollen Kommunikation unserer Stärken arbeiten mussten. Da der im Basispaket enthaltene Feedback Report noch sehr viel Interpretationsspielraum gelassen hatte, war die erste Entscheidung schnell getroffen. Im nächsten Jahr nahmen wir selbstverständlich wieder teil, und diesmal mit dem Goldpaket. Damit verdoppelten sich einerseits die Teilnahmekosten, auf der anderen Seite versprachen wir uns davon, dass wir sehr differenziert erfahren würden, wo wir unsere Maßnahmen besser organisieren und kommunizieren konnten. Außerdem kamen wir damit in den Genuss einer eintägigen Beratung durch einen konstruktiv-kritischen Great Place to Work® Berater.

Für das erste Jahr der Wettbewerbsteilnahme stand uns jedoch weder der detaillierte Kultur Audit© Report, noch der Beratungstag zur Verfügung. Auf Basis der vorhandenen Analysen beschlossen wir im Führungskreis, in einem zweitägigen Workshop alle verfügbaren Auswertungen zu nutzen, um uns im Folgejahr klar zu verbessern und unter die Top 50 zu kommen. Das Sortieren der Personalmaßnahmen in die neun Dimensionen *Einstellen und Integrieren*, *Inspirieren*, *Informieren*, *Zuhören*, *Anerkennen*, *Entwickeln*, *Fürsorge zeigen*, *Feiern und Teamgeist* und *Beteiligen* bot für uns eine sehr eingängige Struktur, nach der es sich gut arbeiten ließ. In der bei uns bewährten offenen und kreativen Kommunikationsatmosphäre sammelten wir in gutem Sinne des Brainstormings sowohl die Maßnahmen, die wir deutlicher herausstellen mussten, als auch ganz neue Ideen. Besonders „unterbelichtet" waren wir offensichtlich im Thema *Feiern und Fürsorge*, wobei wir bei unseren Informationsmaßnahmen und bei der Inspiration unserer Mitarbeiter schon vorbildlich waren. Nach Vorliegen der ersten Ergebnisse informierten wir alle Mitarbeiter ausführlich. Im nächsten Schritt veranstalteten wir in der Führungsrunde einen Workshop zur Entwicklung neuer Maßnahmen und führten anschließend neue HR Instrumente ein. Im Spätsommer erfolgte die Information aller Mitarbeiter über die neuen Maßnahmen bzw. Instrumente im Rahmen einer unterhaltsamen Mitarbeiterversammlung. Kurz darauf startete die neue anonyme Mitarbeiterbefragung. Zeitgleich entwickelten wir den neuen Kultur Audit© und übersandten diesen an das Great Place to Work® Institut. Mit der Veröffentlichung der Ergebnisse kurz vor Weihnachten schloss sich dann der Zyklus – alle Jahre wieder – von 2005 bis 2012.

Abbildung 2: Der Great Place to Work® Zyklus
(Quelle: Eigene Darstellung in Anlehnung an den Standardablauf des Great Place to Work® Instituts)

Schon im zweiten Jahr unserer Teilnahme konnten wir uns sowohl bezüglich der Mitarbeiterbefragung, als auch beim Kultur Audit© und damit auch der Platzierung, verbessern. Wir hatten es geschafft, wir waren unter den Top 50 und durften im Februar im Ballsaal des ehrwürdigen Hotel Adlon erstmalig die Preisverleihungszeremonie miterleben. Ab dem Jahr 2007 war inzwischen die Liste „Deutschlands Beste Arbeitgeber" auf 100 erhöht worden. Keiner der eingeladenen Preisträger wusste zu Beginn der Veranstaltung, auf welchem der 100 Plätze er gelandet war. Wie wir später lernten, konnte man jedoch aus der Sitzordnung schon etwas vermuten. Im ersten Jahr unserer Preisverleihung waren wir jedenfalls einem Tisch im Mittelfeld zugeordnet. Nach dem Begrüßungssekt beim Stehempfang mit reichlich politischer Prominenz – Franz Müntefering als damaliger Arbeitsminister gesellte sich gesprächig zu den gespannten Preisträgern – und der Vorspeise begann der Countdown mit dramatischer musikalischer Untermalung. Zuerst die Plätze 100-11 der kleinen Unternehmen mit 50-500 Angestellten. Jedes fremde Logo, das auf der Leinwand langsam an uns vorbeizog, war ein Triumph. Der Triumphzug endete dann schließlich bei Platz 42, aus unserer Sicht ein toller Erfolg, den wir den daheimgebliebenen Mitarbeitern sofort per Sammel-SMS mitteilten. Ganz vorne platzierte sich im Jahre 2007 übrigens bei den kleinen Unternehmen das Münchner Software- und Beratungshaus ConSol* GmbH. Bei den Großen siegte die SAP AG. Die gesamte Preisverleihungszeremonie war tatsächlich eine gelungene Veranstaltung mit motivierenden Reden, viel Wertschätzung seitens der Politiker und Journalisten und ganz viel Networking in Sachen Vertrauenskultur. Hier fühlten wir uns zu Hause und wollten in diesem Forum weiter mitspielen. Und selbstverständlich wollten wir im nächsten Jahr deutlich später auf der Leinwand auftauchen.

Bevor wir uns ein halbes Jahr später erneut bewerben konnten, waren erst einmal Hausaufgaben angesagt. Wir hatten im zweiten Jahr mit dem sogenannten Goldpaket eine sehr viel ausführlichere Auswertung zur Hand, die wir im Detail mit allen unseren Mitarbeitern auf der jährlichen Mitarbeiterversammlung diskutierten. In diversen Workshops konnten wir eine Vielzahl von Anregungen sammeln, die zum großen Teil in die Bewerbung des Folgejahres eingingen. Das Wichtigste bei der Integration der Mitarbeiter in den Lernprozess zur Verbesserung der Unternehmenskultur war jedoch, dass alle live miterlebten, dass wir auf dem Weg waren. Auf dem Weg von einem guten Arbeitgeber, dessen Führungskräfte Gutes im Sinn hatten und aufrichtig und intuitiv das Unternehmen führten, hin zu einem exzellenten Arbeitgeber. Schon die weihnachtliche Auswertung der anonymen Befragungsergebnisse und die gleichzeitig erneut ausgesprochene Einladung ins Adlon nach Berlin ließen uns vermuten, dass wir uns wieder gesteigert hatten. Und siehe da, wir saßen diesmal deutlich näher an der Bühne. Der Countdown endete für uns bei Platz 13, einer Platzierung, über die wir gar nicht so unglücklich waren. Wieder ging unsere SMS-Salve an unsere Mitarbeiter und unser Marketingverantwortlicher Dr. Matthias Rensing informierte noch in der Nacht die regionalen Zeitungen Westfälische Nachrichten und Münstersche Zeitung. Schließlich waren wir ja von unseren Mitarbeitern zum besten Arbeitgeber des Münsterlands gewählt worden. Am Folgetag feierten wir mit all unseren Mitarbeitern im Sudmühlenhof den Erfolg und einen Tag später veröffentlichte auch die Lokalpresse den 13. Platz unseres Unternehmens.

## Auf dem Weg zur europäischen Spitze

Überraschend kam dann wenige Wochen später ein Brief von Great Place to Work® Europe ins Haus, in dem stand, dass wir uns für die besten 100 Arbeitgeber Europas qualifiziert hatten und dass wir nach London zur feierlichen Preisverleihung mit „black tie“ eingeladen waren. Auch nach mehrmaligem Lesen war da kein Haken erkennbar. Keine neue Teilnahmegebühr, keine neue Befragung. Wir mussten lediglich unsere Reisekosten und die Eintrittskosten zur Gala tragen. Nachdem wir uns informiert hatten, was „black tie“

bedeutete und wir uns daraufhin mit Smokings ausgestattet hatten, genossen wir schließlich in London, besser gesagt im Maritim Museum zu Greenwich, die höchst feierliche Zeremonie mit viel internationalem Flair und Gesprächen mit Personalern aus aller Herren Länder. Der deutsche Tisch, an dem wir später zum Dinner saßen, war sofort eine eingeschworene Gemeinschaft. Mit einigen unserer Londoner Tischnachbarn haben wir heute noch guten Kontakt. Ach ja, es gab natürlich auch den obligatorischen Countdown und einen europäischen Platz 25 für uns, über den wir uns sehr freuten. Ganz vorne befanden sich einige skandinavische Unternehmen.

Nach dem Spiel ist vor dem Spiel. Zum Ausruhen auf den Lorbeeren gab es keine Veranlassung. So begannen wir im Frühling und Sommer des Jahres 2008 wieder mit der Etablierung neuer kultureller Maßnahmen, die wir unter maßgeblicher Beteiligung unserer Mitarbeiter entwickelt hatten. Auch hatte unser Marketing inzwischen den Ehrgeiz entwickelt, einen richtig schönen, emotionalen Kultur Audit© abzuliefern. Neben der Beschreibung unserer Maßnahmen legten wir ganz viele Fotos unserer Veranstaltungen, aber auch einige Giveaways für unsere Mitarbeiter bei. Besonders süß war dabei sicherlich ein Baby T-Shirt mit noventum Branding, das sich unsere Mitarbeiter im eigenen noventum Shop bestellen konnten. Der Ehrgeiz, uns noch weiter steigern zu wollen, trug Früchte. Diesmal saßen wir laut Sitzordnung sehr nah an der Bühne, jedoch noch nicht ganz vorn. Geändert hatte sich auch die Lokation. Die Veranstaltung zur Ehrung der besten Arbeitgeber fand im Jahr 2009 im Ritz Carlton in Berlin statt und Franz Müntefering war auch nicht mehr Arbeitsminister. Dieses Mal wurden wir von Olaf Scholz zu einem fantastischen 2. Platz beglückwünscht. Überglücklich verbrachten wir den Abend mit den anderen Preisträgern, nicht ohne uns schließlich von den wiederholten Siegern, der schon erwähnten Firma ConSol* aus München, mit den Worten zu verabschieden: „Im nächsten Jahr seid ihr nicht mehr Erster“. Das war unser ehrgeiziger Plan. „Go for One“ hieß unser Projekt, das Frank daraufhin ausrief und das wir mit allen Mitarbeitern als gemeinsame Vision teilten. Die lokalen Pressemedien hatten uns inzwischen noch stärker wahrgenommen. Noch während des Frühstücks in unserem Berliner Hotel durfte ich mehrere Telefoninterviews geben und während der Rückfahrt im Auto plauderte ich mit der Radiostation Antenne Münster. Unsere Bekanntheit schnellte nach oben, wie wir es in den folgenden Wochen durch viel Schulterklopfen erfahren durften. Das Unternehmen noventum war zumindest in der Region Münsterland eine Arbeitgebermarke geworden.

Auf internationalem Parkett feierten wir in diesem Jahr in Baden bei Wien, wo wir auch eine deutliche Steigerung auf den vierten Platz in Europa erfahren durften. Zwei Begegnungen am Tag vor der Preisverleihung, während einer vorgelagerten Fachkonferenz, haben in Baden bei mir einen tiefen Eindruck hinterlassen. Zum ersten lernte ich eher beiläufig am Stehtisch bei einer Tasse Kaffee Robert Levering, den Gründer des Great Place to Work® Instituts, kennen und schätzen. Ein sehr netter und angenehmer Mensch, der der Idee der Vertrauenskultur ein Gesicht gibt. Die zweite einschneidende Begegnung fand statt mit Salem Samhoud aus den Niederlanden, der uns in einem Workshop erklärte, warum Menschen zu sich „connected" sein müssen. Diese Idee des „being connected" hatte er in seinem Unternehmen, welches bereits mehrfach zum besten Arbeitgeber der Niederlande gewählt wurde, konsequent eingeführt. Wie Salem es eindrucksvoll ausführte, müssen Menschen erst mit sich selbst connected sein, bevor sie sich mit ihrem Team connecten können, was wiederum eine wesentliche Voraussetzung ist, sich mit den Kunden zu connecten. Dass das Unternehmen von Salem dies sehr ernst meinte, zeigte sich auch dadurch, dass sie mit ihrem gesamten Team auf den Jakobsweg gegangen waren, auf den Olymp gestiegen sind und die Vereidigung von Barack Obama in Washington live erlebt hatten. Diese außergewöhnlichen Erlebnisse fungierten als Initialzündung zum being connected. Hochspannende Inspirationen, wie ich fand, die ich später in etwas anderer Form, als Selbstverbundenheits-Workshops unter der Leitung der Resilienztrainerin Sylvia Kéré Wellensiek, in unser Team brachte.

## Go for One

Zurück nach Deutschland und zu unserem Projekt „Go for One“. Selbstverständlich hatten wir eine erneute intensive Kulturoptimierungsschleife mit unseren Mitarbeitern gedreht und auch den Kultur Audit© noch prägnanter und vielseitiger gestaltet. In der festen Überzeugung, dass es etwas zu feiern gab, also einen Platz unter den Top 3, nahmen wir erstmalig eine Verlosung von zehn Tickets für die feierliche Preisverleihung in Berlin unter unseren Mitarbeitern vor. Jeder Azubi, jede Verwaltungskraft, jeder Consultant, jede Führungskraft durfte sich darum bewerben, unsere Geschäftsleitung nach Berlin zu begleiten und den Erfolg zu feiern. Auch luden wir den heutigen Bundesgesundheitsminister und Münsteraner Daniel Bahr, sowie die mit uns befreundete Sängerin Jocelyn B. Smith, welche an diesem Abend die Preisträger musikalisch unterhielt, an unseren Tisch ein. Wir hatten wieder keine Hinweise auf die diesjährige Platzierung. Unser Tisch stand jedoch direkt vor der Bühne, kein schlechtes Zeichen. Der alljährliche Countdown begann. Erst die Vorspeise, dann die Plätze 100-11, Hauptgericht, dann die Plätze 10-4. Puh, Minimalziel erreicht. Nachtisch, und wieder viele SMS zum Zwischenstand. Dann Herzklopfen pur. Platz 3 ging an den Vorjahressieger ConSol*. Chakka. Und jetzt der entscheidende Moment. Platz 2 ging an die 4Flow AG. Nicht an uns!!! Jubelschreie gingen von unserem Tisch durch den Saal, wir lagen uns in den Armen, klatschen uns ab, sprangen von unseren Sitzen. Dabei wurde gerade feierlich der zweitbeste Arbeitgeber Deutschlands in der Kategorie bis 500 Mitarbeiter bekannt gegeben. Irgendwie gemein, dass wir an dieser Stelle jubelten. Die Nennung von noventum als die Nummer 1 des Jahres 2010 ging schon fast in unserem Jubel unter. Jetzt bat der Geschäftsführer von Great Place to Work® Deutschland, Frank Hauser, die Top 3 auf die Bühne. Wir von noventum stürmten protokollverletzend mit unserer gesamten anwesenden Mannschaft das Podium. Unsere Freude war grenzenlos. Gerne gab ich wie in Trance ein kleines spontanes Interview. Blitzlichtgewitter und viele schöne Fotos, die wir für unsere Kollegen zu Hause schossen. Wir genossen die Abschlusscocktails diesmal ganz besonders und verließen das Ritz Carlton gegen 2:00 Uhr morgens als letzte Gäste, mit den Erinnerungen an viele gute Gespräche mit den anderen Wettbewerbsteilnehmern. War das ein schöner und ergreifender Abend!

Kollektives Glücksgefühl

Einige Wochen später durften wir dann in Madrid an der Preisverleihung „Europas Beste Arbeitgeber“ teilnehmen, wiederum mit einem vierten Platz. Da wir inzwischen die Stimmung schätzen gelernt hatten, wenn wir mit 15 Mitarbeitern aufliefen, hatten wir auch für Madrid wieder die Karten unter allen Mitarbeitern verlost und kamen so mit dem schon fast berüchtigten lauten noventum Team in den Festsaal. Wir hätten die Tagesordnung besser lesen sollen. Im Gegensatz zu den vorherigen Veranstaltungen gab es kein feierliches Dinner, sondern nur Vorspeisen im Stehen, begleitet von Flamencomusik. Spanische Tapas eben, sehr lecker, doch in der Erwartung auf das große Dinner hatten wir uns alle zurückgehalten. Als wir dann in den Raum zur Preisverleihung mit Kinobestuhlung kamen, wurde uns unser Irrtum schnell deutlich und wir erlebten die sehr langwierige Prozedur der ausführlichen Vorstellung aller 100 Preisträger mit knurrenden Mägen, doch mit der Vorfreude auf die folgende

Cocktailparty und dem internationalen Networking. Nach dem offiziellen Teil konnten wir dann tatsächlich noch ein Riojachen trinken und dann war auch schon Ende der Party. Licht an und Bar dicht. Alle charmanten Überredungsversuche unserer Mitarbeiter und Mitarbeiterinnen waren vergebens. Und doch, Madrid war eine Reise wert, was wir beim Sightseeing am nächsten Tag besonders erfuhren. Gewonnen hatte übrigens mein Freund Salem Samhoud aus den Niederlanden, der hunderte von Samhoud Lederfußbällen bei den Teilnehmern verteilt hatte, die wir dann nachts großzügig den madrillenischen Müllmännern und Spätheimkehrern schenkten.

## Ganz oben bleiben

Was jetzt? Das Projekt „Go for One“ war erfolgreich abgeschlossen. Keine Sekunde kamen wir auf die Idee, jetzt nicht mehr an dem Wettbewerb teilzunehmen, wohl wissend, dass wir in der Platzierung nur noch schlechter werden konnten. Schnell war uns klar, dass wir weiter dabei sein und selbstverständlich den Spitzenplatz verteidigen wollten. Uns war bewusst, dass dies nur mit weiterem Engagement in Sachen Vertrauenskultur möglich war. Wir haben diese besondere Herausforderung angenommen, immer neue HR Maßnahmen entwickelt und eingeführt und konnten diese unvergleichliche Spannung des Great Place to Work® Countdowns in den Jahren 2011 und 2012 erleben. In beiden Jahren wurden wir wieder als Sieger unserer Größenklasse im Beisein von Ursula von der Leyen und Peer Steinbrück geehrt. Wir alle waren uns dessen zuvor keineswegs sicher. Umso größer war unser kollektives Glücksgefühl, das wir mit den 15 Mitgereisten und den 85 Daheimgebliebenen teilen konnten, inzwischen nicht mehr per SMS, sondern über Facebook. Auch die europäischen Preisverleihungen in Paris, wo wir 2011 den fünften Platz belegten, und im Heimspiel in Berlin als Drittplatzierter hinter dem finnischen Unternehmen Futurice und den Norwegern der Firma Miles aus Bergen, waren großartige Erlebnisse mit vielen guten Gesprächen und neuen Freunden.

Impressionen der Great Place to Work® Preisverleihungen

## … und jetzt als Botschafter unterwegs

Ab 2013 war der Nervenkitzel der Preisverleihung für uns bei Great Place to Work® vorbei. Schweren Herzens entschieden wir uns, nicht mehr am Wettbewerb teilzunehmen und stattdessen eine neue Rolle einzunehmen, und zwar die des Great Place to Work® Botschafters. Die Mitarbeiterbefragung mit der Great Place to Work® Methode führen wir weiterhin durch, sodass wir intern immer noch genau wissen, was unsere Mitarbeiter von unserer Unternehmenskultur halten. Als Botschafter beginnt für uns eine neue Ära, die Mission des Great Place to Work® Instituts, eine bessere Gesellschaft durch eine vertrauensbasierte Unternehmenskultur zu schaffen, als Partner des Great Place to Work® Instituts systematisch zu verbreiten.

## I.5 UNTERNEHMENSKULTUR 2030 – EIN AUSBLICK DER ZUKUNFTSFORSCHER

### Die Horx'sche Inspiration

Mit der im letzten Kapitel beschriebenen Teilnahme an den Great Place to Work® Wettbewerben haben wir sehr viel Wissen über die Voraussetzungen für eine erfolgreiche Unternehmenskultur aufgebaut. Parallel dazu und anfangs unabhängig davon habe ich begonnen, mich mit den Thesen des Horx'schen Zukunftsinstituts vertraut zu machen. Damit entwickelte sich eine weitere starke Quelle für unsere vertrauensbasierte und zukunftsorientierte Unternehmenskultur.

Meine erste Begegnung mit Matthias Horx, dem Gründer und Inhaber des Zukunftsinstituts, im Rahmen einer Unternehmerveranstaltung in Berlin im Jahre 2005, war für mich ein Schlüsselerlebnis. Die Zukunft ist strukturierbar und in vielen Teilen vorhersagbar, lernte ich. Man kann Megatrends mit großer Wahrscheinlichkeit erkennen und diese von den kurzlebigen Modeerscheinungen und Wirtschaftsschwankungen unterscheiden. Das schien mir plausibel, zumal Matthias Horx eindrucksvoll das Zusammenwirken seiner 11 Megatrends verdeutlichte. Wann spricht Mattias Horx bei einer umfassenden Veränderung von einem Megatrend? Erstens, wenn die Eintrittswahrscheinlichkeit hoch ist. Zweitens, wenn sich die Veränderung über Jahrzehnte anbahnt und dauerhaft wirkt. Drittens, wenn sie global wirkt. Und viertens, wenn sie nahezu alle Bevölkerungsschichten betrifft. Nach dieser Definition identifiziert das Zukunftsinstitut aktuell, d. h. im Jahre 2013, folgende Megatrends[1]:

- *Konnektivität*
- *Female Shift*

- *Silver Society*
- *Mobilität*
- *Neo-Ökologie*
- *Gesundheit*
- *New Work*
- *Urbanisierung*
- *Individualisierung*
- *Globalisierung*
- *Neues Lernen*

Diese Megatrends standen auch schon 2005 auf seiner Liste, was ja klar ist, sonst wären es keine Megatrends. Was sich jedoch ändert, sind viele Subtrends, Gegentrends und Modeerscheinungen, die das Zukunftsinstitut in seinen jährlichen Trendstudien mit blumigen Begriffen und vielen, oft denglischen, Wortkreationen veröffentlicht. Besonders bemerkenswerte Trends heißen z.B. Busmania, Infoporn oder Endismus. Diese Liste lässt sich um viele weitere Trends aus den Jahren 2005-2012 ergänzen, die in einigen Fällen nur von einer kleinen Gruppe von Menschen erlebbar sind.

Zurück zu den stabilen Horx'schen Megatrends, die ich im Übrigen in Kontakt mit anderen Zukunftsforschungsinstituten, z.B. Future One, Z_Punkt, Fraunhofer und Future Management Group, verglichen habe. Ich kam zu dem Schluss, dass die Megatrends des Zukunftsinstituts eine hilfreiche Symbiose der gängigen Megatrends vieler Zukunftsforscher sind. Viele dieser 11 Megatrends haben nach meiner Einschätzung eine signifikante Wirkung auf die Unternehmenskulturen und das zukünftige Führungsverhalten in nahezu allen Firmen.

## Megatrend Individualisierung

Je höher das Sicherheits- und Gesundheitsniveau, je mehr Wohlstand und Status die Menschen erreichen, desto mehr begeben sie sich auf Sinnsuche. Sie suchen vermehrt einen sinnerfüllten Beruf und sie begeben sich auf unterschiedliche Weise auf die Suche nach dem Sinn ihres Lebens und der Selbstverbundenheit. Da in vielen Gesellschaften weltweit Sicherheit, Gesundheit, Wohlstand, Status und die damit verbundene Anerkennung in den letzten Jahren deutlich gestiegen sind, ist dort auch das Begehren nach Individualität gewachsen. Dies bedeutet jedoch nicht das Wiederaufleben der Ellbogengesellschaft, sondern prägt sich in Form eines Soft-Egoismus aus. Der Prototyp des Individualisten der Zukunft sucht seine Selbstverbundenheit, ohne jedoch anderen Menschen etwas wegnehmen zu wollen. Vielmehr schätzt er zunehmend die soziale Integration. Damit ändert sich auch die Definition von Luxus. Neuer Luxus ist z.B. Zeitsouveränität, oder sind ganz individuelle Erlebnisse und Abenteuer, was das Zukunftsinstitut mit dem Begriff „Identity Consumption“ bezeichnet. Auch der Wunsch nach personalisierten Produkten und Dienstleistungen bringt immer neue kreative Ideen auf den Markt. Von den Produzenten wird erwartet, dass sie die Quadratur des Kreises, nämlich hochindividuelle Produkte zu Massenproduktionspreisen, kurz „Mass Customization“, ermöglichen.[2]

Betrachten wir die Auswirkungen des Megatrends *Individualisierung* auf die Unternehmenskultur, so glaube ich, dass die Führungskräfte jetzt wirklich – und nicht nur als Lippenbekenntnis – den einzelnen Menschen in den Mittelpunkt stellen, ihm also mit ganz individueller Aufmerksamkeit begegnen müssen. Er möchte als ganzer Mensch und nicht nur als Arbeitskraft gesehen werden. Hinzu kommt, dass jeder Mensch, der auf der Maslow'schen Bedürfnispyramide weit oben angekommen und damit auf Sinn- und Selbstverbundenheitssuche ist, genau dieses in seinem Unternehmen finden möchte. Also entsteht die herausfordernde Führungsaufgabe, den individuellen Sinn jedes Mitarbeiters mit seinen Aufgaben und der Unternehmensvision in eine möglichst große Übereinstimmung zu bringen. Das hat weitreichende Konsequenzen, denn damit ist das Besetzen von Stellen mit vordefinierten Stellenbeschreibungen kaum noch sinnvoll.

Ein weiterer Punkt ist der zunehmende Gestaltungswille der Mitarbeiter. Individualisten möchten einen bedeutsamen Beitrag bringen und mitgestalten. Zumindest möchten sie Transparenz darüber haben, wie ihr Beitrag in die Unternehmensstrategie einbezogen wird. Somit bekommen transparente Ideenmanagement- und Innovationsmanagementsysteme eine höhere zukünftige Bedeutung.

Schließlich erwarten die Mitarbeiter zunehmend von ihrem Arbeitgeber, dass dieser nicht nur eine sinnerfüllte Vision hat, am besten mit dem Ziel, die Welt ein bisschen besser zu machen, sondern dass er sich systematisch gesellschaftlich engagiert. „Corporate Social Responsibility“ ist nicht mehr nur das persönliche Anliegen von verantwortungsbewussten Unternehmerpersönlichkeiten, sondern eine in vielen Unternehmen von den Mitarbeitern erwartete generelle Haltung.

## Megatrend New Work

Die schöne neue Arbeitswelt ist geprägt von Unsicherheit und Veränderung. Für die einen ein Schrecken, für die anderen eine lustvolle Herausforderung. Der Trend geht zur selbstverantwortlichen Projektarbeit, zu ständig wechselnden Arbeitsorten, zu häufigerem Arbeitgeberwechsel, zu Mobile Offices und Home Offices, zu neuen Bürokonzepten ohne seinen festen Arbeitsplatz und ohne das Foto der Lieben auf dem Schreibtisch.

Den Führungskräften fällt in diesem Zuge eine hohe Verantwortung zu. Sie sind oft nicht mehr der Anweiser oder Organisator, sondern der Coach und Befähiger, dabei immer darauf bedacht, dass der Mitarbeiter weder unter- noch überfordert wird. Arme Führungskraft! Ein hoher Anspruch, dem meines Erachtens nur mit authentischer Vertrauenskultur begegnet werden kann. Dem Mitarbeiter muss auf der einen Seite Orientierung in einer komplexen Welt gegeben werden, die Führungskraft muss aber auch loslassen können und den Mitarbeiter seine eigenen Erfahrungen und Fehler machen lassen.

Aus Sicht der Organisationsstruktur hat das alte Hierarchiemodell, welches sich im Industriezeitalter bewährt hat, in vielen Unternehmen ausgedient. In der Wissensökonomie brauchen wir neue Strukturen, die dezentralen Einheiten und Menschen einen großen Gestaltungsraum bieten, die aber auch auf einem sehr klaren Werte- und Zielsystem beruhen, welches allen Akteuren Richtung gibt. Matthias Horx nennt das „Metastrategische Führung", was er in seinem Buch „Das Megatrend Prinzip[3]" und der vom Zukunftsinstitut herausgegebenen Studie „work:design - Die Zukunft der Arbeit gestalten[4]" verdeutlicht.

Als weiteren Aspekt der neuen und mobilen Arbeit komme ich noch einmal auf die Büroinfrastruktur zurück. Das Büro lebt! Auch im Jahre 2030 dient es noch der Begegnung und dem Teamwork, ist ein Ort der Hightecheinrichtungen und für viele der Raum für Inspiration und konzentriertes Arbeiten. Diesem Anspruch müssen moderne Bürokonzepte entsprechen. Aus Effizienzgründen wird in vielen Fällen jedoch der fest zugeordnete Arbeitsplatz zur Disposition gestellt. Da viele Mitarbeiter mobil sind oder im Home Office arbeiten, wäre es verschwenderisch, jedem sein festes Büro zu garantieren. Das gilt zunehmend auch für Top Führungskräfte.

## Megatrend Female Shift

Die Frauen erobern sich in Deutschland in Kürze rasant Führungspositionen in Wirtschaft und Gesellschaft, wo sie bisher nur in verschwindend geringem Maße präsent sind. Frauen sind mindestens genauso gut und in gleicher Anzahl für Führungsaufgaben ausgebildet, sie entscheiden sich immer häufiger für die Karriere statt für die Familie bzw. finden einen Weg, Familie und Beruf miteinander zu vereinbaren. Daneben steigt die Bereitschaft der Unternehmen,

Frauen in Führungspositionen auch ohne Quotenregelung einzusetzen. Der weiblich ganzheitliche Führungsstil gewinnt an Akzeptanz und mit jeder weiteren Frau im Management reduziert sich die Hürde für die nächste. Auch ist es bei Männern wie bei Frauen keine Schande mehr, aus familiären Gründen auch mal eher das Büro zu verlassen oder flexibel zu arbeiten. Der „Tippingpoint", der Punkt, an dem das Wachstum der Frauen in Führungspositionen sich erheblich beschleunigt, scheint nahe.[5]

Auf der anderen Seite erkennen die Männer die Verantwortung für die Familie. Steigende Zahlen von Vaterschaftsurlauben sprechen eine deutliche Sprache.

Zukunftsorientierte Unternehmen tun gut daran, diesen Megatrend u.a. durch weitere Förderung der Vereinbarkeit von Beruf und Familie aktiv zu unterstützen. Es ist ein Baustein, dem Fach- und Führungskräftemangel erfolgreich zu begegnen und sich einen Zugang zu der „Workforce" der gut ausgebildeten Frauen zu verschaffen.

Auch aus Sicht einer erstrebenswerten und von Vielseitigkeit, Toleranz und Kommunikationsstärke geprägten Unternehmenskultur ist die Erhöhung des Frauenanteils in Führungspositionen für viele Unternehmen wichtig. Darauf müssen sich die Unternehmen intelligent vorbereiten und Hürden aller Art konsequent abbauen.

## Megatrend Silver Society

Oh je, wir werden alle älter! Die Menschen leben länger und wachsen in geringerer Anzahl nach. Das Durchschnittsalter steigt rapide. Für die Unternehmen ist auch dies Chance und Herausforderung gleichermaßen. Herausforderung, weil die Unternehmen lernen müssen, die Arbeitskraft ihrer Mitarbeiter länger zu erhalten und auf ältere Menschen ausgerichtete Aufgaben und Entwicklungsmöglichkeiten zu konzipieren.[6] Wie es Prof. Dr. Ralf Lanwehr von der internationalen Fachhochschule Bad Honnef beschreibt, zeichnen sich ältere Menschen dadurch aus, dass Sie mit ihrer kristallinen Intelligenz, d.h. ihrem Erfahrungswissen und ihrer Intuitionsgabe, für entsprechende Aufgaben prädestiniert sind, während jüngere Menschen eine stärker ausgeprägte fluide Intelligenz besitzen und damit schneller denken und lernen. Es ist ein Trugschluss, dass ältere Menschen nicht in der Lage sind, Neues aufzunehmen, jedoch führen Vorverurteilungen und nicht angemessene Lernmethoden zu Verunsicherung und Blockaden. Dass ältere Menschen durchaus hochmotiviert sein können, etwas Neues zu lernen, erläuterte mir der Hirnforscher Prof. Dr. Gerald Hüther während der Great Place to Work® Preisverleihung 2011 in Berlin eindrucksvoll. Unter welcher Voraussetzung lernt ein 60-jähriger Mann erfolgreich Chinesisch? Wenn er sich in eine Chinesin verliebt!

Betrachten wir nun auch die körperliche Fitness dieser älteren Mitarbeiter. Es ist für das betriebliche Gesundheitsmanagement eine wichtige Aufgabe, auf die Erhaltung der Gesundheit dieser Menschen besonders zu achten, u.a. Vorsorgeuntersuchungen anzubieten und geeignete Arbeitszeitmodelle zu entwickeln. Schließlich ist die möglichst lange Gesunderhaltung älterer Mitarbeiter ein weiterer Baustein zur Vermeidung der negativen Auswirkungen des Fachkräftemangels.

Wenn wir nun den Blick auf die nur spärlich nachwachsende jüngere Generation richten, wird deutlich, dass der Megatrend *Silver Society* bzw. der demografische Wandel, ein verstärktes Employer Branding im Kampf um die jungen Köpfe, um die „High Potentials" notwendig macht.[7] Glaubwürdige Arbeitgeberattraktivität setzt schon früh in den Schulen an und muss in intensiver und nicht-werblicher Ausprägung an den Hochschulen fortgesetzt werden. Unternehmen, denen es gelingt, an den Spitzenuniversitäten durch eine Vielzahl von Gastvorlesungen, Praktikumsangeboten, Bachelor-/Master-/Doktorandenbetreuungen und Projektseminaren eine Arbeitgebermarke aufzubauen, werden einen erheblichen Wettbewerbsvorteil haben.

## Megatrend Neues Lernen

Es wird ja nun schon lange gepredigt, dass wir uns auf dem Wandel von der Industriegesellschaft in die Wissensgesellschaft befinden.[8] Auf der anderen Seite haben wir in Deutschland insbesondere in der letzten Dekade gelernt, dass es klug war, dass wir uns noch leistungsfähige, industrielle Strukturen bewahrt haben und in vielen produzierenden Bereichen nach wie vor Weltmarktführer sind. Nichtsdestotrotz bedeutet die Beschleunigung des Wissensumschlages durch die verstärkte Vernetzung und gegenseitige Befruchtung der Wissensarbeiter, dass alle Unternehmen aller Branchen eine angemessene Strategie zur permanenten Wissensfortschreibung und -aneignung benötigen. Ein effektives Wissensmanagement im Unternehmen kann jedoch in vielen Fällen nicht primär auf Wissensdatenbanken o.ä. basieren – wie es noch oft in den Wissensmanagementkonzepten der 90er Jahre angenommen wurde – sondern ist ein umfassendes und ganzheitliches Kommunikationskonzept aller Stakeholder. Im Zentrum stehen dabei oft die Identifizierung von Knowhow-Trägern und die Integration des persönlichen, oft intuitiven Wissens in die entsprechende Aufgabenstellung. Ebenso gilt es, die Knowhow-Träger sowohl zu motivieren, als auch zu befähigen, ihre Macht zum Nutzen des Unternehmens und der Gesellschaft zu teilen. Das ist eine höchst anspruchsvolle unternehmenskulturelle Herausforderung.

Neben dem psychologisch-kulturellen Aspekt ist selbstverständlich die Frage der unterstützenden Werkzeuge und Prozesse von entscheidender Bedeutung. Intranetportale, Unternehmenswikis, Social Media Plattformen, Chatrooms, Videokonferenzeinrichtungen, Suchmaschinen, Ideenbörsen, Querdenkerkongresse, Unternehmensbrainstormings u.v.m. bieten ein breites Spektrum im Werkzeugkasten des Wissensarbeiters. Die Aufgabe der Strategen und Führungskräfte im Unternehmen ist dabei, diesem Zoo an Möglichkeiten eine Struktur zu geben, die einen wirkungsvollen Umgang mit dieser hohen Komplexität erleichtert.

Eine weitere Herausforderung im Megatrend Wissensmanagement ist die angemessene Ausstattung der Bildungseinrichtungen mit Personal und Infrastruktur. So wie sich fast alle Menschen wohl einig sind, dass ein hohes Bildungsniveau gerade in Deutschland für unseren Wohlstand von sehr großer Bedeutung ist, so klar ist auch, dass die öffentliche Hand diesem Anspruch nicht gerecht werden kann. Eine Konsequenz daraus ist, dass die Anzahl von privat finanzierten Schulen und Hochschulen deutlich steigt, wovon allerdings oft nur die Menschen profitieren, die es sich leisten können. Eine kleine Bildungselite. Das ist weder sozial gerecht noch wird es zu einer notwendigen, flächendeckenden Bildung führen. Ich glaube nicht daran, dass die öffentliche Hand in den kommenden Dekaden in signifikanter Weise mit viel Budget das Bildungssystem revolutionieren wird. Als Unternehmer können und dürfen wir nicht darauf warten, sondern sollten vielmehr in Public-Private-Partnerships strategische Kooperationen mit den Bildungseinrichtungen eingehen. Diese können vielfältiger Natur sein und können von finanzieller Unterstützung über intensiven Wissensaustausch bis hin zu Unternehmensschulen und -hochschulen reichen. Als gewünschter Nebeneffekt entsteht dabei ein glaubwürdiges Employer Branding und damit eine Antwort auf den oft zitierten Fachkräftemangel.

## Megatrend Gesundheit

Dieser Megatrend wirkt sich in sehr vielen Lebensbereichen aus. Ich fokussiere mich an dieser Stelle auf das betriebliche Gesundheitsmanagement. Während die Unternehmen der Industriekultur des vergangenen Jahrhunderts darauf bedacht waren, dass ihre Mitarbeiter nicht krank werden, steht aktuell das körperliche und seelische Wohlbefinden bei vielen Unternehmen im Fokus. Die Verantwortlichen in den Unternehmen entwickeln Vorsorgechecks, Fitnesskampagnen, motivieren zu gesunder Ernährung, ermutigen ihre Mitarbeiter zur Nikotinentwöhnung, helfen bei Alkoholproblemen, stellen kostenlos Obst zur Verfügung und setzen zum Teil schon Anti-Burnout Unterstützungen auf. Diese Maßnahmen sind insofern wichtig, als dass einerseits die Menschen länger arbeiten müssen und dabei möglichst ganzheitlich gesund gehalten werden, andererseits erhöht sich die Komplexität im Arbeitsleben gewaltig. Letzteres hat insbesondere dramatische Auswirkungen auf die Psyche unserer Mitarbeiter. Die Anzahl der Menschen mit Burnout bzw. Erschöpfungsdepression, die aus einer dauerhaften Überforderung resultiert, steigt deutlich.

Können wir als Verantwortliche im Unternehmen die Komplexität in unserer vernetzten und wissensbasierten Welt reduzieren? Wohl kaum. Daher ist es eher zielführend, Komplexität durch Selbstverbundenheit und Selbstentwicklung beherrschbar zu machen. So verliert sie ihren Schrecken. Wir müssen uns und unsere Mitarbeiter befähigen, im rauschenden Gebirgsbach das Paddel fest in die Hand zu nehmen und uns auf unsere Fähigkeiten zu fokussieren. „Fels in der Brandung statt Hamster im Rad" nennt das die Resilienztrainerin Sylvia Kéré Wellensiek, die hierzu auch in ihren Büchern „Handbuch Resilienztraing[9]", „Fels in der Brandung statt Hamster im Rad[10]" und „Resilienztraining für Führungskräfte[11]" konkrete Anleitungen gibt. An dieser Stelle weise ich auch auf den Hirnforscher Jens Corssen hin, der in seinem Buch „Der Selbstentwickler[12]" aus meiner Sicht sehr hilfreiche Hinweise zur Bewältigung von Komplexität gibt, indem er wirkungsvolle Methoden zur Erlangung von *Selbst-Verantwortung, Selbst-Bewusstheit, Selbst-Vertrauen* und *Selbst-Überwindung* aufzeigt.

## Megatrend Globalisierung

„World 3.0[13]" nennt der Globalisierungsexperte Prof. Pankaj Ghemawat in seinem gleichnamigen Buch die aus seiner Sicht wahrscheinliche und erstrebenswerte Form der globalen Zusammenarbeit. Während nach seiner Definition in der „World 1.0" Globalisierung von der Antike bis zum Beginn des 20. Jahrhunderts durch nationale Interessen getrieben war, standen bei „World 2.0“ im Zeitraum von der Mitte des 20. Jahrhunderts bis zum heutigen Zeitpunkt Konzerninteressen im Vordergrund, die relativ ungezügelt die Ressourcen der Welt angezapft und verteilt haben. Die „World 3.0“ des 21. Jahrhunderts wird nach seiner Einschätzung geprägt sein durch eine Ausgewogenheit von nationalen und unternehmerischen Interessen und basiert auf einem langfristigen Kooperationswillen – trotz aller Widrigkeiten und Hindernisse. Der gleichzeitige Wunsch nach Regionalität und Heimat ergänzt dabei die globale Verbindung der Weltbürger. Prof. Ghemawat nennt dies „Rooted Cosmopolitan[14]“. In ähnlicher Form äußert sich auch Matthias Horx in seinen Büchern, der das Zusammenspiel zwischen Globalisierung und Heimatsehnsucht „Glocalization[15]“ nennt. Prof. Franz-Josef Radermacher sieht in einer „Global Governance“ im Übrigen die einzige vernünftige und gesunde Alternative zu den beiden anderen Optionen der „Brasilianisierung“, d.h. des Herrschens einer Elite über viele arme Menschen oder des „offenen Kampfes“ der Kulturen, Nationen und Gesellschaftsschichten (siehe hierzu sein Buch „Welt mit Zukunft“).[16]

Für die Entwicklung der Unternehmenskultur hat der Megatrend *Globalisierung* eine große Bedeutung. Zukünftig werden wir im Sinne von „Global Sourcing“ mehr Fachkräfte aus dem Ausland rekrutieren und integrieren, was ein weiterer Baustein als Antwort auf den Fachkräftemangel ist. Ebenso führt die steigende Vernetzung der Wirtschaft dazu, dass nahezu jedes Unternehmen in irgendeiner Form interkulturelle Kompetenz besitzen bzw. aufbauen muss, um mit Mitarbeitern, Partnern und Kunden aus dem Ausland erfolgreich umgehen zu können.

## Weitere Megatrends: Mobilität, Konnektivität, Neo-Ökologie und Urbanisierung

Auch die anderen Megatrends wirken deutlich auf die Unternehmenskultur. Die weiter wachsende *Mobilität* der Menschen bedeutet im beruflichen Kontext, dass die Arbeitgeber geeignete und intelligente Mobilitätskonzepte anbieten müssen. Das Arbeiten und Bewegen zwischen Home Office, Büro, Kunde, Auto, Zug und Flugzeug muss so unterstützt werden, dass der Mitarbeiter der Mobilitätsbelastung gewachsen ist und dass eine möglichst umweltschonende und kostengünstige *Mobilität* gewährleistet wird.[17]

Damit sind wir beim Megatrend *Neo-Ökologie*. Aus Sicht des Zukunftsinstituts wird den, durch den Klimawandel und das notwendige Umsteuern bei Energie und Ressourcen entstehenden Herausforderungen, durch *Neo-Ökologie* und neue Technologien begegnet und sie werden dadurch langfristig gelöst. Für Unternehmen heißt dies, dass sie einen spürbaren Beitrag zu Energieeinsparung und Ökologie leisten müssen. Diese Notwendigkeit entsteht nicht nur durch Kostendruck. Die Mitarbeiter erwarten von Ihrem Unternehmen klare Signale eines umweltfreundlichen und damit sozialen Gewissens.[18]

Mit *Connectivity* ist nicht nur eine technische always-and-everywhere-online Möglichkeit gemeint, sondern auch das Bedürfnis vieler Menschen, über Social Media etc. miteinander verbunden zu sein. Einige Experten sagen, dass die E-Mail fast out ist. Chatrooms, Blogs, Foren u.v.m. sind schon jetzt für viele von uns die übliche Kommunikationsform und einiges davon gleichzeitig auf mehreren Kanälen. Stress? Kommt darauf an, wer hier wen beherrscht. Die Technik den Menschen oder umgekehrt, womit wir wieder beim Thema Selbstverantwortung sind, wozu die Unternehmen ihre Mitarbeiter befähigen müssen. Ein Ignorieren der schönen neuen Kommunikationsmöglichkeiten ist für die meisten Unternehmen keine Lösung.[19]

Der 11. Megatrend des Zukunftsinstituts lautet *Urbanisierung*[20]. Hier habe ich keine nahe liegenden Anknüpfungspunkte für die Unternehmenskultur gefunden. Ich möchte jedoch an dieser Stelle die Vielzahl technologischer Entwicklungen unter dem eigenen Megatrend High Tech zusammenfassen und auf zukünftige Lösungen im Umfeld der Nanotechnologie, Biotechnologie, Bionik u.v.m. verweisen. Branchenübergreifend ist dabei meines Erachtens besonders spannend, dass die Mensch-Maschine-Schnittstelle deutlich an Qualität gewinnen wird. Wirklich funktionierende automatische Spracherkennung, Hologramm Videokonferenzen, erweiterte Realität, das semantische Web, intelligente Verkehrssteuerung etc. ermöglichen uns und unseren Mitarbeitern eine neue Dimension der Produktivität und der Lebensqualität, sofern wir uns nicht als Sklaven der Technologie verstehen und verhalten.

Die Megatrends und deren Auswirkungen auf die Führung wurden auch von der Deutschen Gesellschaft für Personalführung e.V. (DGFP) im zweiten Halbjahr 2011 genauer analysiert. Entsprechend einer Befragung bei 140 Personalverantwortlichen aus den Mitgliedsunternehmen wurden die folgenden Megatrends als sehr wichtig oder wichtig für die zukünftige Personalarbeit gewertet[21]:

- *Megatrend Silver Society mit 82%*
- *Megatrend Individualisierung mit 70%*
- *Megatrends Mobility und Connectivity mit 48%*
- *Megatrend Globalisierung mit 45%*
- *Megatrend Neo-Ökologie mit 32%*

Weitere Details der DGFP Trendstudie können bezogen werden über den Leiter Forschung und Themen der Deutschen Gesellschaft für Personalführung e.V. in Düsseldorf, Herrn Dr. Sascha Armutat.

## Wirkung auf die noventum Unternehmenskultur

Ich begann mit meinem Unternehmen noventum consulting ab dem Jahr 2005 parallel zur Messung der Arbeitgeberattraktivität mittels der Great Place to Work® Methode, mit Hilfe verschiedener Methoden die Horx'schen Megatrends zur strategischen Entwicklung anzuwenden. Dabei analysierten wir in unserem Führungsteam sowohl die Auswirkungen der Megatrends auf unsere Unternehmenskultur, als auch die Konsequenzen für unsere Marktausrichtung.

Im ersten Schritt entwickelten wir im Führungsteam auf einem Strategiemeeting mittels der Szenariotechnik unser Zielbild. Nach umfangreichen Analysen der Megatrends und der vermuteten Entwicklung bei unseren Kunden entschieden wir uns im Jahre 2007, ein „bunter Premiumhund" zu werden. Dieser ungewöhnliche und prägnante Begriff, kreiert von Marc Buzina, bei dem ich mich heute noch dafür bedanken möchte, stand für unsere Vision, bei Bewerbern und Kunden als sehr hochwertiger Dienstleister zu gelten und gleichzeitig über intensive (Employer) Branding Maßnahmen eine hohe Bekanntheit zu erlangen. Rückblickend aus dem Jahr 2013 muss ich sagen, dass ich sehr stolz, glücklich und dankbar bin, dass wir dies heute erreicht haben. Faszinierend zu erkennen, wenn aus Vision Wirklichkeit wird. Hinter dem Anspruch, ein „bunter Premiumhund" zu werden, standen natürlich viele untergeordnete Ziele und Maßnahmen, die hier den Rahmen sprengen würden. Was uns damals auch noch nicht bewusst war, war die Tatsache, dass wir mit der kontinuierlichen Entwicklung der Unternehmenskultur mit Hilfe der Great Place to Work® Methode wunderbar in unsere Unternehmensvision hineingearbeitet hatten.

Nachdem wir im Führungsteam erkannt hatten, dass man die Zukunft „managen", d.h. auf Basis der Megatrends eine Unternehmensvision und -strategie entwickeln kann, integrierten wir im nächsten Schritt alle Mitarbeiter und wandten dabei das Eltviller Modell, die Methode der fünf Zukunftsbrillen der Future Management Group von Pero Micic, an.[22] Bei diesem Modell geht es im ersten Schritt, der durch die blaue Brille symbolisiert wird, um die Analyse der Umfeldtrends und deren Relevanz für das eigene Unternehmen. Im zweiten Schritt (grüne Brille) werden darauf aufbauend kreativ viele neue Geschäftsideen entwickelt, welche dann im dritten Schritt (gelbe Brille) reduziert und gebündelt werden. Im vierten Schritt (rote Brille) gilt es, kritische Risiken zu erkennen und zu beherrschen. Schließlich wird im fünften Schritt (violette Brille) die Strategie mit der „Hand am Arm" detailliert und umgesetzt. Pero Micic bedient sich dabei des Bildes eines Kapitäns, der sein Schiff steuert. Mit der blauen Brille analysiert er Himmel und Wasser, mit der grünen Brille träumt er von vielen Inseln, die er ansteuern könnte. Mit der gelben Brille fokussiert er seine Reise auf die Sonne, mit der roten Brille muss er blutige Kämpfe mit Piraten überstehen und die violette Brille steht für die blauen Flecken, die bei der harten Arbeit auf dem Schiff entstehen.[23]

Wir luden im Jahre 2008 alle 80 Mitarbeiter zu mehreren Zukunftsworkshops ein und setzten dabei die ersten drei Zukunftsbrillen, die blaue, die grüne und die gelbe, auf. Ergebnis war sowohl die Stabilisierung der Vision und Strategie, sowie eine Verbundenheit der teilnehmenden Mitarbeiter mit der neuen Unternehmensausrichtung.

Schließlich begannen wir ab der dritten Verbesserungsschleife der Great Place to Work® Bewerbung im Jahre 2008 zusätzlich, systematisch die Megatrends in die Entwicklung der Unternehmenskultur einzuarbeiten. Dabei wurde mir sehr deutlich, dass diese beiden Betrachtungsweisen sehr stark miteinander korrespondieren und sich gegenseitig befruchten. Unsere Strategieentwicklung in Bezug auf Markt und Mitarbeiter ist seitdem sehr stark von diesen beiden Ansätzen inspiriert.

## Future Management als Beratungsprodukt

Was noventum hilft, müsste eigentlich auch unseren Kunden und Geschäftspartnern nützen. Aus dieser Einschätzung begann ich, gemeinsam mit unserem Praktikanten Alexander Kriebel, den neuen Beratungsbereich Future Management aufzubauen. Mit den Erfahrungen aus dem Selbstversuch bei noventum boten wir bei vielen Mittelständlern und Großunternehmen an, Workshops zum Zukunftsmanagement durchzuführen. Die Resonanz war sehr gut, da wir damit offensichtlich auf einen großen Bedarf gestoßen waren und über die entsprechende Erfahrung verfügten. Viele Entscheider spürten, dass sie sich den gewaltigen Veränderungen im 21. Jahrhundert systematisch nähern sollten. Auf einmal war ich wieder mitten im Beratungsgeschäft, jedoch nicht als IT Consultant, sondern als Zukunftsmanager. Mir machte es einen riesigen Spaß, Inspirationsvorträge zu halten, Strategieworkshops auf Basis der Megatrends und der Great Place to Work® Methode zu gestalten, sowie einige entsprechend sehr spannende Strategieprojekte zu leiten. Meine Vorträge und Workshops habe ich sowohl unternehmensintern, als auch als offene Veranstaltungen durchgeführt. Daraus entstanden Formate wie die *Sylter Tage*, der *interkulturelle Innovationsworkshop* in Istanbul, das *Business Unusual Forum* und der *Think Tank Bernried – Resilienz*. Mit der Zeit wurde deutlich, dass meine Kernkompetenz dabei in der Anwendung der Megatrends auf die Unternehmenskultur lag. Insofern konzentrierte ich mich zunehmend auf das Thema „Mit Zukunftsmanagement und Vertrauenskultur zu dauerhaftem Unternehmenserfolg“, woraus jetzt die Marke *CCC – Corporate Culture Concepts – Forum zukunftsorientierter Unternehmenskultur* entstanden ist. Diese Marke ergänzt das Spektrum der noventum consulting als IT Managementberatung und wird jetzt von mir mit viel Leidenschaft ausgebaut.

corporate culture concepts

FORUM ZUKUNFTSORIENTIERTER
UNTERNEHMENSKULTUR

Interessierte Manager und Unternehmer, die mit Gleichgesinnten aus verschiedenen Bereichen der Wirtschaft und des öffentlichen Lebens über Konzepte für eine zukunftsorientierte Unternehmensführung in den Austausch treten wollen, können die Angebote unserer offenen Veranstaltungen wahrnehmen, die unter

*www.noventum.de/de/Veranstaltungen.html*

näher erläutert werden.

BUSINESS unusual
FORUM 2013
DAS UNGEWÖHNLICHE
IST DAS ERFOLGREICHE.
27.09.2013 | FACTORY HOTEL | MÜNSTER

SYLTERTAGE
INTUITION. IMPROVISATION. INNOVATION.

RESILIENZ_KRAFTSTOFF DER ZUKUNFT
SELBSTVERBUNDENHEIT. WIDERSTANDSKRAFT. FÜHRUNGSKULTUR.
THINK TANK
BERNRIED
2013

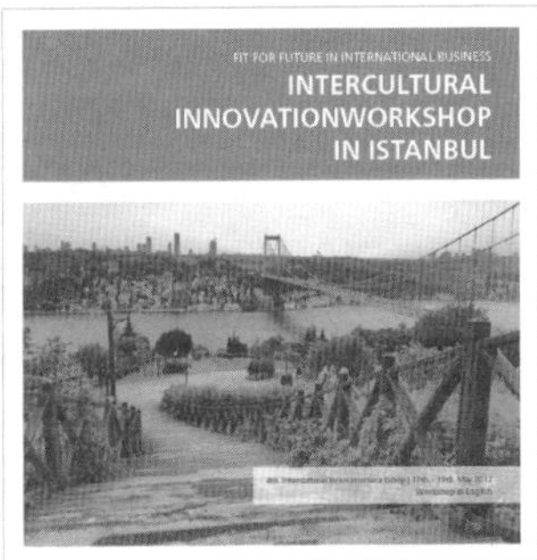
FIT FOR FUTURE IN INTERNATIONAL BUSINESS
INTERCULTURAL
INNOVATIONWORKSHOP
IN ISTANBUL

# TEIL II

# SYSTEMATISCHE ENTWICKLUNG DER UNTERNEHMENSKULTUR NACH DER GREAT PLACE TO WORK® METHODE

In Teil II erläutere ich das Great Place to Work® Modell im Allgemeinen, dessen Anwendung bei noventum und die daraus resultierenden Ergebnisse und Erkenntnisse. Dieser Teil ist damit für jedes Unternehmen, das seine Unternehmenskultur entsprechend dem Great Place to Work® Modell weiterentwickeln möchte, sicher von sehr konkretem Nutzen.

## II.1 HISTORIE, PRINZIPIEN UND STRUKTUREN DES GREAT PLACE TO WORK® ANSATZES

### Vertrauenskultur ist der Schlüssel

Die Beschäftigung mit der Historie des Great Place to Work® Instituts und dessen Gründer Robert Levering hat sehr viele von meinen Erfahrungen und Einschätzungen zu einer erfolgreichen Unternehmenskultur des 21. Jahrhunderts bekräftigt. Frank Hauser, der Geschäftsführer des Great Place to Work® Instituts Deutschland, erklärt in seinen Vorträgen üblicherweise, dass der US Journalist Robert Levering in den 80er Jahren des letzten Jahrhunderts mit einer Studie beauftragt wurde, die besten 100 Arbeitgeber der Vereinigten Staaten zu identifizieren und die Ursachen für deren Qualität aufzuzeigen. Zwei Erkenntnisse aus dieser Untersuchung waren dabei offensichtlich entscheidend und bildeten daher später die Grundlage zur Gründung des Great Place to Work® Instituts. Erstens, Mitarbeiter sprechen von einem sehr guten Arbeitsplatz, wenn sie ihren Vorgesetzten vertrauen können. Ganz einfach. Das systematische Aufbauen von Vertrauen ist dabei nicht mehr ganz so einfach, umfasst es doch eine Vielzahl von Einstellungen und Handlungen der gesamten Führungsmannschaft. Zweitens, Organisationen mit einer ausgeprägten Vertrauenskultur sind im Schnitt auch wirtschaftlich deutlich erfolgreicher als Unternehmen mit einer weniger vertrauensbasierten Kultur (s. Abb. 3).

Eine ausführliche Darstellung der Entstehungsgeschichte und der Weiterentwicklung des Great Place to Work® Ansatzes findet sich bei Hauser, F. & Schmidtner, T. (2005), S. 14 ff.

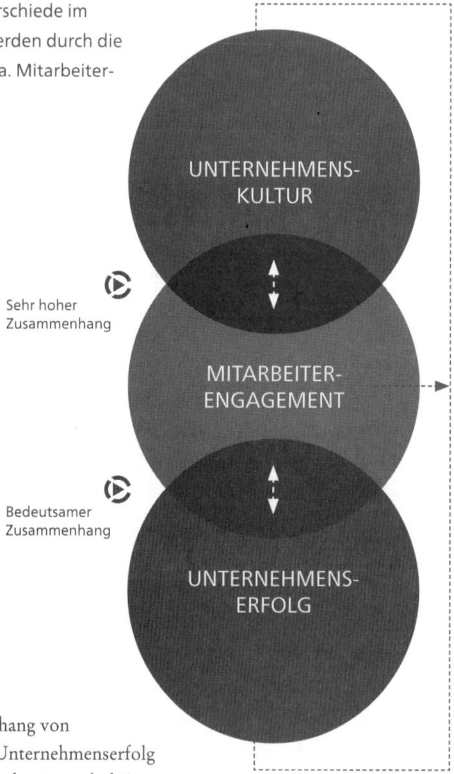


Abbildung 3: Zusammenhang von Unternehmenskultur & Unternehmenserfolg
Quelle: http://www.greatplacetowork.de/unser-ansatz/worin-liegen-die-vorteile (Eigene Darstellung)

## Entwicklung der Great Place to Work® Methode

In den folgenden Jahren nach Erstellung der Studie arbeitete Robert Levering daran, „Fleisch“ an den Begriff Vertrauenskultur zu bringen. Daraus entwickelte sich dann das in den 90er Jahren eingeführte Great Place to Work® Modell (siehe Abb. 4) als ein System bestehend aus fünf Befragungsbereichen, welche ergänzt werden um die neun Analysebereiche im sogenannten Kultur Audit©. Die Befragungsbereiche umfassen insgesamt 63 Fragen zu den Themen *Glaubwürdigkeit, Respekt, Fairness, Stolz* und *Teamgeist*. Diese Fragen sind seit der Gründung des Great Place to Work® Instituts nahezu unverändert und werden von den Mitarbeitern der teilnehmenden Organisationen anonym beantwortet. Auf einer Skala von 1 (= trifft fast überhaupt nicht zu) bis 5 (= trifft fast völlig zu) nehmen die Mitarbeiter zu Aussagen Stellung wie z.B. „Die Führungskräfte machen ihre Arbeit kompetent“ oder „Befördert werden diejenigen Mitarbeiter, die es am meinsten verdienen“. Diese Mitarbeiteraussagen werden vom Great Place to Work® Institut nach aussagefähigen statistischen Perspektiven analysiert, sodass am Ende für die teilnehmende Organisation eine sehr hilfreiche Auswertung nach verschiedenen Personengruppen möglich ist. Bei zu kleinen Personengruppen wird vom Great Place to Work® Institut jedoch auf eine Auswertung verzichtet, um die Vertraulichkeit und Anonymität zu wahren.

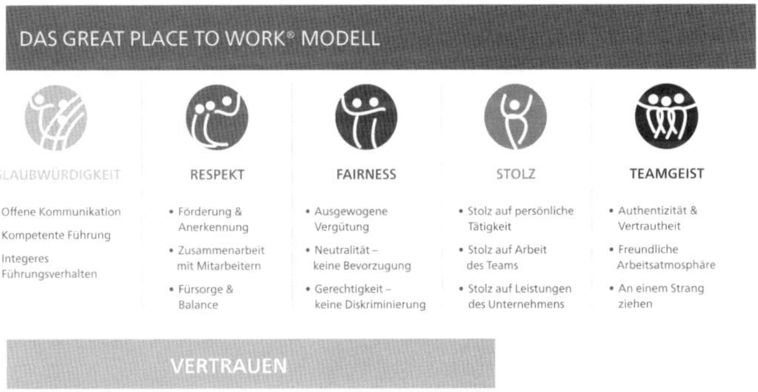


Abbildung 4: Great Place to Work® Modell
(Quelle: Great Place to Work® Institut)[24]

Während die anonyme Befragung in den fünf Bereichen eine Aussage über die Unternehmenskultur aus Sicht der Mitarbeiter, also der „Empfänger" von Führung erlaubt, dienen die Analysebereiche im Kultur Audit© einer Einschätzung der „sendenden" Systeme und Personen. Mit anderen Worten, im Kultur Audit© werden die kulturbildenden Maßnahmen der Organisation betrachtet. Dabei wird die Behandlung der Mitarbeiter in den verschiedenen Lebensabschnitten im Unternehmen als roter Faden ins Visier genommen.

Im ersten Auditbereich werden die Maßnahmen im Bereich Einstellung und Integration von Mitarbeitern analysiert, im zweiten Inspiration, im dritten Informationsmaßnahmen, im vierten Qualität des Zuhörens, im fünften Wertschätzung, im sechsten Maßnahmen zur Förderung der persönlichen und beruflichen Entwicklung, im siebten Fürsorge, im achten Feierkultur und schließlich im neunten Beteiligung an den Früchten des Erfolges.

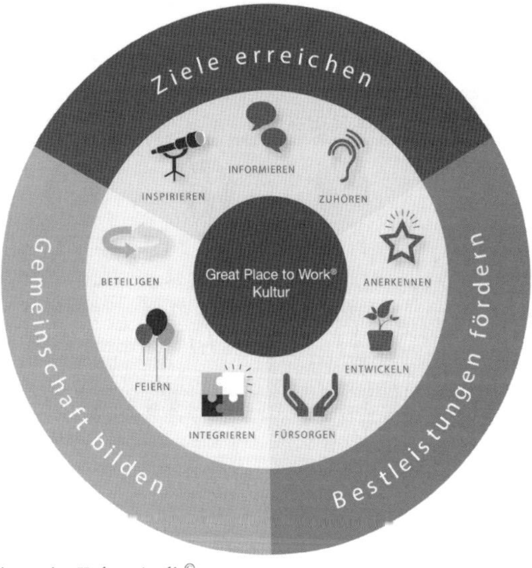


Abbildung 5:
Die neun Dimensionen im Kultur Audit©
(Quelle: Great Place to Work® Institut)

Die Great Place to Work® Methodik schlägt keine vordefinierten Maßnahmen in diesen neun Bereichen vor, sondern stellt mit dem Kultur Audit© zu den einzelnen Bereichen entsprechende Fragen. Im folgenden Kapitel habe ich die Fragen und einige Antworten von noventum zu den gelebten Maßnahmen dargestellt. Viele dieser kulturbildenden Maßnahmen scheinen selbstverständlich oder profan, und doch ist es für uns sehr hilfreich gewesen, in der vom Great Place to Work® Institut vorgegebenen Gründlichkeit und Ganzheitlichkeit alle Maßnahmen zu sammeln und deren konsequente Anwendung sicherzustellen.

Von den nahezu unbegrenzten Möglichkeiten von Maßnahmen zur Förderung von Vertrauenskultur muss sich jede Organisation diejenigen heraussuchen und anwenden, die zu ihr passen. Somit hat Unternehmenskultur für jede Organisation ein eigenes und unverwechselbares Profil. Wichtig sind bei der Entwicklung der Maßnahmen jedoch einige Grundsätze. Erstens, die Maßnahmen müssen für alle Mitarbeiter erreichbar sein. Isolierte Angebote, die nur einem kleinen Mitarbeiterkreis zugänglich sind, führen oft zu Neid und Misstrauen. Zweitens, die Maßnahmen müssen einen „Human Touch" aufweisen. Sie müssen dem Bedürfnis nach Individualität Rechnung tragen. Drittens, einige der Maßnahmen müssen so speziell und außergewöhnlich sein, dass sie die Organisation profilieren und damit Wiedererkennung und Stolz fördern. Die gesammelten Maßnahmen, die bei noventum praktiziert werden, sind dementsprechend entwickelt worden.

Bemerkenswert finde ich, dass sowohl die fünf Bereiche der anonymen Befragung, als auch die neun Dimensionen im Kultur Audit© in allen inzwischen 49 Ländern, in denen das Great Place to Work® Benchmarking angewandt wird, nahezu gleich sind. Vertrauensbasierte Unternehmenskultur ist international und basiert auf einem sehr ähnlichen Wertesystem, von den U.S.A. über Brasilien bis nach Indien und China.

Entscheidend ist, was ankommt. Nach diesem Prinzip nimmt das Great Place to Work® Institut die Bewertung der Arbeitgeberqualität vor und gibt dem Mitarbeitervotum ein Gewicht von zwei Dritteln. In das letzte Drittel fließt der von Mitarbeitern des Great Place to Work® Instituts vorgenommene Audit der Maßnahmen in den neun Kulturdimensionen ein, der Kultur Audit©. Dabei spielen auch einige Fakten wie Fluktuationsrate, Krankenstand u.v.m. eine Rolle. Aufgrund der Summe der Bewertungen aus Mitarbeiterbefragung und Kultur Audit© errechnet sich dann die Platzierung in den Listen der besten Arbeitgeber, die nach Größenklassen getrennt publiziert werden. So begegnet beispielsweise großen Organisationen mit vielen Mitarbeitern und vielen Hierarchiestufen eine erheblich größere Herausforderung, Vertrauenskultur zu leben. Sie erhalten durch das Great Place to Work® Institut mit einer eigenen Liste die Chance, sich in einer Vergleichsgruppe zu messen.

## Der Wettbewerb der besten Arbeitgeber

Nach Abschluss der Mitarbeiterbefragung und dem Einsenden der gesammelten HR Maßnahmen (Kultur Audit©) beginnt das Warten aufs Christkind. Kurz vor Weihnachten teilt das Great Place to Work® Institut allen teilnehmenden Unternehmen mit, ob sie sich für die Liste „Deutschlands Beste Arbeitgeber“ in ihrer Größenklasse qualifiziert haben und damit zur feierlichen Preisverleihung nach Berlin eingeladen werden. Aus Sicht des Employer Brandings ist die Aufnahme in den Club der 100 besten Arbeitgeber für viele Unternehmen ein ausgesprochen wichtiger Bestandteil, berechtigt es doch, das Logo „Deutschlands Beste Arbeitgeber“ werblich zu nutzen. Das Logo und die damit verbundene Botschaft, dass vertrauensbasierte Unternehmenskultur in dieser Organisation groß geschrieben wird, nutzt im Übrigen der erste auf der Liste genauso wie der 100ste.

Aus meiner Sicht noch deutlich wichtiger als die Auszeichnung und das damit nutzbare Logo sind die intensiven Auswertungsmöglichkeiten, das Benchmarking, das einen wirklich intensiven Lernprozess ermöglicht. Die teilnehmenden Unternehmen erhalten sowohl die Auswertung der 63 Fragen und bekommen darüber wertvolle Hinweise auf die von den Mitarbeitern erlebte Unternehmens- und Führungskultur. Wie steht es mit der Glaubwürdigkeit der Führung? Wird im Unternehmen offen kommuniziert? Sind die Manager kompetent und integer? Werden alle Mitarbeiter respektiert, gefördert und anerkannt? Achtet man im Unternehmen auf Work-Life-Balance und zeigt Fürsorge für den einzelnen Menschen? Werden die Mitarbeiter fair behandelt in Bezug auf Vergütung, Beförderung und Gerechtigkeit? Werden Minderheiten integriert? Sind die Mitarbeiter stolz auf die eigene Tätigkeit, auf die Teamleistung und den gesellschaftlichen Beitrag ihres Arbeitgebers? Und schließlich, macht es Spaß, hier zu arbeiten und ziehen die Kollegen an einem Strang? Die detaillierte Auswertung dieser Fragenbereiche nach Mitarbeitergruppen und im Vergleich zu anderen ausgezeichneten Arbeitgebern erlaubt eine Stärken- und Schwächenerkennung und liefert ideale Ansätze für eine langfristige Verbesserung der Unternehmenskultur.

Neben der Auswertung der anonymen Mitarbeiterbefragung erhalten die Teilnehmer zu einem späteren Zeitpunkt auch den ausführlichen Kultur Audit© Report. Hier werden in den neun Betrachtungsbereichen die besonders wirkungsvollen und vorbildlichen Maßnahmen hervorgehoben und wiederum in Form eines Benchmarkings mit anderen ausgezeichneten Unternehmen verglichen. Auch hier kann jedes Unternehmen sein Kulturprofil erkennen und bekommt Ansätze zur gezielten Verbesserung geliefert. Insbesondere die Best Practices sind eine ausgesprochen wertvolle Ideenquelle für zukünftige Maßnahmen. Dabei gilt natürlich, dass jedes Unternehmen die Maßnahmen identifizieren muss, die zu ihm passen. Ein direktes Kopieren kommt daher meist nicht in Betracht, stattdessen ist es hilfreich, wenn man angeregt durch die Best Practices zu ganz eigenen und neuartigen Maßnahmen kommt.

Die Fragen des Great Place to Work® Instituts und die wesentlichen bei noventum etablierten Instrumente, welche im Kultur Audit© beschrieben wurden, sind in den folgenden Kapiteln II.2-II.10 dargestellt. Im Kultur Audit© werden die oben bereits erwähnten neun Themenbereiche analysiert[25]:

- *Einstellen und Integrieren*
- *Inspirieren*
- *Informieren*
- *Zuhören*
- *Anerkennen*
- *Entwickeln*
- *Fürsorge zeigen*
- *Feiern und Teamgeist*
- *Beteiligen.*

Neben den noventum Instrumenten sind auch noch für jeden Themenbereich einige Best Practices anderer Wettbewerbsteilnehmer aufgelistet. Außerdem sind weitere noventum Instrumente, die sich aktuell noch in Prüfung, Planung oder Vorbereitung befinden, in jedem Kapitel kurz dargestellt.

## II.2 EINSTELLEN UND INTEGRIEREN

### Beschreibung des Gestaltungsfeldes *Einstellen* nach Great Place to Work®

Im ersten Teil der Dimension *Einstellen und Integrieren* geht es um das Vorgehen bei der Auswahl neuer Mitarbeiter. Worauf achten die besten Arbeitgeber besonders, abgesehen von der fachlichen Qualifikation? Wie gestaltet sich der Rekrutierungsprozess, um sicherzustellen, dass ein Bewerber zu der Kultur passt? Welche Besonderheiten zeichnen den Einstellungsprozess aus? Welche Personengruppen sind beteiligt? Welche Maßnahmen werden ergriffen, um potentielle Bewerber auf das Unternehmen aufmerksam zu machen und den Einstellungsprozess nach außen transparent zu gestalten?

### noventum Antworten aus dem Kultur Audit© 2011/2012

*Hire for Character*
Bei noventum haben wir uns dem Prinzip „Hire for Character" seit Unternehmensgründung sehr verbunden gefühlt. Mir persönlich war dabei die Bereicherung des Unternehmens durch interessante Typen weitaus wichtiger als Zeugnisse und die fachliche Qualifikation. Der Glaube daran, dass die Neuen insbesondere durch ihre Persönlichkeit das Unternehmen bereichern, hat dazu geführt, dass wir ein buntes Team mit den unterschiedlichsten Qualifikationen und Interessen geworden sind. Wichtiges Merkmal war dabei die Offenheit für Neues, die Kommunikationsfähigkeit und das Gefühl, dass sie trotz der Individualität in unser Team passen. Um diese Merkmale zu prüfen, haben wir schon kurz nach Unternehmensgründung einen umfassenden Einstel-

lungsprozess entwickelt, der uns bei der Bewertung hilft und der Bestandteil unseres QM-Handbuchs ist. Auch haben wir uns mit verschiedenen Werkzeugen zur Analyse der Charaktereigenschaften der Bewerber beschäftigt, sind aber zu der Überzeugung gekommen, dass wir diese Systeme nicht in unserem Einstellungsprozess einsetzen wollen. Wir vertrauen auf die Intuition aller Menschen, die an der Einstellung beteiligt sind.

### *Schon als Bewerber Teamgeist erleben*

Wechseln wir jetzt einmal die Perspektive und stellen uns in die Schuhe der Bewerber, der Menschen, die wir ja schließlich überzeugen und begeistern wollen. In vielen Fällen bewerben wir uns ja bei diesen Menschen. Wir legen viel Wert darauf, dass sie bei uns die Offenheit unserer Unternehmensatmosphäre erfahren, durch Gespräche mit mehreren Führungskräften und künftigen Kollegen. Der potenzielle neue Kollege hat daher die Chance, mögliche neue Kollegen, Vorgesetze und Räumlichkeiten schon während der Gespräche kennenzulernen und gemeinsam mit ihnen viel zu lachen. Oft und gerne laden wir unsere Bewerber zum Abschluss zu einem Spielchen am firmeninternen Kickertisch ein. Nicht nachgewiesene Gerüchte sagen, dass dort auch schon einmal das zukünftige Gehalt ausgespielt wird. Richtig ist jedoch, dass dies zur Erheiterung der Bewerber behauptet wird. In dieser bewusst aufgelockerten Atmosphäre können wir ein Gefühl bekommen, ob der Kandidat sich in wechselnden Einsatzgebieten bei wechselnden Kunden zurecht findet und seine Mentalität zum „noventum-Geist“ passt.

### *Individuelle Angebote, Car Policy*

Führt das gegenseitige umfassende „Beschnuppern“ von Arbeitgeber und Bewerber dazu, dass wir die nächste Zeit zusammenarbeiten wollen, geht es nun darum, ein passendes Angebot auszuarbeiten. Hierbei gilt es dann, die Standardisierungsbestrebungen der Organisatoren des Unternehmens mit den durch den Megatrend *Individualisierung* hervorgebrachten individuellen

Bedürfnissen des zukünftigen Kollegen intelligent zu vereinen. So konfigurieren sich unsere Mitarbeiter im Rahmen einer definierten Leasingrate ihren Dienstwagen je nach persönlicher Lebenssituation. Die einen lieben Pferdestärken, andere Komfort und Dritte wünschen sich eine Familienkutsche. Das unterstützen wir mit unserer individuellen *Car Policy*, die nahezu alle unsere Berater und Vertriebskräfte nutzen. Den damit verbundenen erhöhten Administrationsaufwand setzen wir gerne ein, hat doch eine jüngst durchgeführte anonyme Befragung unserer Mitarbeiter zutage gebracht, dass der individuelle fahrbare Untersatz eine der Top-Begeisterungsfaktoren ist. Selbstverständlich darf der Dienstwagen in unbegrenzter Weise auch für Privatfahrten von unseren Mitarbeitern genutzt werden. Ein weiterer individueller Bestandteil des Anstellungsvertrages ist das Gehalt. Ausgehend von einem angemessenen Zielgehalt, über dessen Angemessenheit wir uns in der Regel mit dem Bewerber schnell einigen, vereinbaren wir je nach persönlicher Risikobereitschaft feste und erfolgsabhängige variable Anteile. Zusätzlich bieten wir unseren neuen Kollegen großzügige Regelungen und Werkzeuge in Bezug auf Home Office, Smartphones und Notebooks. Das Beraterleben wird schon fordernd genug, da wollen wir doch möglichst gute Arbeitsbedingungen bieten.

***Pre-Employment-Integration***

Noch vor dem ersten Arbeitstag, manchmal sogar noch vor der Vertragsunterzeichnung, integrieren wir neue Kollegen in unser Team, soweit es irgend geht. Sie können an Mitarbeiterversammlungen, Unit Meetings, Strategie Meetings, Weihnachtsfeiern, Sommerfesten und allen anderen Veranstaltungen teilnehmen, auch wenn dort interne, wettbewerbsrelevante Dinge besprochen werden. Wir vertrauen unseren Zukünftigen und sogar unseren potenziellen Zukünftigen. So können sich die neuen Kollegen möglichst schnell ein gutes Bild unseres Unternehmens machen und sind ganz schnell voll und ganz im Team. Wir nennen das *Pre-Employment-Integration*.

*Bewerbungsbuch statt Bewerberbuch*

Als wichtiges Werkzeug, um die Qualität eines Arbeitsplatzes bei noventum zu verdeutlichen, haben wir durch den engagierten Einsatz der Praktikantin Susanne Menges, in Zusammenarbeit mit unserem Art Director Tobias Festing, das sogenannte Bewerbungsbuch entwickelt. In diesem Buch haben wir komplett die Perspektive geändert und eine ausgefeilte Bewerbung unseres Unternehmens bei neuen Mitarbeitern vorgenommen. Durch Fotos und Aussagen aktueller Mitarbeiter transportiert das Buch authentisch, was noventum zu einem einzigartigen Unternehmen macht. Es wurde für seine Idee, sein Design und seine Aussage vielfältig gewürdigt, u.a. auch in dem Newsletter der Businessautoren Anja Förster und Dr. Peter Kreuz.

Das noventum Bewerbungsbuch

Mit Hilfe des Buches wird die Unternehmenskultur von noventum bereits vor dem ersten Arbeitstag „erlebbar". Das Buch ist damit Personalmarketinginstrument einerseits, andererseits aber auch ein Mittel, um den speziellen „noventum-Geist" auch visuell an unsere neuen Mitarbeiter bzw. Bewerber heranzutragen.

*Auf der Suche nach neuen Mitarbeitern – Wege der Ansprache*
Bei der Suche nach neuen Mitarbeitern konzentrieren wir uns bei noventum auf einige wesentliche aktive Ansprachen im Meer der Möglichkeiten. Papieranzeigen sind „out“, Internetanzeigen via stepstone o.ä. zeigen deutlich bessere Resultate, insbesondere da das Unternehmen noventum sich in den letzten Jahren eine ausgezeichnete Arbeitgebermarke aufgebaut hat.

Eine wichtige aktive Ansprache findet bei uns in der Region Münsterland statt, dort wo die Wurzeln unseres international agierenden Unternehmens sind, und dort besonders bei den lokalen Hochschulen. Mit der Fachhochschule Münster und mit der Westfälischen Wilhelms-Universität pflegen wir intensive Kontakte, auch um dort die Absolventen im Umfeld der Wirtschaftsinformatik auf uns aufmerksam zu machen. Besonders intensiv gestaltet sich die Zusammenarbeit in Form von Projektseminaren, bei denen ca. zehn Masterstudenten für mehrere Monate mit unseren Beratern gemeinsam an einer Lösung bzw. einem Anwendungsprototypen arbeiten. Aus dem letzten Projektseminar konnten wir zwei Spitzennachwuchskräfte für uns gewinnen, denen die Entscheidung einer Anstellung bei uns natürlich leicht fiel. Wir sind uns ja schon über die vielen Monate vertraut geworden. Neben dem wirkungsvollen, aber auch betreuungsintensiven Projektseminar, lassen sich Studenten selbstverständlich auch über Praktika, Bachelor- und Masterarbeiten als zukünftige Mitarbeiter gewinnen. Auf der Karriere-Website unseres Unternehmens belegt das Thema Absolventenbetreuung zudem einen eigenen Bereich und eine gesonderte Betreuung.

Eine aus vielen Aspekten gute Quelle für neue Mitarbeiter sind unsere aktuellen Mitarbeiter. Wir stellen sehr gerne neue Mitarbeiter ein, die von Mitarbeitern empfohlen werden, da wir so schon ein Bild des neuen Mitarbeiters haben. Um das Modell „Kollegen werben Kollegen“ zu fördern, haben wir ein Prämienmodell für die Vermittlung entwickelt und diesem Modell auf unserer Mitarbeiterversammlung und in unserer Mitarbeiterzeitung besondere Aufmerksamkeit gewidmet.

Unser regionales Engagement bezieht sich auch auf die Mitarbeitergewinnung. So sind wir in dem IT-Forum Nord Westfalen mit weiteren 45 IT Unternehmen aus der Region vertrauensvoll verbunden, obwohl wir an manchen Stellen mit diesen im Wettbewerb stehen. Im IT-Forum entsteht aktuell eine Bewerberplattform, die es ermöglicht, dass die Unternehmen die Bewerber, die sie aktuell nicht einstellen wollen oder können, den anderen Mitgliedern anbieten können, sofern der Bewerber diesem zustimmt. Begleitend baut das IT-Forum in der Region Münsterland eine starke Arbeitgebermarke als Unternehmensnetz parallel zu den Arbeitgebermarken der einzelnen Mitglieder auf. So werden IT Fachkräfte, die in der Region einen attraktiven Arbeitsplatz suchen, sehr viel stärker angesprochen, als es jedes einzelne Mitgliedsunternehmen könnte. Das IT-Forum Nord Westfalen stellt sich damit als Alternative zu den großen IT Unternehmen in den Ballungsgebieten Deutschlands dar.

Umfangreiche Aktionen in Form von Vorträgen, Workshops, Preisverleihungen u.v.m. an den regionalen Hochschulen erhöhen dort unsere Bekanntheit und schaffen eine starke Arbeitgebermarke. Dabei engagieren wir uns bewusst nicht nur in den Kernfachgebieten, in denen wir interessante Bewerber vermuten, sondern dehnen unser Engagement auf alle (!) Fachbereiche aus. Sprach- und Religionswissenschaftler sind uns genauso willkommen wie Musiker und Juristen. Im Career Service der Universität Münster führen wir regelmäßig Workshops zum Thema BWL für Nicht-BWLer oder Zukunftsworkshops für Studenten aller Fachrichtungen durch. Auch engagieren wir uns für den ERCIS Launchpad, um Jungunternehmer bei der Geschäftsgründung mit Rat und Geld zu begleiten. Viele weitere Präsentationen und Workshops ergänzen unser Engagement. Grundsatz ist dabei, dass wir nicht werblich auftreten, sondern uns immer unaufdringlich als Dienstleister für die Studenten empfehlen. Über die Mundpropaganda durch Professoren und Studenten kommt unsere Arbeitgebermarke am Ende bei unseren Bewerbern an.

## Beschreibung des Gestaltungsfeldes *Integrieren* nach Great Place to Work®

Im zweiten Teil der Dimension *Einstellen und Integrieren* geht es um das Vorgehen, wie neue Mitarbeiter im Unternehmen willkommen geheißen und mit der Unternehmenskultur vertraut gemacht werden. Wie sehen die Programme zur Begrüßung und Eingliederung neuer Mitarbeiter aus? Welche Mitarbeitergruppen sind am Integrationsprozess beteiligt? Wie wird die Unternehmenskultur nahegebracht? Gibt es im Unternehmen Werte und Prinzipien, die für die Gestaltung der Arbeit eine wichtige Orientierung sind?

## noventum Antworten aus dem Kultur Audit© 2011/2012

***Noch einmal „Pre-Employment-Integration"***

Selbstverständlich für uns, aber sicher doch erwähnenswert, ist, dass der neue Mitarbeiter spätestens direkt nach Vertragsunterzeichnung in alle Prozesse von noventum eingebunden wird. Er erhält seine noventum E-Mail Adresse, damit er alle Rundmails erhält, sowie seinen Intranet Account zum sofortigen Zugang zu allen internen Informationen. Hinzu kommen Einladungen zu allen Veranstaltungen wie Mitarbeiterversammlungen, Firmenfeste, Unit Meetings. Auch wird er persönlich – falls er nicht anwesend sein kann per Foto – bei sich bietender Gelegenheit auf einer der Veranstaltungen vorgestellt. So können die Kollegen die neuen Gesichter bereits kennen lernen und einordnen. Dem Neuen werden die letzten Mitarbeitermagazine (nosy) zugeschickt, damit umgekehrt auch schon eine Vertrautheit mit Namen, Gesichtern und Geschichten ermöglicht wird. In dieser nosy stellen sich die neuen Mitarbeiter mit einem Artikel allen anderen vor. Sie beschreiben dabei Hobbys, Interessen und Werdegang, um den Kollegen ein Bild von sich zu vermitteln.

*Der erste Arbeitstag – Pick Up Day*

Am ersten Arbeitstag findet der noventum *Pick Up Day* statt. Die neuen Mitarbeiter werden herzlich begrüßt und mit den wichtigsten Gegebenheiten vertraut gemacht, sowie den Kolleginnen und Kollegen vorgestellt. Dabei ist immer ein Geschäftsleitungsmitglied zur Vorstellung der noventum Kultur dabei. Das Firmenhandy und Notebook sind zu diesem Zeitpunkt bereits vorbereitet und müssen nur noch übergeben werden. Jeder neue Mitarbeiter erhält am ersten Tag einen *Pick Up Day* Rucksack, der neben ausgesuchten Firmenmaterialien auch kleine Geschenke (z.B. Pickup-Keks, PC-Mouse) beinhaltet. Auf diese Weise möchten wir unsere Wertschätzung ausdrücken und finden vielleicht auch schon einen positiven Einstieg in die Familie des Mitarbeiters.

*Der Philosophietag des Unternehmers und der Geschäftsführung*

Die Kultur eines Unternehmens entsteht durch Menschen und Geschichten, durch Glaubenssätze und Visionen der Schlüsselspieler. Wir möchten diese Aspekte immer wieder neu verbreiten und damit einige Grundsätze und viele ungeschriebenen Gesetze des Unternehmens noventum mit den Neuen teilen. Hierzu nehme ich mir sehr gerne gemeinsam mit meinem Stellvertreter Frank P. die Zeit, ausführliche Information zur Historie, zur Philosophie, zur Vision, zur Strategie und zu den Werten des Unternehmens vorzustellen und zu diskutieren.

Der *Philosophietag* ist auch eine schöne Gelegenheit, um die Historie, die Hobbys und die persönlichen Ziele der Neuen kennenzulernen. Bei diesem Intro Tag wird somit der Grundstein für eine persönliche und vertraute Beziehung zwischen Top Management und allen Mitarbeitern gelegt. Die direkten Vorgesetzten übernehmen aktiv die Einarbeitung und die Gestaltung der Kennenlernphase im Unternehmen, indem sie als Pate fungieren und die notwendigen Informationen vermitteln.

## Was haben wir bei noventum noch in der „Pipeline"?

Obwohl wir uns bislang bei der Mitarbeitersuche bewusst mit Breitenwerbung zurückgehalten haben, erwägen wir jedoch gemeinsam mit den Stadtwerken Münster eine Plakatierung der Stadtbusse, gegebenenfalls gemeinsam mit anderen ausgezeichneten Unternehmen aus der Region, nach dem Motto „Steigen Sie ein bei den besten Arbeitgebern des Münsterlands".

Eine weitere breitenwirksame Mitarbeiterakquisition könnte die Kinowerbung sein, insbesondere wenn es uns gelingt, unterhaltsames und authentisches Filmmaterial zu erzeugen.

Die Bewerberansprache über die systematische Nutzung der Social Media unserer Mitarbeiter wird zukünftig noch verstärkt.

Zur systematischen Gewinnung von Studenten für Praktika, Bachelor-/Masterarbeiten und Projektseminare planen wir eine interne Praktikumsbörse, in der jede Führungskraft seine Themen platziert, die dann über unseren „Hochschulverbindungsoffizier" an die Hochschulen herangetragen werden.

## Und was machen andere exzellente Arbeitgeber?

- Strukturierte Interviews mit Feedback: Die Interviews werden nach einem einheitlichen Konzept durchgeführt. Hierbei werden Hintergrund und Erfahrung, Motivation und Fähigkeiten abgefragt. Besondere Aufmerksamkeit wird dem Punkt „Verständnis des Unternehmens und dessen Kultur" gewidmet. Das

Unternehmen setzt dabei verhaltensorientierte Interviewtechniken ein. Anschließend erhält der Kandidat eine schriftliche Zusammenfassung der Ergebnisse, die ihm in einem ausführlichen Gespräch erläutert werden. Das Unternehmen kann somit den Auswahlprozess einheitlich gestalten und Fehlentscheidungen vorbeugen. Die Bewerber profitieren von einem objektiv ausgerichteten und gerechten Auswahlverfahren. Das persönliche Feedback gibt ihnen die Möglichkeit, aus einem negativen Bewerbungsverlauf zu lernen.

- Infoblatt Arbeitsrahmenbedingungen: Jeder Bewerber erhält ein Infoblatt von der Personalabteilung, auf dem alle Arbeitsrahmenbedingungen und Sozialleistungen des Unternehmens aufgeführt sind. Die Informationen reichen von der Arbeitszeit-/Gleitzeit- und Urlaubsregelung, über das Gehaltsmodell, die persönliche Entwicklung, die Sicherstellung der Information und Kommunikation bei dem Unternehmen, die Work-Life-Balance Angebote bis hin zur Verpflegung. Zudem erhält der Bewerber am Ende des Gesprächs konkrete Daten zum ersten Monatsgehalt, Urlaubs- und Weihnachtsgeld, Erfolgsprämie, Eintrittstermin, Entscheidungsdatum und die Einsatzabteilung. Damit wird der Prozess für den Bewerber transparenter und er hat alle wichtigen Informationen nach dem Gespräch zusammen.

- Evaluation des Einstellungsprozesses: Nach Abschluss des Bewerbungsverfahrens erhalten der Bewerber sowie die Führungskraft auf elektronischem Weg einen Fragebogen, in dem sie das Bewerbungsverfahren bewerten. Dieser Fragebogen wird auf qualitativer und quantitativer Ebene ausgewertet. Diese Maßnahme ermöglicht eine effektive, kontinuierliche Verbesserung des Einstellungsprozesses. Zudem erhalten der Bewerber und die Führungskraft das Signal, dass dem Unternehmen die Meinung und Zufriedenheit der am Einstellungsprozess Beteiligten wichtig ist.

- Einführungsveranstaltung für Azubis: Die Auszubildenden des zweiten und dritten Lehrjahres organisieren eine zwei- bis dreistündige Einführungsveranstaltung für die neuen Auszubildenden und führen diese selbstständig durch. Dabei steht der Austausch auf Augenhöhe im Vordergrund. Die bereits fortgeschrittenen Auszubildenden entwickeln sich in ihren Organisations- und Präsentationsfertigkeiten weiter und identifizieren sich als Unternehmensrepräsentanten eventuell verstärkt mit ihrem Arbeitgeber. Die neu hinzukommenden Auszubildenden finden Orientierung und haben die Möglichkeit, sich mit „Ihresgleichen" offen auszutauschen und erste Kontakte zu knüpfen.

- Frühstück für neue Kollegen: Am ersten Arbeitstag wird vor Aufnahme der Tätigkeit mit dem Team gemeinsam gefrühstückt. Dadurch bietet das Unternehmen dem neuen Mitarbeiter und seinem Team die Möglichkeit, sich in einem unbefangenen und persönlichen Rahmen näher kennenzulernen und aufeinander einzustellen. Der neue Mitarbeiter hat die Gelegenheit, bereits erste Kontakte zu knüpfen und fühlt sich durch das eigens für ihn eingerichtete Frühstück willkommen.

- Bewerber-Relationship-Management: Pflege der Beziehung auch bei Absage, egal von welcher Seite (sofern Potenzial), sowie Pflege der Beziehung zu Diplomanden und ehemaligen Praktikanten.

- Frühzeitig Einblick in das Unternehmen gewähren, z.B. durch einen Tag der offenen Tür, Kurzpraktika, Veranstaltungen, Führungen durchs Unternehmen.

## II.3 INSPIRIEREN

### Beschreibung des Gestaltungsfeldes *Inspirieren* nach Great Place to Work® – Wertesystem

Hier geht es um die Beantwortung der Frage, welche Werte und Prinzipien in dem Unternehmen existieren, die für die Gestaltung der Arbeit eine wichtige Orientierung sind.

### noventum Antworten aus dem Kultur Audit© 2011/2012

*Leitbild*

Wir fördern die Verbundenheit der Mitarbeiter mit unserem Unternehmen durch einen kooperativen Führungsstil und eine intensive, zielgerichtete Mitarbeiterorientierung der Führungskräfte. Dabei ist das aus den acht Grundsätzen

- *Menschenorientierung,*
- *Vertrauen,*
- *Verantwortung,*
- *Qualitätsorientierung,*
- *Leistungsorientierung,*
- *Zukunftsorientierung,*
- *Nachhaltigkeit*
- *und Offenheit*

bestehende Leitbild das Wertesystem und die Handlungsgrundlage für alle Mitarbeiter der noventum consulting. Isoliert sind diese Begriffe jedoch nahezu wertlos, da sie beliebig von fast jedem Unternehmen beansprucht werden können. Bei noventum werden sie dadurch zum Leben erweckt, dass sie von unseren Mitarbeitern mit persönlichen Geschichten und Erlebnissen erläutert werden. Diese ganz persönlichen Erlebnisse mit den Werten haben wir dann beispielhaft im Bewerberbuch dargestellt und damit den Werten eine hohe Authentizität verliehen sowie gleichzeitig den Mitarbeitern Wertschätzung entgegengebracht.

*3-Säulen-Erfolgsphilosophie*
Für uns besteht Erfolg nicht nur aus Finanzkennzahlen. Auf gleicher Ebene wie Gewinn, Liquidität, Unternehmenswert und Wachstum – als notwendige Basis für Erfolg – stehen für uns auch die Freude und Zufriedenheit unserer Mitarbeiter und ein gesellschaftlicher Beitrag in Form von hohem Engagement im Bereich Corporate Social Responsibility. Dieses *3-Säulen-Modell* unseres Unternehmenserfolges wurde von der Geschäftsleitung auf dem Strategiemeeting im Sommer 2010 definiert und in der kurz darauf folgenden Mitarbeiterversammlung allen Mitarbeitern vorgestellt und erläutert. Damit stellen wir unsere Mitarbeiter- und Gesellschaftsorientierung auf gleiche Stufe mit ökonomischem Erfolg, was sicherlich eine ungewöhnliche Haltung ist.

Ich stimme sehr mit der Haltung einiger moderner Unternehmensleiter überein, dass Gewinn nicht das Ziel eines Unternehmens ist, sondern lediglich die Voraussetzung, um das Unternehmen zum Nutzen seiner Kunden zu entwickeln. Anders herum entsteht Gewinn „automatisch", wenn das Unternehmen Nutzen erzeugt (siehe hierzu auch Götz Werner „Einkommen für alle[26]", Stefan Merath „Die Kunst, seinen Kunden zu lieben[27]", Kerstin Friedrich „Das neue 1x1 der Erfolgsstrategie, EKS – Erfolg durch Spezialisierung[28]").

*EFQM – Unser Streben nach ganzheitlicher Exzellenz*
Um einen ganzheitlichen Ansatz der Exzellenz systematisch zu steuern, verfolgen wir seit Anfang 2011 das Ziel, das System

EFQM, „European Foundation for Quality Management", in unserem Unternehmen zu implementieren.

Mit diesem Modell können Organisationen die Reife ihres Managementsystems bewerten. Das Unternehmen soll dadurch befähigt werden, ein sogenanntes „Self-Assessment" durchzuführen und so eigenständig neue Verbesserungspotenziale aufzudecken und umzusetzen.

Das EFQM-Modell fordert – neben einer langfristigen Unternehmensstrategie – eine ethische Geisteshaltung, klare Werte und eine verantwortungsvolle Führung.

In diesem Zusammenhang haben wir zwei Mitarbeiter zu EFQM-Assessoren ausgebildet. Neben der theoretischen Auseinandersetzung mit dem Thema haben die zwei Mitarbeiter auch ein Unternehmen der Gesundheitsbranche vor Ort besucht, das in diesem Gebiet ausgezeichnete Spitzenleistungen erbringt. Dieses Lernen von Best Practices hatte eine große Wirkung auf unser Unternehmen.

Ehrgeizig verfolgen wir nun das Ziel, uns ähnlich gut aufzustellen. Die Teilnahme am Ludwig-Erhard-Preis 2011 und eine spontane Erreichung des Prädikats „recognized for excellence" hat uns wichtige Erkenntnisse über den Status-Quo und Verbesserungspotentiale aufgezeigt. Ziel ist es, sukzessive Anschluss an die Spitzengruppe im Wettbewerb zu erlangen.

***Mitarbeiter-initiierte Sozialprojekte***

Gerne leisten wir bei noventum einen gesellschaftlichen Beitrag durch finanzielle Spenden und Einsätze für sozial engagierte Organisationen. Unsere Mitarbeiter werden dabei intensiv integriert, indem wir sie ermutigen, selber Vorschläge für neue Themen einzureichen. Über unser gesamtes gesellschaftliches Engagement halten wir sie auf dem Laufenden mittels einer aufwändig aufbereiteten CSR-Broschüre, sowie durch externe und interne Vorträge auf unseren Mitarbeiterversammlungen. So präsentieren sich auf Mitarbeiterversammlungen einige Mitarbeiter mit ihrem privaten sozialen Engagement, wie z.B. Spendensammlung, Global Biking Initiative, Pfadfindereinsatz, Feuerwehrtätigkeit, Ernährungswerkstattaufbau u.v.m.

Für die finanzielle Unterstützung von Sozialprojekten steht ein sehr unbürokratischer „Fördertopf" zur Verfügung. Jeder Mitarbeiter kann Vorschläge machen, wenn ihm ein Projekt förderungswürdig erscheint. Wir sind äußerst aufgeschlossen gegenüber neuen, interessanten Ideen, die wir gerne – finanziell oder in anderer Form – unterstützen.

## Beschreibung des Gestaltungsfeldes *Inspirieren* nach Great Place to Work® – Wertevermittlung

Hier geht es einfach um die Art und Vielfalt der verwendeten Maßnahmen und Programme, die dazu beitragen, dass die Mitarbeiter die Werte und Prinzipien des Unternehmens kennen, mitgestalten und leben. Durch welche besonderen Verfahren und Maßnahmen findet in dem Unternehmen eine Auseinandersetzung und Entwicklung mit der eigenen Kultur statt? Welche Mitarbeitergruppen sind an der Entwicklung der Unternehmenskultur beteiligt? Wie wird den Mitarbeitern das Gefühl vermittelt, dass ihre Arbeit eine besondere Bedeutung hat und mehr ist als nur ein Job?

## noventum Antworten aus dem Kultur Audit© 2011/2012

### *Den Megatrend Individualisierung erlebbar machen*

Die Führungskräfte leben Achtung und Toleranz vor, was sich auf die Mitarbeiter und damit die Kundenbeziehungen überträgt. Individualität wird unterstützt und Andersartigkeit oder

Abweichungen von der Norm als Bereicherung genutzt. Einige Beispiele dafür sind die Begleitung des Geschlechtswechsels vom Mann zur Frau eines Mitarbeiters, die Freistellung eines Azubis nach seiner Ausbildung für eine Weltreise, sowie der Gastaufenthalt von neuen Mitarbeitern der Geschäftsstelle Istanbul in den Geschäftsstellen in Deutschland inkl. Gestaltung des Freizeitprogramms am Zielort.

*Inspiration durch Information*
Über alle wichtigen Unternehmensentwicklungen werden die Mitarbeiter bei noventum per Intranet und auf Meetings informiert. Jeder kann daran mitwirken. So erhalten die Mitarbeiter die Transparenz unseres Handelns und vertrauen den Führungskräften in der Umsetzung von Ideen und Maßnahmen.

Weitere ungewöhnliche Merkmale sind bei uns die Transparenz der Unternehmensführung, die komplette Offenlegung der wirtschaftlichen Ergebnisse, die individuell und doch als Team agierende Geschäftsleitung. Damit gelingt es uns trotz der Reisetätigkeit der Berater, ein „Wir-Gefühl" zu erzeugen.

*Integration unserer ausländischen Kollegen*
Um zu unterstreichen, dass auch die Mitarbeiter unserer internationalen Standorte in Istanbul, Südafrika und Luxemburg Teil von noventum sind, haben wir eine kreative Lösung gefunden, diese in unsere wichtigste Informationsveranstaltung – die Mitarbeiterversammlung – einzubinden. Zu den Mitarbeiterversammlungen schalten wir sie per Internet-Konferenz live dazu. Unsere ausländischen Manager berichten live über die Unternehmensentwicklung, neue Aufträge und Zielsetzungen für die nächsten Monate. Darüber hinaus nutzen die ausländischen Geschäftsstellen auch das noventum Portal (Intranet), um neue Aufträge, neue Kollegen und interne Veränderungen anzukündigen.

*Strategischer Zukunftsworkshop für alle*

Der noventum Zukunftsworkshop ist Bestandteil des noventum Innovationsprozesses. Der Workshop wurde als Zweitagesseminar unter Mitwirkung von Mitarbeitern aller Hierarchiestufen durchgeführt. Ein Drittel aller Mitarbeiter beteiligten sich zuletzt an der zukünftigen Ausrichtung des Unternehmens und wirkten aktiv an der Gestaltung der Zukunftsthemen mit. An drei weiteren Seminartagen wurden die kreativen Ergebnisse diskutiert und fanden schließlich Eingang in die strategische Ausrichtung unseres Unternehmens.

*Selbstverbundenheitstrainings*

Bei dem niederländischen Unternehmen Samhoud haben wir die Anregung des Selbstverbundenheitstrainings bekommen. Wir konnten den Gedanken, dass Mitarbeiter gesünder und leistungsfähiger sind, wenn sie mit sich selbst verbunden sind und wenn sie wissen, was ihr Energiefass füllt, sehr gut nachvollziehen. Daraufhin haben wir mehrere interne 2-Tages-Workshops mit einem erfahrenen Coach für Resilienz und Selbstverbundenheit, Sylvia Kéré Wellensiek, durchgeführt.

*Dokumentation aller CSR Aktivitäten*

noventum betreibt vielseitige und auf viele Mitarbeiter verteilte Projekte der sozialen Verantwortung. Hinter jedem Projekt steht ein verantwortlicher Mitarbeiter, eine Mission und ein Empfänger. Wir haben uns die Mühe gemacht, zu jedem Projekt ein Projektblatt zu erstellen, das in unserem attraktiv gestalteten CSR Handbuch Eingang gefunden hat. Wir zeigen damit den engagierten Mitarbeitern Wertschätzung und möchten weitere Mitarbeiter für soziales Engagement motivieren.

*Projekt Empower Your Vision – Singe Deine Vision*

Zusammen mit der Jazz- und Soulsängerin Jocelyn B. Smith wurde ein Workshop unter dem Motto *Empower your Vision* durchgeführt. In diesem außergewöhnlichen Format unterstützen wir unsere Mitarbeiter dabei, durch den optimalen Einsatz ihrer Atmung und ihres Körperbewusstseins ihre mentale Energie zu nutzen und das kommunikative Potential ihrer Stimme auszuschöpfen.

*Querdenkerfrühstück*
In den noventum *Querdenkerfrühstücken* laden wir interessante Persönlichkeiten ein, die sich z.B. politisch, kulturell oder sozial engagieren. Diese Personen weisen eine besonders spannende oder ungewöhnliche Biografie auf. Ziel der Veranstaltungen ist es, Geschichten und Hintergründe von interessanten Persönlichkeiten an unsere Mitarbeiter heranzutragen, denen man nicht täglich begegnet.

Die Gäste referieren über ihr Engagement, ihre Beweggründe und die durchgeführten Aktivitäten selbst. Interessierte Mitarbeiter können sich durch diese außergewöhnlichen Persönlichkeiten auf Gebieten inspirieren lassen, die nichts mit unserem Kerngeschäft zu tun haben. Danach sollen in Diskussionen neue kreative Ideen für unser Geschäft entwickelt werden.

Die bisher durchgeführten *Querdenkerfrühstücke* boten viel Platz für ein interaktives Miteinander, Raum für ungewöhnliche Gespräche und Denkanstöße für das tägliche Arbeiten unserer Mitarbeiter.

Impressionen: Integration unserer ausländischen Kollegen, *Empower Your Vision*, Strategischer Zukunftsworkshop, *Querdenkerfrühstück*

## Was haben wir bei noventum noch in der „Pipeline"?

Ich werde noch in 2013 jedes Quartal an einem Sonntagabend einen strategischen Kaminabend für alle Mitarbeiter anbieten. An diesem Abend werde ich aus Managementbüchern zitieren und meine Erkenntnisse für unser Unternehmen daraus erläutern. Weitere strategieinteressierte Mitarbeiter werden ermuntert, auch ihre Buchempfehlungen an dem strategischen Kaminabend zu erläutern.

Zur Sensibilisierung der Mitarbeiter bezüglich umweltbewusstem Verhalten werden wir uns mit Konzepten intelligenter Mobilität, d.h. der systematischen Verknüpfung verschiedener Transportmittel zur Optimierung des Dreiecks „Zeit-Kosten-Umweltbelastung", befassen.

## Und was machen andere exzellente Arbeitgeber?

- Aktion „Dialogkarten“: Mittels Dialogkarten zu den Werten und Verhaltensweisen sowie zum Leitbildprozess werden die Mitarbeiter aufgefordert, sich über die aktuell gelebte Unternehmenskultur Gedanken zu machen. Im Anschluss schreibt jeder Mitarbeiter auf eine Karte, was er persönlich zu tun beabsichtigt, um die Unternehmenskultur lebendig werden zu lassen. Das Unternehmen stellt dadurch sicher, dass jeder Mitarbeiter konkret über seinen eigenen Beitrag zur Umsetzung der Unternehmenskultur nachdenkt und die Verantwortung nicht den anderen überlässt. Den Mitarbeitern wird die Freiheit gegeben, die Unternehmenskultur nach eigenen Vorstellungen lebendig werden zu lassen und ihr damit ein individuelles Gesicht zu verleihen, sodass eine persönliche Identifikation möglich wird.

- „What my company means to me“-Fotowettbewerb: Dieser Wettbewerb wird initiiert, um den Mitarbeitern die Möglichkeit zu geben, durch Fotos auszudrücken, was das Unternehmen für sie bedeutet und welche Idee hinter der Firmenkultur für jeden persönlich steckt. Alle Regionen werden aufgerufen, an diesem Fotowettbewerb teilzunehmen. Als Gewinne gibt es Sachgeschenke wie z.B. einen digitalen Bilderrahmen. Der Wettbewerb fördert die Auseinandersetzung mit der Unternehmenskultur.

- Unternehmensmosaik: Aus vielen kleinen Bildern der Mitarbeiter wird ein einheitliches gemeinsames Bild geschaffen – das Unternehmenslogo. Zu diesem Zweck werden alle Mitarbeiter einzeln fotografiert. Eine Agentur fügt diese Einzelbilder dann zu dem großen Gesamtbild zusammen, das im Vordergrund das Unternehmens-Logo abbildet. Das fertige Mosaik wird unter Beteiligung aller Mitarbeiter feierlich enthüllt und mit einem Glas Sekt gefeiert. Wenn es zentral (z.B. im Foyer) im Unternehmensgebäude aufgehängt wird, sieht jeder Mitarbeiter und Besucher sofort beim Eintritt das Erfolgsgeheimnis des Unternehmens – die Mannschaft. Das Mosaik soll verdeutlichen, dass das Unternehmen durch die gute Zusammenarbeit aller Mitarbeiter erfolgreich ist.

## II.4 INFORMIEREN

### Beschreibung des Gestaltungsfeldes *Informieren* nach Great Place to Work®

Hier geht es darum, wie die Führungskräfte – insbesondere die oberen Führungskräfte und das Top Management – ihre Mitarbeiter informieren und eine Kultur der Offenheit und Transparenz fördern. Gegenstand der Analyse ist die Art und Vielfalt der verwendeten Maßnahmen und Programme zur Informationsweitergabe hinsichtlich des aktuellen Unternehmensgeschehens, zur Arbeitssituation oder zu anderen relevanten Themen an die Mitarbeiter.

### noventum Antworten aus dem Kultur Audit© 2011/2012

*Intranet Portal*
Durch das Intranet werden alle Informationen veröffentlicht: Neue Aufträge, neue Mitarbeiter, Kündigungen, Hochzeiten... eigentlich alles, was informativ oder spannend ist.

*Und immer wieder reden, auch ohne Anlass*
Die Führungskräfte suchen den Kontakt zu ihren Mitarbeitern. Dies geschieht entweder in der Geschäftsstelle oder, wenn die Mitarbeiter länger beim Kunden sind, oft und regelmäßig per Telefon. Einen Anlass für die Kontakte muss es nicht geben, hier stehen das Kontakthalten und die Informationsweitergabe im Vordergrund.

*Häufig E-Mail Nachrichten vom Management, und immer die ganze Wahrheit*

Durch E-Mails werden wichtige Veränderungen von der Geschäftsleitung sofort an die Mitarbeiter weitergegeben. Enttäuschende oder schlechte Nachrichten, die den Einzelnen betreffen, werden zeitnah vom direkten Vorgesetzten persönlich übermittelt und erläutert. Schlechte Nachrichten, die sich auf das Gesamtunternehmen beziehen, werden vom Geschäftsführer in einer E-Mail und in einer Intranetmeldung öffentlich gemacht. Falls zeitgleich eine Mitarbeiterversammlung stattfindet, wird diese als Forum für Erläuterungen genutzt. Ansonsten werden außerordentliche Mitarbeiterversammlungen einberufen, um die notwendige Transparenz zu schaffen.

*Mitarbeiterversammlungen als „Infotainmentevents"*

Zweimal im Jahr finden Mitarbeiterversammlungen statt, in denen die Geschäftsentwicklung detailliert visualisiert und erklärt wird und einzelne Unternehmensbereiche die Inhalte ihrer Arbeit vorstellen. Die Präsentationen der Versammlungen sind im Intranet abrufbar, sodass auch Kollegen, die nicht teilnehmen konnten, die Inhalte der Veranstaltung nachlesen können.

Die Mitarbeiterversammlungen werden durch Workshops zu aktuellen Themen ergänzt, deren Ergebnisse in Entscheidungen der Geschäftsleitung einfließen. Desweiteren wird bei jeder Mitarbeiterversammlung eine anonyme Befragung zu der Qualität der Präsentationen und zur allgemeinen Mitarbeiterzufriedenheit durchgeführt, deren Ergebnisse im Intranet veröffentlicht werden.

*Kultur der offenen Türen*

noventum pflegt eine Kultur der offenen Türen, sodass viele spontane Interaktionen von Führungskräften und Mitarbeitern gepflegt werden.

*nosy – der Blick hinter die Kulissen*

Viermal im Jahr erscheint unser Mitarbeitermagazin nosy, das allen Mitarbeitern per Post nach Hause geschickt wird. So werden auch die Familien über interne Geschehnisse bei noventum informiert und das Unternehmen näher an den Partner/die Partnerin herangebracht.

Durch die Einbindung der Familien in diesen Informationsfluss lernen diese noventum, die Tätigkeiten und Arbeitsbedingungen näher kennen. Das soll innerhalb der Familien auch die Akzeptanz und das Verständnis für die Reisetätigkeit der noventum-Berater steigern, die in der Beratungsbranche unvermeidbar ist.

nosy – unser Mitarbeitermagazin

*Online Feed-Back Analyse der Mitarbeiterversammlungen*

Nach jeder Mitarbeiterversammlung wird eine anonyme Befragung bezüglich der Qualität der Mitarbeiterversammlung durchgeführt. Die Ergebnisse sind im Intranet für alle einsehbar und dienen der kontinuierlichen Verbesserung unserer Kommunikation und Kooperation. Die hier geäußerte Kritik und die Verbesserungsvorschläge werden – sofern möglich – zeitnah umgesetzt und fließen in die Gestaltung zukünftiger Informationsveranstaltungen ein. In jedem Fall erhalten alle Mitarbeiter das Feedback, wie mit ihren Verbesserungsvorschlägen umgegangen wird.

## Was haben wir bei noventum noch in der „Pipeline"?

In Kürze werden wir Videobotschaften der Geschäftsleitung über das Intranet veröffentlichen. Jeder der sieben Prozessverantwortlichen wird alle sieben Wochen aus seinem Verantwortungsbereich berichten und einen Ausblick geben. Außerdem wird er eine Gesamteinschätzung der Unternehmenssituation vornehmen und gegebenenfalls auch noch ein paar Geschichten aus seinem Privatleben zum Besten geben. Die Videobotschaften werden voraussichtlich in Form eines Interviews durch das Marketing moderiert und aufgezeichnet.

## Und was machen andere exzellente Arbeitgeber?

- „Message of the Day": Täglich erscheint eine Pop up Nachricht auf dem Computer der Belegschaft. Das Unternehmen nutzt diese „Message of the Day" für Informationen von besonderer Wichtigkeit, da der Nachricht aufgrund der besonderen Präsentationsweise eine erhöhte Aufmerksamkeit entgegen kommt. Die Mitarbeiter fühlen sich gut informiert und dadurch in ihrer Bedeutung für das Unternehmen anerkannt.

- „Kommunikationsbotschafter": Die „Kommunikationsbotschafter" werden dazu ernannt, strategische Informationen an ihre Teams weiterzugeben und Mitarbeiter auf allen Ebenen, in allen Funktionen und an allen Orten einzubinden. Damit kann das Unternehmen gewährleisten, dass die Informationen bei allen Mitarbeitergruppen angekommen sind. Gleichzeitig übermitteln die „Kommunikationsbotschafter" die Informationen zielgruppenadäquat, sodass die Mitarbeiter in der Lage sind, die Informationen auch richtig zu verstehen.

- Kennzahlen-Tippspiel: Im ersten Quartal eines jeden Jahres können die Mitarbeiter ihren Tipp zu vier Unternehmenskennzahlen abgeben. Die Frage ist, welche Werte die einzelnen Kennzahlen für das laufende Geschäftsjahr erreichen werden. Die entsprechenden Kennzahlen für die einzelnen Quartale der vorangegangenen Jahre werden dargestellt, bevor die neue Tipprunde beginnt. Nach Beendigung der Tipprunde werden die Ergebnisse und die Namen der drei Erstplatzierten in einem ausführlichen Rundschreiben veröffentlicht. Außerdem kann jeder Mitarbeiter mit einem Kennwort seine eigene Platzierung, sowie die ersten zehn Platzierten ansehen – sowohl bezogen auf das Gesamtergebnis, als auch auf die einzelnen Kennzahlen. Für die ersten drei Plätze gibt es Preise. Dadurch wird erreicht, dass viele Mitarbeiter sich intensiv mit den Kennzahlen beschäftigen und die Geschäftsentwicklung des Unternehmens verfolgen können. Ferner wird nach Abschluss des Tippspiels deutlich, ob bei den einzelnen Kennzahlen die gesteckten Ziele erreicht wurden.

- Kommunizieren von Informationen über Blogging Plattformen, Kommentierung von Mitarbeitern möglich

## II.5 ZUHÖREN

### Beschreibung des Gestaltungsfeldes *Zuhören* nach Great Place to Work® – Mitarbeiterfeedback

Hier geht es darum, welche Möglichkeiten Mitarbeiter nutzen können, um mit den Führungskräften – vor allem den oberen Führungskräften und dem Top Management – zu kommunizieren, Feedback zu geben oder Fragen zu stellen. Gegenstand der Analyse ist die Art und Vielfalt der verwendeten Maßnahmen und Programme, die den Mitarbeitern die Möglichkeit bieten, auf formelle oder informelle Art und Weise ihren Führungskräften Feedback zu geben. In welchem Maße haben alle Mitarbeitergruppen die Möglichkeit, Feedback zu geben?

### noventum Antworten aus dem Kultur Audit© 2011/2012

*Kultur des offenen Ohres*
Die Führungskräfte kommunizieren aktiv mit ihren Mitarbeitern und können somit zu Fragen oder Unzufriedenheiten Stellung nehmen. Sie sind jederzeit ansprechbar bzw. stehen zur Terminvereinbarung zur Verfügung. Viele Themen werden direkt besprochen, siehe auch „Kultur der offenen Türen".

noventum fordert seine Mitarbeiter intensiv auf, Ideen und Themen zu entwickeln und einzubringen oder Konzepte zu erläutern (eine Art betriebliches Vorschlagwesen für neue Beratungsfelder). Über diesen Prozess ermöglichen wir den Mitarbeitern, sich in neue Materie einzuarbeiten und auf diesem Weg eventuell ihre Führungsfähigkeit darzustellen. Dies gibt uns auch die

Möglichkeit, gezielt junge Nachwuchsführungskräfte in verantwortlichen Positionen zu fördern.

Die aktive Einbeziehung aller unserer Mitarbeiter erfolgt über die persönlichen Halbjahresgespräche, über Unit Meetings oder Future Management Workshops, in denen wir unsere Mitarbeiter aktiv in die Gestaltung ihrer Arbeitsumgebung mit einbeziehen.

*Great Place to Work® Ergebnisrückkopplung*
Wir analysieren jährlich intensiv das Feedback aus dem Great Place to Work® Trust Index©. Selbst vermutlich unkritische Abweichungen auf hohem Niveau werden ernst genommen und resultieren in selbstkritischen Reaktionen. So haben wir einen *Female Workshop* unter Moderation eines Beraters vom Great Place to Work® Institut durchgeführt, da wir überraschende Abweichungen im Erleben der Arbeitsplatzkultur der weiblichen Mitarbeiter festgestellt haben.

*Duz-Kultur*
Da bei noventum jedem Kollegen und jeder Kollegin das „Du" angeboten wird, sind vertrauensvolle und offene Gespräche möglich und auch erweiterungsfähige Ideen sind willkommen.

## Beschreibung des Gestaltungsfeldes *Zuhören* nach Great Place to Work® – Umgang mit Vorschlägen

Hier geht es darum, wie Mitarbeiter Vorschläge einbringen oder sich an Entscheidungsprozessen beteiligen können, die ihre Arbeit oder ihr Arbeitsumfeld betreffen. Gegenstand der Analyse ist die Art und Vielfalt der verwendeten Maßnahmen und Programme, die den Mitarbeitern die Möglichkeit bieten, über Vorschläge und eigene Ideen Einfluss auf die Gestaltung ihrer Arbeitsplatzsituation zu nehmen. Welchen Mitarbeitergruppen ist es möglich, eigene Ideen und Vorschläge einzubringen? In welcher Form geht das Unternehmen auf die eingereichten Mitarbeitervorschläge ein?

## noventum Antworten aus dem Kultur Audit© 2011/2012

*Ideenmanagement mit lightbulb 2.0*

In Zusammenarbeit mit der Westfälischen Wilhelms-Universität Münster haben wir ein Ideenmanagementsystem unter dem Namen *lightbulb 2.0* konzeptioniert. Eine kleine studentische Projektgruppe hat dabei ein Managementtool entwickelt, das Unternehmen in Innovations- und Entscheidungsprozessen unterstützt. Die Einladung zur Teilnahme am *noventum day* in Istanbul war für die Studierenden eine besondere Anerkennung ihrer Projektleistung. Hier erfolgte die Vorstellung von *lightbulb 2.0* vor den türkischen Kollegen, was den offiziellen Abschluss des Projektes markierte.

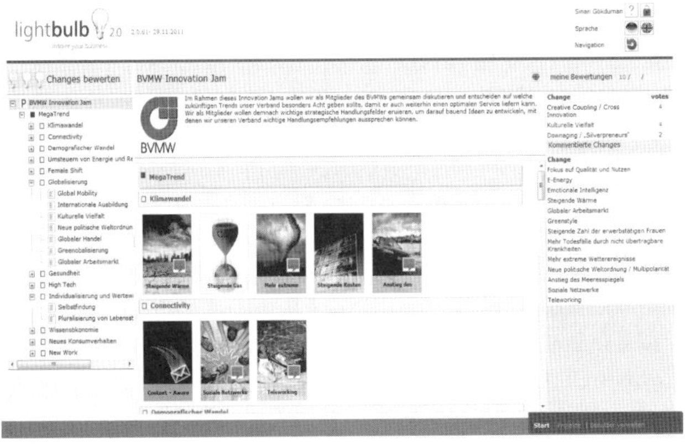


Screenshot *lightbulb 2.0*

Wir selbst haben *lightbulb 2.0* zur Einbeziehung unserer Mitarbeiter in die Strategiefindung des Unternehmens genutzt. Eine freiwillige Gruppe von *lightbulb 2.0*-Testern hat das Innovationsmanagementsystem durch eine konkrete Strategiesuche zum Thema Corporate Social Responsibility angewandt. Inhaltlich sollte auf diese Weise ein mögliches strategisches CSR Projekt identifiziert werden.

Das webbasierte Tool vernetzt dabei Mitarbeiter unterschiedlicher Hierarchiestufen und Funktionen miteinander und bietet virtuellen Raum für den Ideenaustausch. Wir wollen damit den Teamgeist und die Kreativität unserer Mitarbeiter fördern, die Möglichkeit zur Formulierung auch von außergewöhnlichen Ideen geben und die Kollegen auf diese Weise an einem für uns sehr wichtigen strategischen Thema unseres Unternehmens beteiligen.

## Beschreibung des Gestaltungsfeldes *Zuhören* nach Great Place to Work® – Umgang mit Beschwerden

Hierbei geht es darum, in welcher Form Mitarbeiter eine negativ erlebte Situation ansprechen können oder Konflikte mit ihrem/ihren Vorgesetzten lösen.

## noventum Antworten aus dem Kultur Audit© 2011/2012

***Regelmäßige, gegenseitige Feedbackgespräche***
Im Rahmen des Personalgesprächs besteht für den Mitarbeiter – standardisiert über einen Fragebogen – die Möglichkeit, den direkten Vorgesetzten, das Unternehmen bzw. die Unternehmensführung zu bewerten. So erhält er die Chance, in vertraulichem Rahmen Kritik zu äußern oder negative Situationen zu besprechen.

*Konfliktcoach*
Sollte es einmal zu Spannungen kommen, die intern nicht gelöst werden können, hilft ein externer Coach bei der Lösung von schwierigen Situationen. Dieser erfahrene Kommunikations- und Persönlichkeitstrainer kennt und unterstützt unsere Mitarbeiter bereits seit vielen Jahren. In Konfliktsituationen fungiert er als neutraler Vermittler zwischen den Beteiligten und gibt wertvolle Tipps zur Problemlösung.

*Check-out Analyse*
Kündigt ein Mitarbeiter sein Arbeitsverhältnis bei noventum, findet zeitnah ein Feedbackgespräch mit einem Mitglied der Geschäftsleitung statt, in dem noch einmal die Gründe besprochen werden, die zu der Kündigung geführt haben.

*Bereichswechsel*
Bei Problemen von Mitarbeitern untereinander oder mit dem direkten Vorgesetzen stehen der nächste Vorgesetzte oder der Geschäftsführer zur Verfügung. Die Ursachen, die zu dem gestörten Verhältnis geführt haben, werden von allen Beteiligten besprochen und möglichst beseitigt. Gelingt dies nicht, ist auch ein Bereichswechsel und/oder ein Wechsel des Vorgesetzten möglich.

Generell haben wir mit unserem „Modell der offenen Türen“ – in dem Führungskräfte immer gesprächsbereit und interessiert an Konversationen mit ihren Mitarbeitern zur Verfügung stehen – eine Atmosphäre geschaffen, in der Probleme ohne Hemmungen angesprochen werden können.

## Und was machen andere exzellente Arbeitgeber?

- Innovations-Camps: Oft gehen gute Einfälle im Tagesgeschäft unter, weil es schwierig ist, Ruhe und Zeit zu finden, um einen

Geistesblitz in ein innovatives Konzept umzuwandeln. Als Instrument zur Förderung der Innovationskraft der Mitarbeiter wird das Innovations-Camp ins Leben gerufen. Ein Innovations-Camp gibt Mitarbeitern die Möglichkeit, alleine oder mit ein oder zwei Kollegen für bis zu drei Tage an einen beliebigen Ort zu gehen, an dem die Teilnehmer in Ruhe an einer Idee arbeiten können. Die einzige Bedingung ist, diese Idee nach Durchführung der drei Tage vor einem entsprechenden Gremium, dem Innovations-Board, zu präsentieren. Auf diesem Weg wird den Mitarbeitern genug Ruhe und Raum gegeben, um neue Ideen zu entwickeln und sorgfältig auszuarbeiten.

- Einsatz von „Klimaboten“: Die „Klimaboten“ sind dafür zuständig, Stimmungen aufzufangen und Probleme an die Vorgesetzten, die Personalleitung oder die Geschäftsführung weiterzutragen, um eine Lösung zu finden. Der „Klimabote“ darf dabei selbst auswählen, auf welche Person bzw. Funktion er zugeht und das Thema bespricht. Durch die Einrichtung dieser Funktion unter den Mitarbeitern können Konflikte und Probleme rechtzeitig behoben werden. Die „Klimaboten“ können auch in Situationen vermitteln, die den Betriebsrat nicht betreffen. Die betroffenen Mitarbeiter stehen dadurch nicht alleine da. Jeder eingereichte Vorschlag, der die Voraussetzungen eines Verbesserungsvorschlages erfüllt, wird unabhängig von der Umsetzung honoriert.

- Sounding Board (bestehend aus fünf ständig wechselnden Mitarbeitern) gibt dem Führungsgremium Feedback zu Inhalt, Prozess und Verhalten

- Freiraum für eigene Projekte während der Arbeitszeit

## II.6 ANERKENNEN

### Beschreibung des Gestaltungsfeldes *Anerkennen* nach Great Place to Work®

Hierbei geht es um die Art und Weise, wie das Unternehmen den Mitarbeitern Aufmerksamkeit und Wertschätzung entgegen bringt und Anerkennung für gute Arbeit und besonderen Einsatz zeigt. Gegenstand der Analyse ist die Art und Vielfalt der verwendeten Maßnahmen und Programme, mit Hilfe derer Wertschätzung gezeigt wird und besondere Leistungen der Mitarbeiter anerkannt werden. Wofür wird den Mitarbeitern Anerkennung ausgesprochen? Welche besonderen und außergewöhnlichen Maßnahmen und Programme nutzt das Unternehmen? Welche Personengruppen haben die Möglichkeit, Wertschätzung zu erfahren und für besondere Leistungen anerkannt zu werden? Welche Personengruppen haben die Möglichkeit, ihre Mitarbeiter bzw. Kollegen anzuerkennen?

### noventum Antworten aus dem Kultur Audit© 2011/2012

*Ehrungen für Umsatzkönige und Jubilare*

Über diverse Belohnungen und Ehrungen werden alle Mitarbeiter mindestens einmal im Jahr hervorgehoben: Die zehn umsatzstärksten Mitarbeiter werden jährlich auf der Mitarbeiterversammlung bekanntgegeben und mit einem Geschenk geehrt. Eine Firmenzugehörigkeit von zehn Jahren wird mit einer Wellness-Wochenendreise mit Partner anerkannt. In diesem Jahr ging es für die Jubilare beispielsweise nach Istanbul, wo ein gut organisiertes Kennenlernen von „Land und Leuten“, insbesondere von unseren türkischen Kollegen, auf sie wartete. Die fünfjährige Firmenzugehörigkeit wird auf der Mitarbeiterversammlung mit einem kleinen Geschenk geehrt. Alle Beförderungen unserer Mitarbeiter werden, neben den Bekanntmachungen im Intranet, auf den Mitarbeiterversammlungen vorgestellt und gefeiert. Ebenso wird auf jeder Mitarbeiterversammlung deutlich gemacht, welche Mitarbeiter spezielle Qualifizierungen und Zertifizierungen erworben haben.

*noventum Mitarbeitershop*
Wir betreiben einen eigenen noventum Webshop. In diesem Shop können alle Produkte 30% unter Marktpreis gekauft werden. noventum trägt die Differenz für die Mitarbeiter. Die hier angebotenen Produkte sind auf das Freizeitverhalten unserer Mitarbeiter zugeschnitten und demnach für diese hoch attraktiv (Sport, Wandern, Outdoor-Aktivitäten, Spielekonsolen, Hightech etc.). Das Shopsortiment umfasst hochwertige Markenartikel, so zum Beispiel Textilien der Marken adidas oder Jack Wolfskin.

Vorschläge von Kollegen bezüglich der Erweiterung des Sortiments werden gerne angenommen, geprüft und gegebenenfalls auch umgesetzt. Zweimal jährlich wird das Sortiment verändert, um stets die neuesten Kollektionen anbieten zu können.

Gern nutzen die Vorgesetzten Gutscheine für diesen Shop als Auszeichnung. Der Shop dient auch dem Ziel, über „noventum gebrandete“ Artikel Identifikation und Stolz zu erzeugen.

*Verlosung von hochwertigen Veranstaltungstickets*
Wir verlosen unter unseren Mitarbeitern hochwertige Tickets für Veranstaltungen (Zukunftskongress Frankfurt, Innovationssymposium, Workshops o.ä.) und Reisen zur Preisverleihung Great Place to Work® in Berlin, Paris und Madrid.

### *Lobstelle*

In unserem Intranet kann man jemanden loben oder ihm danken, wenn er etwas besonders Gutes oder Nettes getan hat. Dies ist dann für alle sichtbar. Die Lobstelle wird von den Mitarbeitern inzwischen intensiv genutzt. Sie äußern in dieser virtuellen Form gerne ihren Dank an Kollegen, wenn diese helfend zur Seite standen. Die schönsten Lobe werden auf den Mitarbeiterversammlungen durch die Geschäftsleitung hervorgehoben, womit den Gelobten eine besondere Wertschätzung entgegengebracht wird.

### *Persönliche Geburtstagskarte des Geschäftsführers*

Jeder Mitarbeiter erhält ein Geburtstagspaket mit einer persönlichen, handgeschriebenen Karte von mir. Bei Geburt eines Kindes erhalten die Mitarbeiter ein Geschenkpaket ebenso mit einer persönlichen Glückwunschkarte.

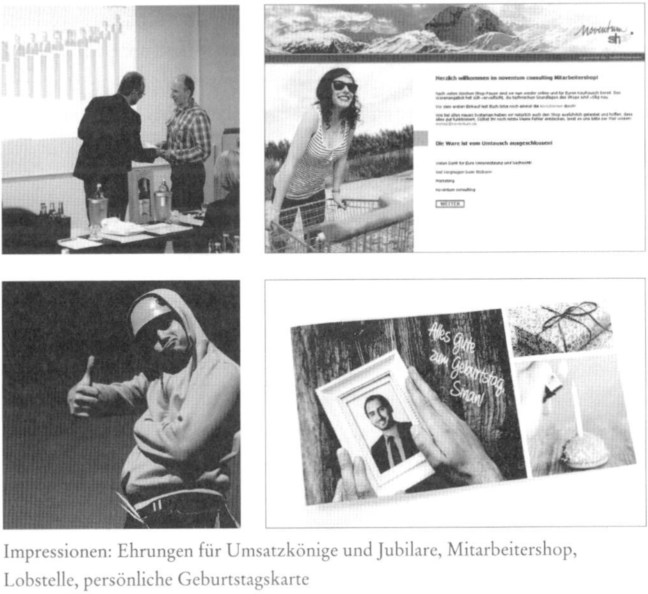


Impressionen: Ehrungen für Umsatzkönige und Jubilare, Mitarbeitershop, Lobstelle, persönliche Geburtstagskarte

## Was haben wir bei noventum noch in der „Pipeline"?

In dem sogenannten VIP Shop mit kleinen Dankesgeschenken für unsere Kunden nehmen wir zukünftig Produkte auf, die von unseren Mitarbeitern empfohlen wurden und verweisen darauf. Dadurch wird der empfehlende Mitarbeiter noch profilierter bei den Kunden, die den VIP Shop nutzen. Ebenso werden wir in ähnlicher Weise handgefertigte Produkte von entsprechend engagierten Mitarbeitern im VIP Shop anbieten. Als drittes Element können unsere Mitarbeiter im VIP Shop ein CSR Projekt empfehlen, für das der beschenkte Kunde dann eine noventum Spende auslösen kann.

## Und was machen andere exzellente Arbeitgeber?

- Kommunikation von Kundenlob im Intranet: Auch die Kunden loben die Arbeit der Mitarbeiter. Das Kundenlob kommuniziert das Unternehmen regelmäßig im Intranet. Hierdurch fühlen sich die Mitarbeiter wertgeschätzt, erfahren ein Gefühl von Stolz auf ihre Arbeitsleistung und die Tätigkeit beim Unternehmen und werden zudem motiviert, auch weiterhin gute Arbeitsleistungen zu erbringen.

- Führungsgrundsatz „Anerkennung": Damit Anerkennung von Engagement und Einsatz im Unternehmen zu einer Selbstverständlichkeit wird, ist die Wertschätzung der Mitarbeiterleistungen in den Führungsgrundsätzen festgehalten. Jährlich werden die Führungskräfte hinsichtlich der Grundsätze gecoacht. Dem Thema Anerkennung wird ein großer Stellenwert in der Unternehmenskultur eingeräumt, mit dem Ziel, die Arbeitszufriedenheit und Motivation aller Mitarbeiter zu erhalten und zu stärken. Mit den Führungsgrundsätzen und den jährlichen Coachings soll sichergestellt werden, dass alle Mitarbeiter unabhängig von ihrer Hierarchie- und Abteilungszugehörigkeit Wertschätzung für ihre Leistungen und ihren Beitrag für das Unternehmen erfahren.

- Anerkennungsbudget: Der jeweiligen Führungskraft steht ein bestimmtes Budget für die zeitnahe Anerkennung der Mitarbeiter zur Verfügung (pro Mitarbeiter und Jahr). Ausgezeichnet werden beispielsweise Mut, Vorbildlichkeit, Verantwortung, Kreativität oder Fleiß. Das Unternehmen motiviert seine Mitarbeiter sowohl zu hoher Leistungsbereitschaft als auch zu sozial kompetentem Verhalten, sodass die gelungene Zusammenarbeit gefördert und Einzelkämpfertum vermieden wird. Die Mitarbeiter fühlen sich durch die attraktiven und auf ihre Vorlieben angepassten Gutscheine nicht nur als Arbeitskraft sondern auch als Person anerkannt.

## II.7 ENTWICKELN

### Beschreibung des Gestaltungsfeldes *Entwickeln* nach Great Place to Work®

Hierbei geht es um die Unterstützung der Mitarbeiter für die berufliche Entwicklung und Laufbahn, sowie für die persönliche Weiterentwicklung und die Entfaltung individueller Stärken. Gegenstand der Analyse ist die Art und Vielfalt der verwendeten Maßnahmen und Programme, die sowohl der fachlichen, als auch der persönlichen Weiterentwicklung der Mitarbeiter dienen. Welche besonderen Verfahren und Maßnahmen zeichnen das Weiterbildungskonzept aus? Welchen Mitarbeitergruppen sind die Weiterbildungsangebote zugänglich?

### noventum Antworten aus dem Kultur Audit© 2011/2012

***noventum Entwicklungscurriculum***

Ein jährlich aktualisierter noventum-Schulungskatalog beinhaltet folgende Schulungsbereiche, die die Mitarbeiter durchlaufen:

- *Kommunikation und Rhetorik*
- *Methodenkompetenz*
- *Sozialkompetenz*
- *Vertriebstraining*
- *Juristisches Auftragsmanagement*
- *Zertifizierung zum Projektmanager*
- *Zertifizierung zum ITIL® v3 Experten*
- *Persönliches Coaching in Stresssituationen*

- *Kommunikations- und Improvisationstraining durch eine Improvisations-Theatergruppe*
- *Interkulturelle Kommunikationstrainings gemeinsam für deutsche und türkische Mitarbeiter*
- *Selbstverbundenheitstrainings*

Englischtraining wird bei Bedarf kontinuierlich in Deutschland oder als Intensivseminar in England oder Südafrika durchgeführt.

Mdu Zakwe und Turgay Canpolat

### *Offenes Ausbildungsbudget*

Für die fachliche, individuelle Weiterbildung erhalten unsere Mitarbeiter ein zusätzliches Kontingent von bis zu zehn Arbeitstagen pro Jahr.

Auf der Hierarchiestufe der Management Consultants stellen wir unseren Beratern ein jährliches Budget von 2.500 € zur Verfügung, das sie für Seminare im Bereich der Persönlichkeitsentwicklung investieren können. Dies zeigt unser Interesse, unsere Berater nicht nur fachlich, sondern auch in den wichtigen Soft Skills weiterzubilden.

Einzelne Berater unterstützt das Unternehmen bei den Kosten von Studien (z. B. Fernstudium, weitere Ausbildungen oder Teilnahme am Programm „Professional Certificate in Management“ an der Open University Business School in England).

*Regelmäßige Potenzialgespräche*
Das Entwicklungspotenzial jedes Mitarbeiters wird von seiner Führungskraft analysiert und bei dem zweimal im Jahr stattfindenden Mitarbeitergespräch werden die Schwerpunkte seiner Weiterbildung festgelegt.

*Externe Job Rotation*
Um junge Mitarbeiter oder Azubis weiter zu fördern, werden sie fallweise bei befreundeten Unternehmen kostenlos für einen bestimmten Zeitraum eingesetzt, um andere Unternehmen kennenzulernen und sie in ihrer fachlichen Entwicklung zu unterstützen.

*Junior Management Academy*
Der Bundesverband Mittelständische Wirtschaft e.V., BVMW, bei dem wir Mitglied sind, hat eine Junior Management Academy, JUMAC, die wir mit einem Förderbeitrag unterstützen. Unsere Azubis nehmen dort über die gesamte Lehrzeit an den angebotenen Schulungen mit den Schwerpunkten Kommunikation und Persönlichkeitsbildung teil. Desweiteren können sie bei Eignung spezielle fachliche Zertifikate erwerben. Unsere Azubis erreichten dadurch in den vergangenen Jahren Bestnoten in den Prüfungen und wir konnten einige von ihnen in eine Beraterlaufbahn übernehmen.

Für die Förderung von Studierenden beteiligen wir uns am JUMAC-Programm der Hochschulen: ein bis zwei Studenten bekommen bei uns die Möglichkeit, während des Studiums in unserem Unternehmen zu arbeiten und eine besondere, auch finanzielle Förderung zu erhalten.

*Qualifikationsdatenbank*
Damit sich Mitarbeiter intern Knowhow über die Themenschwerpunkte anderer Kollegen besorgen können, werden die Fachinformationen in eine Mitarbeiterdatenbank eingepflegt, die für alle zugänglich ist. Dadurch sollen die Mitarbeiter schnell jemanden finden, der ihnen weiterhelfen kann.

*Interkulturelles Managementtraining in der Praxis*
Unsere Auslandsengagements in der Türkei, in Südafrika und in Luxemburg nutzen wir bewusst auch als praktisches Trainingscenter für International Management und Interkulturelles Projektmanagement.

Wir haben im vergangenen Jahr viele unserer Mitarbeiter in Gemeinschaftsprojekte mit unseren türkischen Kollegen bei unseren türkischen Kunden eingebunden.

## Was haben wir bei noventum noch in der „Pipeline"?

Unter dem Begriff *Speaker's Corner* möchten wir den Mitarbeitern, die eine geplante Kundenpräsentation vor ihren Kollegen üben möchten, eine Plattform bieten. Die geplante Präsentation wird über das Intranet angekündigt. Jeder Mitarbeiter, der Lust hat, sich diese Präsentation anzuhören und dann konstruktive Kritik zu üben, kann daran teilnehmen. Der *Speaker's Corner* soll im noventum Besprechungsraum stattfinden. Der Nutzen liegt dabei sowohl beim Referenten, der seine Präsentation optimieren kann, als auch bei den Zuhörern, die vielseitige Anregungen und Informationen erhalten.

Wir prüfen, ob wir unsere Mitarbeiter zu *Hard Work Days* in soziale Einrichtungen auf freiwilliger Basis und auf unsere Kosten entsenden. Durch die Interaktion mit schwierigen Lebensumständen und anderen Gesellschaftsschichten wollen wir unsere Mitarbeiter „erden".

Eines unserer zukünftigen Führungskräftemeetings soll in Skandinavien stattfinden. Dort wollen wir in einem Workshop ausgezeichnete skandinavische Arbeitgeber integrieren, da diese Unternehmen mit ihren Konzepten in Europa führend sind und uns damit vermutlich stark inspirieren können.

## Und was machen andere exzellente Arbeitgeber?

- „Lunch & Learn Konzept“: Im Sinne eines „Knowledge Sharing Konzeptes“ halten Mitarbeiter Mini-Workshops für Kollegen aus anderen Unternehmensbereichen. Die Veranstaltungen sind offen für alle Mitarbeiter, finden in einem informellen Rahmen statt und werden über den wöchentlich erscheinenden internen Nachrichtenverteiler bekannt gemacht. Der Vortrag findet in der Mittagszeit statt und ist somit für die meisten leicht im Terminkalender einzuplanen. Für das Mittagessen sorgt das Unternehmen. Die Vortragenden optimieren ihre Präsentations- und Trainerfähigkeiten, die Belegschaft gewinnt ein ganzheitlicheres Verständnis der Unternehmensaktivität und die Bildung neuer Netzwerke wird gefördert.

- „Peer-Coaching“: „Peer-Coaching“ steht für den persönlichen Austausch mit Fachexperten aus der eigenen Bezugsgruppe und die gegenseitige Beratung zu konkreten fachlichen Frage- und Problemstellungen. Zur Unterstützung des Prozesses sollten Coachingpools zu ausgewählten Themen gezielt aufgebaut werden und die Peer-Coaches in Coaching-Techniken befähigt werden. „Peer-Coaching“ stellt damit ein individuelles Weiterbildungsinstrument dar, um Mitarbeiter zielgerichtet in ihrer beruflichen Entwicklung zu unterstützen. Es stellt daher neben klassischen Seminaren und Trainingsprogrammen eine den Arbeitsalltag begleitende Weiterbildungsmöglichkeit dar, um die eigenen Fähigkeiten und Kenntnisse mit der Unterstützung von Peer-Coaches weiterzuentwickeln und gleichzeitig den Wissens-

und Erfahrungsaustausch innerhalb des Unternehmens zu fördern.

- Große Wissensdatenbank im Intranet: Neben Grundlagen für neue Mitarbeiter enthält die Datenbank weiterführende Informationen zu aktuellen Themen. Das Wissensportal wird kontinuierlich durch die Fachbereiche gepflegt. Die Maßnahme stellt sicher, dass sich Mitarbeiter jederzeit selbstgesteuert weiterbilden und informieren können. Über die kontinuierliche Pflege durch die Fachbereiche ist eine Aktualität der Informationen sichergestellt. Insgesamt trägt die Maßnahme zur Speicherung von Inhalten unabhängig von Personen sowie zur Verfügbarkeit der Informationen unabhängig von Ort und Zeit bei.

- Jobrotation / Visitationen

- Nachwuchsprogramm für zukünftige Führungskräfte mit individueller Förderung, z.B. durch Planspiel-Teilnahme und 360°-Feedback

## II.8 FÜRSORGE ZEIGEN

### Beschreibung des Gestaltungsfeldes *Fürsorge zeigen* nach Great Place to Work® – Vereinbarkeit von Beruf und Privatleben

Hier geht es um die speziellen Programme des Unternehmens, um die Mitarbeiter hinsichtlich der Vereinbarkeit von Beruf und Privatleben zu unterstützen. Gegenstand der Analyse ist die Art und Vielfalt der verwendeten Maßnahmen und Programme, mit deren Hilfe das Unternehmen die Mitarbeiter unterstützt, die Balance zwischen Berufs- und Privatleben zu halten. Welchen Mitarbeitergruppen sind die von Ihnen angebotenen Maßnahmen und Programme zugänglich?

### noventum Antworten aus dem Kultur Audit© 2011/2012

*Take Care Gesamtkonzept*
Unsere vielfältigen Maßnahmen zur Förderung des Wohlbefindens und der Zufriedenheit unserer Mitarbeiter an ihrem Arbeitsplatz haben wir gebündelt und systematisch unter dem Programmnamen *Take Care* zusammengefasst. Ziel der Bündelung ist zum einen die bessere Steuerbarkeit der Leistungen durch einen Verantwortlichen und zum anderen eine optimierte Kommunikation an unsere Beschäftigten, sodass diese auf einen Blick erfahren, welche Angebote sie in Anspruch nehmen können.

Das Programm *Take Care* zielt darauf ab, mit diversen Maßnahmen das Arbeiten unserer Mitarbeiter gesundheitsfördernd und entlastend zu gestalten und gleichzeitig unterstützend eingreifen zu können, sobald ein Mitarbeiter unsere Hilfe im privaten oder beruflichen Umfeld benötigt.

noventum *Take Care* Broschüre

***Förderung Vereinbarkeit Familie & Beruf***
Die Mitarbeiter haben ein hohes Maß an Flexibilität im Rahmen der Arbeitszeit- und Urlaubsgestaltung und die Möglichkeit, eine längere Arbeitspause, z.B. für eine spezielle Reise oder aus familiären Gründen, einzulegen. Bei der Gewährung von Zeit für wichtige private Angelegenheiten, z.B. Familienbetreuung, sind wir flexibel und großzügig.

Die Mitarbeiter können von der Home Office Regelung Gebrauch machen. Sofern es mit den Projektaufgaben vereinbar ist, besteht keine Anwesenheitspflicht in einer Geschäftsstelle. So kann die Work-Life-Balance positiv beeinflusst werden. Dies wird gern genutzt, insbesondere in Zeiten von intensiver Reisetätigkeit und dadurch bedingter Abwesenheit von der Familie. Wir ersparen dem Mitarbeiter einen unnötigen Weg zur Geschäftsstelle und schonen damit außerdem gemeinsam die Umwelt.

Wir führen unsere Mitarbeiter ergebnisorientiert, d.h. wir legen keinen Wert auf „Stundenabsitzen“ in einer Kernarbeitszeit, sondern überlassen ihnen zu einem großen Teil, wann und wie sie arbeiten möchten.

*Familienorientierte Personalpolitik*
Wir unterstützen unsere Mitarbeiter bei den Kosten für Kinderbetreuung.

Wir ermöglichen Job Sharing, sofern es die Aufgabe zulässt. Hierbei vereinbaren wir völlig frei die gewünschte Stundenzahl mit den Mitarbeitern.

Darüber hinaus unterstützen wir unsere weiblichen Mitarbeiter beim Wiedereinstieg in den Beruf nach Schwangerschaft/Elternzeit mit speziellen Programmen. Hierbei vereinbaren wir mit ihnen größtmögliche Flexibilität zur Vereinbarkeit von Familie und Beruf. Auf diese Weise kehrt hochspezialisiertes Personal in unser Unternehmen zurück, was wir sehr begrüßen.

Auch männlichen Kollegen ermöglichen wir einen gesunden Ausgleich zwischen ihrem Privat- und Berufsleben, besonders dann, wenn sich Nachwuchs ankündigt. Damit unterstützen wir unsere gesamte Belegschaft in der Familienplanung und -organisation.

Alle Maßnahmen, die dem Ausgleich der Arbeit dienen, werden bei uns zentral im Geschäftsführungs-Sekretariat betreut und koordiniert.

### Beschreibung des Gestaltungsfeldes *Fürsorge zeigen* nach Great Place to Work® – Unterstützung in individuellen Notsituationen

Hier geht es um die formellen und informellen Programme des Unternehmens zur Unterstützung der Mitarbeiter in individuellen Notsituationen. Gegenstand der Analyse ist die Art und Vielfalt der angebotenen Maßnahmen und Programme zur Unterstützung der Mitarbeiter in Notsituationen z.B. bei Krankheit, Verschuldung oder besonderen Herausforderungen im familiären Umfeld.

## noventum Antworten aus dem Kultur Audit© 2011/2012

*Unterstützung bei finanziellen Krisen*
Den Mitarbeitern ist bewusst (und sie nutzen es auch), dass noventum consulting bei Schwierigkeiten im persönlich-familiären Umfeld unkompliziert und effizient Hilfestellungen gibt. Im Fall von finanziellen Notlagen geschieht dies durch Unterstützung in Form von zinsgünstigen Darlehen mit flexiblen Rückzahlungsmodalitäten.

*Unterstützung bei persönlichen Krisen*
Unser Leitbild stellt den Menschen in den Mittelpunkt. Notsituationen werden durch unseren hohen Kommunikationsgrad und die enge Bindung an das Unternehmen bei den Kollegen frühzeitig erkannt oder von ihnen angesprochen. In Krisensituationen (beispielsweise ausgelöst durch Tod oder Krankheit eines Angehörigen) versuchen wir, individuell und großzügig zu helfen. Unsere Hilfestellung betrifft vor allem das Thema *Freistellung in Notsituationen* durch die folgenden Maßnahmen:

- *sofortige Urlaubsgewährung,*
- *Verlegung des Einsatzortes an den Wohnort oder Arbeiten von Zuhause,*
- *Übernahme der Aufgaben des Mitarbeiters durch Andere*
- *und komplette Freistellung in besonders schwierigen Situationen.*

Für den Fall von Tod und Invalidität in Folge eines Unfalls haben wir für unsere Mitarbeiter eine Gruppenunfallversicherung abgeschlossen.

*Unterstützung bei zwischenmenschlichen Krisen*
Bei Problemen von Mitarbeitern untereinander oder mit dem direkten Vorgesetzen stehen der nächste Vorgesetzte oder der Geschäftsführer zur Verfügung. Die Ursachen, die zu dem gestörten Verhältnis geführt haben, werden von allen Beteiligten besprochen und möglichst beseitigt. Gelingt dies nicht, ist auch ein Bereichswechsel und/oder ein Wechsel des Vorgesetzten möglich.

Sollte es einmal zu Spannungsfeldern kommen, die intern nicht gelöst werden können, hilft ein externer Coach bei der Lösung von schwierigen Situationen. Dieser erfahrene Kommunikations- und Persönlichkeitstrainer kennt und unterstützt unsere Mitarbeiter bereits seit vielen Jahren. In Konfliktsituationen fungiert er als neutraler Vermittler zwischen den Beteiligten und gibt wertvolle Tipps zur Problemlösung.

*Finanzielle Sicherheit im Alter*
Neben dem Einschreiten und Unterstützen in aktuellen Notlagen ist uns auch der Zukunftsgedanke und die Absicherung unserer Angestellten im Alter wichtig. Das Thema *Altersvorsorge* rundet unsere Unterstützungsleistungen ab und wird von unseren Mitarbeitern in unterschiedlicher Weise wahrgenommen. Um einen finanziellen Beitrag zu leisten und unsere Mitarbeiter zu motivieren, mehr für ihre Altersvorsorge zu tun, bieten wir Beratung und Hilfe an.

Wir unterstützen unsere Mitarbeiter bei dem Abschluss einer Direktversicherung. Wir fördern die private Altersvorsorge, indem wir uns mit einem festen Arbeitgeberzuschuss in Höhe von 30 € pro Monat beteiligen. Dieser Zuschuss kann in Anspruch genommen werden, wenn der Mitarbeiter sich selber mit einem monatlichen Eigenbeitrag von mindestens 30 € brutto engagiert.

## Beschreibung des Gestaltungsfeldes *Fürsorge zeigen* nach Great Place to Work® – Gesundheitsmanagement

Hier geht es darum, wie das Unternehmen die Gesundheit der Mitarbeiter fördert. Gegenstand der Analyse ist die Art und Vielfalt der verwendeten Maßnahmen und Programme, mit Hilfe derer das Unternehmen die Mitarbeiter bei der Förderung ihrer Gesundheit unterstützt. Welche Mitarbeitergruppen können an gesundheitsfördernden Angeboten teilnehmen? Gibt es spezifische Angebote für bestimmte Mitarbeiter?

## noventum Antworten aus dem Kultur Audit© 2011/2012

***Gesundheitsprogramme***

In unseren innerbetrieblichen Gesundheitsprogrammen steht die körperliche und geistige Leistungsfähigkeit unserer Beschäftigten im Fokus. Wir fördern die Gesundheit durch:

- *die Bezuschussung von Vorsorgeuntersuchungen der Augen sowie einer Bildschirmbrille mit bis zu 150 €,*
- *Durchführung von sportlichen Aktivitäten bei Mitarbeiterveranstaltungen wie Fußball, Volleyball oder Radfahren,*
- *einen jährlichen Zuschuss in Höhe von 50 € für gesundheitsfördernde Maßnahmen (im Rahmen der Steuerbefreiung für Arbeitgeberleistungen), wie z.B.: Aktionen zur Vorbeugung/Reduzierung arbeitsbedingter Belastungen, Förderung individueller Kompetenzen der Stressbewältigung am Arbeitsplatz, Maßnahmen gegen Suchtmittelkonsum (Alkohol, Tabak),*
- *die Förderung der Betriebssportmannschaft im Fußball,*
- *einen Zuschuss von bis zu 1.000,- € für einen Gesundheits-Check-Up alle drei Jahre, Voraussetzung ist ein Lebensalter von 45 Jahren*
- *und kostenlose Bereitstellung von Obst und Getränken.*

Wir sind davon überzeugt, dass Trainings und Coachings zum Thema *Selbstverbundenheit* ein wichtiger Beitrag zur dauerhaften psychischen Gesundheit der Mitarbeiter und zur Vermeidung des Burnout-Syndroms sind. In diesem Zusammenhang stärken wir den being connected Gedanken nun verstärkt in unserer Unternehmensausrichtung.

***Arbeitsschutz***

Unsere Mitarbeiter verbringen viel Zeit in (Projekt-) Büros oder auf dem Weg dorthin. Der Bereich Arbeitssicherheit widmet sich daher den Themen Ergonomie und Fahrsicherheit.

Den Großteil ihres Arbeitstages verbringen unsere Mitarbeiter im Sitzen. Der Bereich Arbeitsschutz widmet sich daher vor allem dem Thema Ergonomie am Arbeitsplatz, um Rückenbeschwerden und Haltungsschäden vorzubeugen.

Gleichzeitig zählen wir zur Arbeitssicherheit auch das Thema Fahrsicherheitstraining. Die Beratungsbranche ist durch eine hohe Mobilität und Reisetätigkeit gekennzeichnet. Mit Maßnahmen im Bereich Fahrsicherheit wollen wir unsere Berater zu routinierten Autofahrern ausbilden, die auch in Ausnahmesituationen angemessen und ruhig reagieren können.

Zur Unfallverhütung im Straßenverkehr finden mehrmals jährlich intensive Fahrsicherheitstrainings statt. Daran kann jeder Mitarbeiter teilnehmen und wir fordern dazu ausdrücklich auf. Sollte die Berufsgenossenschaft die Kosten nicht übernehmen, trägt noventum diese für den Mitarbeiter. So kann das Fahrsicherheitstraining auch in geringen Zeitabständen wiederholt werden.

## Und was machen andere exzellente Arbeitgeber?

- Workshop für Führungskräfte zum Thema „Familienbewusste Führung und persönliche Kompetenz“: Dieser Workshop setzt sich aus den Bausteinen „Gesetzliche und unternehmensindividuelle Rahmenbedingungen“, „Persönliche Kompetenz der Führungskräfte“ sowie Best Practices zusammen. Eine wesentliche Rolle bei der Umsetzung einer familienbewussten Personalpolitik kommt den Führungskräften zu. Ihre Haltung und Unterstützung sind entscheidend für den Erfolg dieses Ansatzes. Hierzu ist es wichtig, die Führungskräfte frühzeitig einzubeziehen und ihre Aufgaben klar zu definieren. Sie übernehmen eine strategisch relevante Rolle in der Umsetzung einer familienbewussten Unternehmenskultur und fungieren als Vorbilder und Treiber im Kollegen- und Mitarbeiterumfeld, besonders für die Fokusgruppe der Männer.

- Patensystem in Elternzeit zur Aufrechterhaltung des Kontaktes zum Unternehmen: Dabei benennt der Mitarbeiter vor Beginn der Elternzeit einen Paten, der ihm dann allgemeine und fachliche Informationen sowie Einladungen zu Mitarbeiterversammlungen und Betriebsausflügen zukommen lässt und ihn in regelmäßigen Abständen über laufende Entwicklungen informiert. Damit zeigt das Unternehmen, dass es ein ernsthaftes Interesse daran hat, den Kontakt während der Abwesenheit der Mitarbeiter aufrecht zu halten. Das Unternehmen stellt so sicher, dass die abwesenden Mitarbeiter informiert sind und nach ihrer Rückkehr weniger aufwendig eingearbeitet werden müssen. Durch die Einbeziehung von Mitarbeitern als Paten können sich weitere positive Effekte ergeben, da diese Mitarbeiter das Unternehmen repräsentieren und sich so möglicherweise noch stärker mit diesem identifizieren.

- Gesundheitstag: Diese jährliche Veranstaltung steht ganz im Zeichen der Mitarbeitergesundheit. An diesem Tag werden verschiedenste Gesundheitsaktionen für alle Mitarbeiter angeboten, u.a. ein Cardio-Check am Ergometer, ein Sehtest, Yoga-Stunden, Erste-Hilfe-Kurse, ein Gesundheits-Quiz und Balance-Check, Grippeimpfungen, Messungen von Körperfett und Wasserhaushalt sowie Blutzuckerwertbestimmung, eine individuelle Ergonomie-Beratung am jeweiligen Arbeitsplatz der Mitarbeiter, etc. Hierdurch wird das Bewusstsein der Mitarbeiter für die Thematik „Gesundheit“ geschärft.

- Firmenweiter Fitness-Vertrag: Mitarbeiter haben die Möglichkeit, in mehr als 460 Fitness-Studios in ganz Deutschland zu trainieren, wobei die Kosten vollständig vom Unternehmen getragen werden. Somit kann gewährleistet werden, dass alle Mitarbeiter unabhängig vom Standort und großer Reisetätigkeit die Möglichkeit zu sportlichen Aktivitäten haben. Angehörige können eigene Mitgliedschaften zu vergünstigten Konditionen abschließen. Die Fitness und Ausgeglichenheit der Mitarbeiter kann positiv beeinflusst und ihr Bewusstsein für die Gesundheit geschärft werden.

- Persönliche Aufmerksamkeiten im Krankheitsfall: Mitarbeiter, die länger erkranken oder im Krankenhaus liegen, erhalten als persönliche Aufmerksamkeit Blumensträuße und Genesungskarten. Der Kontakt wird durch Telefonate aufrechterhalten, sowie durch Besuche. Das Unternehmen sendet hierdurch ein Signal, dass es auch in schwierigen Situationen für seine Mitarbeiter da ist, wodurch sich diese wertgeschätzt fühlen und beim Genesungsprozess unterstützt werden. Stillraum, Eltern-Kind-Arbeitsplatz (mit Wickeltisch, Kinderschreibtisch, Kinder-PC und verschiedenen Spielsachen) zur Unterstützung in Betreuungsengpässen.

- „Micropause“: PC-Programm mit Auflockerungsübungen, die über den Tag verteilt auf den Bildschirm geschickt werden

- Zusammenarbeit mit einem externen Institut, an das sich die Mitarbeiter und ihre Familien zur Sucht- und Konfliktberatung wenden können

- Maßnahmen zur zeitlichen und örtlichen Flexibilisierung der Arbeit (z.B. Flexible Arbeitszeit- und Arbeitsort-Modelle (z.B. Home Office, Job Sharing))

- Bereitstellung von Wissen zu den Themen Work-Life-Balance und Gesundheit durch das Unternehmen (z.B. Seminare/Angebote zu Work-Life-Balance und Gesundheit)

- Maxime: Den Mitarbeiter nicht nur als Arbeitskraft, sondern als gesamte Persönlichkeit in den Fokus nehmen, im Unternehmensleitbild verankert mit dem Ziel, Erschöpfung und Krankheit zu vermeiden und Belastung und Stress aus dem Beruf nicht in das Privatleben überschwappen zu lassen.

# II.9 FEIERN UND TEAMGEIST

## Beschreibung des Gestaltungsfeldes *Feiern und Teamgeist* nach Great Place to Work® – Förderung des Teamgeistes

Hierbei geht es darum, wie das Unternehmen die Zusammenarbeit und den Teamgeist unter den Mitarbeitern fördert. Auf welche Art und Weise werden Erfolge gefeiert? Wie wird Spaß bei der Arbeit ermöglicht?

Gegenstand der Analyse ist die Art und Vielfalt der angebotenen Maßnahmen und Aktivitäten, welche die Zusammenarbeit unter den Mitarbeitern verbessern und darüber hinaus Spaß im Unternehmensalltag und außerhalb der Arbeit fördern. Ferner interessiert die Art und Vielfalt der angebotenen Möglichkeiten, in dem Unternehmen Erfolge zu feiern und diese zu kommunizieren, z.B. auf Team-, Einzel- oder Unternehmensebene.

## noventum Antworten im Rahmen des Kulturaudits 2011/2012

*End of the Year Mottopartys*
Wir feiern – gemeinsam mit vielen Ehemaligen und einigen vertrauten Subunternehmern – ein Sommerfest und eine *End of the Year Party.*

Dabei achten wir auf besondere Locations wie z. B. den Münsteraner Zoo, die Skulpturenausstellung Münster 2007 oder den historischen Mühlenhof. Zum Sommerfest wird immer die ganze Familie eingeladen, die *End of the Year Party* findet immer mit Partner/in statt.

Die Mottopartys bieten allen Mitarbeitern die Möglichkeit, sich mit ihren ganz persönlichen Talenten und Interessen zu profilieren, z.B. bei der Musik (div. Sänger), im Sport (Trampolin) u.v.m.

*Great Place to Work® Preisverleihungspartys*
Erfolgreiche Platzierungen bei den Great Place to Work® Wettbewerben feiern wir durch Einladungen zu speziellen Events, um den Mitarbeitern zu danken. So haben wir im Anschluss an die Mitarbeiterversammlung im September 2011 beispielsweise alle Mitarbeiter zu einem Cocktailempfang eingeladen – in dieser Runde konnten wir die Erfolge des Jahres 2011 noch einmal gemeinsam Revue passieren lassen.

*Kinderprogramme*
Bei unseren Firmenevents legen wir sehr viel Wert auf besondere Attraktionen für Kinder wie Clowns, Zauberer, Hüpfburg oder einen Besuch im Zoo. Die Kleinen dürfen dabei schon von früher Kindheit an noventum Fans werden und ihre Eltern bestärken, bei einem „coolen" Unternehmen angestellt zu sein.

*Feierbudgets*
Wir fördern das Feiern von Erfolgen durch Bereitstellung von Budgets für eine Abendveranstaltung oder eine Freizeitveranstaltung wie z. B. ein sportliches Wochenende, Klettergarten oder ein abenteuerliches Tauchevent.

*Hochzeitsgeschenke*
Bei Heirat erhalten die Mitarbeiter einen Gutschein für ein Candlelight Dinner, was von der Assistentin der Geschäftsführung komplett geplant wird.

*Kicker*
Der Kicker in der Geschäftsstelle wurde gleich bei Erstbezug im Jahre 2000 in Betrieb genommen und ist unverändert sehr beliebt bei allen Mitarbeitern und Gästen, die uns besuchen. Insbesonde-

re nach anstrengenden Meetings bietet er eine sehr willkommene Entspannung.

*Betriebssportmannschaft Fußball*
Mit unserer Betriebssportgruppe Fußball, inklusive regelmäßigen Trainingseinheiten, schaffen wir einen leistungsorientierten Teamgeist. Die Mannschaft spielt in der Spitzengruppe der Stadtklasse, worauf alle „novis“ sehr stolz sind.

*Integration Ehemaliger*
Wir laden ehemalige Mitarbeiter zu unseren Festen ein, die auch gerne kommen, da wir zu vielen Ehemaligen noch sehr gute persönliche Kontakte pflegen.

*Marathon Staffeln*
Das Unternehmen organisiert die Beteiligung am Volksbank Münster Marathon. Im Anschluss an den Lauf kommen Läufer und zuschauende Kollegen noch einmal gerne in einem Lokal zusammen, um die Eindrücke des Tages gemeinsam Revue passieren zu lassen.

Impressionen: *End of the Year Party*, Kicker, Sommerfest, Volksbank Münster Marathon, Kinderprogramm

## Was haben wir bei noventum noch in der „Pipeline"?

- Typische „noventum Geschichten und Legenden", d.h. skurrile, lustige, seltsame Geschehnisse aus mehr als 15 Jahren noventum, werden zukünftig in einem dafür vorgesehen Wiki festgehalten und den anderen Mitarbeitern zur Verfügung gestellt. Ziel ist es, sich gemeinsam zu erinnern, Geschichten Revue passieren zu lassen und Situationen festzuhalten, die noventum und unser Miteinander geprägt haben. Wir wollen dies in dem Bewusstsein tun, dass erlebte und erzählte Geschichten hervorragende Transporteure einer vertrauten Unternehmenskultur sind.

- Wir richten eine Mediathek ein, in der unsere Mitarbeiter ihre privaten Filme, Hörbücher, Musik etc. untereinander austauschen können. Neben dem praktischen Nutzen lernen sich die Mitarbeiter dabei auch besser kennen.

## Und was machen andere exzellente Arbeitgeber?

- Kultur für die Belegschaft: Alle Mitarbeiter können Karten für kulturelle Veranstaltungen, wie etwa Theater- oder Operntickets, zu vergünstigten Preisen kaufen. In den „Daily News" im Intranet wird auf Kunstausstellungen und Musikveranstaltungen hingewiesen. Zudem treffen sich einmal im Jahr alle Mitarbeiter, Pensionäre und Familienangehörige im großen Kreis zur Klassik-Nacht in der Region.

- „Lebendiger Adventskalender": Jedes Team der Organisation erhält eine Ziffer von 1 bis 24. Im Dezember findet dann an jedem Tag in einem der Teams eine besondere Aktion statt. Diese Aktionen werden in einem gedruckten Kalender, der in jeder Einrichtung aushängt, hinter 24 „Türchen" geheim gehalten. Eine mögliche Variante dieser Maßnahme ist, dass sich jedes Team an einem Tag im Advent für ein anderes Team engagiert. Durch diese sehr individuelle Maßnahme erfahren alle Mitarbeiter, was in den anderen Teams passiert und erhalten die Möglichkeit, Kontakte zu der Belegschaft der anderen Teams zu knüpfen. Zudem fördert der „lebendige Adventskalender“ den Spaß unter den Mitarbeitern und bietet den Mitarbeitern ein Highlight an jedem Arbeitstag in der Weihnachtszeit.

- Krimidinner: Die Geschäftsführungsmitglieder verkleiden sich und übernehmen eine Rolle in einer Kriminalgeschichte, welche während eines gemeinsamen Abendessens aufgeführt wird. Nach dem Schauspiel versuchen die Mitarbeiterteams durch Befragung der einzelnen Schauspieler den Mord aufzuklären. Dies kann bei der Belegschaft zu Sympathiegewinnen der Vorgesetzten führen. Von einer lockeren, stimmungsvollen Atmosphäre und dem entspannten Umgang zwischen den verschiedenen Hierarchiestufen profitiert die komplette Belegschaft.

- „Team-Spirit-Portal“: Im „Team-Spirit-Portal“ finden die Mitarbeiter tolle Ideen für gemeinsame Unternehmungen. Es wird regelmäßig aktualisiert und bietet verschiedene Rubriken für den gemeinsamen Spaß. Für jeden Standort gibt es Gastroguides und Aktivitätenvorschläge. Zudem gibt es auch spezielle Tipps für die jeweilige Jahreszeit – von Mitarbeitern für Mitarbeiter. Durch das „Team-Spirit-Portal“ kann der Teamgeist im Unternehmen gestärkt werden, indem die Mitarbeiter eine strukturierte Plattform für ihre gemeinschaftlichen Aktivitäten erhalten.

- „Weihnachtskarten-Malwettbewerb“ für Mitarbeiterkinder: das schönste Bild wird prämiert und als Motiv für die Weihnachtskarten genutzt.

## II.10 BETEILIGEN

### Beschreibung des Gestaltungsfeldes *Beteiligen* nach Great Place to Work® – faires Geben und Nehmen

Hier geht es um den Ansatz, ein Prinzip des fairen Gebens und Nehmens im Unternehmen zu erreichen. Insbesondere interessieren das Great Place to Work® Institut Bestandteile des Vergütungssystems (z.B. Gewinnbeteiligung, Prämien, Unternehmensbeteiligungen etc.), die von Ihren Mitarbeitern besonders geschätzt werden. Gibt es besondere oder einmalige (Sozial-) Leistungen, die den Mitarbeitern geboten werden und die verdeutlichen, dass die Mitarbeiter nicht nur Arbeitskraft sind? Gibt es im Unternehmen Prinzipien oder Maßnahmen, die ein gerechtes Verhältnis von Einsatz und Ertrag zwischen Mitarbeitern und Führungskräften unterstützen?

### noventum Antworten aus dem Kultur Audit© 2011/2012

*Unternehmensergebnis vor Profitcenter-Ergebnis*
Die Führungskräfte erhalten ein Fixum und eine vom Gesamt-Unternehmensgewinn abhängige Jahresprämie. Das Fixum und die Prämienregelung sind innerhalb einer Hierarchieebene für alle Mitarbeiter gleich. Durch die Orientierung der Prämienregelung am Gesamtergebnis des Unternehmens möchten wir ganz bewusst fördern, dass alle an einem gemeinsamen Strang ziehen und damit vermeiden, ein überzogenes Profitcenter-Denken aufzubauen, das nur der eigenen Einkommensmaximierung dient.

*Persönliche Umsatzbeteiligung aller Berater*
Die Berater erhalten in der Regel zu dem monatlichen Fixum einen variablen Anteil, der sich an dem selbst erreichten monatlichen Umsatz orientiert. Dabei achten wir auf ein vertretbares Verhältnis von fixem und variablem Einkommen und fördern die Bereitschaft des Mitarbeiters, sich für das Unternehmen einzusetzen.

*Stille Gesellschafteranteile*
Wir bieten den Mitarbeitern die Beteiligung am Unternehmen als stille Gesellschafter an. Diese Beteiligung führt zu einer hohen Identifikation und ist mit außergewöhnlich guten Konditionen versehen.

*Großzügige und individuelle Dienstwagenregelung*
Ein weiterer Gehaltsbestandteil für die meisten Mitarbeiter ist ein Firmenwagen. Wagentyp und Konfiguration dieses Firmenwagens kann der Mitarbeiter nach eigenem Wunsch innerhalb des vorgegebenen finanziellen Rahmens frei wählen. Die Firmenwagen stehen kostenfrei zur privaten Nutzung zur Verfügung.

*Ergebnisbeteiligung für alle!*
Alle Mitarbeiter, einschließlich der Auszubildenden, erhalten eine Jahresprämie, die vom Unternehmensgewinn abhängt. Wir konnten belegen, dass diese Form der Erfolgsbeteiligung von den Mitarbeitern sehr geschätzt wird.

*iPhones für alle!*
Firmenhandys mit sehr attraktiven Konditionen gehören schon lange zur Standard-Ausstattung unserer Mitarbeiter.

Wir haben alle Mitarbeiter (auch unsere Auszubildenden!) mit hochwertigen iPhones ausgestattet. Diese Smartphones können komplett privat genutzt werden, da wir für die Benutzung attraktive Verträge abgeschlossen haben. So ersparen wir unseren Mitarbeitern ein zweites privates Handy.

Außerdem kann der sehr günstige Business-Tarif auch für Angehörige gebucht werden. So hat jeder Mitarbeiter den gleichen Vertrag, das gleiche Smartphone und die gleichen Konditionen, sodass es keine Bevorteilung einzelner Gruppen gibt.

Unter den Mitarbeitern ist schnell ein begeisterter Austausch über die neuesten, sinnvollsten und skurrilsten Applikationen und Funktionen ausgebrochen, sodass wir beschlossen haben, diesen Austausch über einen eigenen Bereich in unserem SharePoint zu unterstützen. In einer Art Forum können die Mitarbeiter sich nun digital austauschen.

***In-Room Konzept***
Um unseren Great Place to Work® auch raumgestalterisch zum Ausdruck zu bringen, haben drei Kollegen das Projekt *Büroneugestaltung* in Angriff genommen.

Ziel ist es, die Arbeitsplätze und Arbeitsumgebung harmonischer zu gestalten und somit eine richtige Wohlfühlatmosphäre zu kreieren. Neue, ergonomische Möbel, neue, ansprechende Farbgestaltung/Bilder, Raumteiler für ruhiges und konzentriertes Arbeiten, mehr Stauraum, Schaffung von Rückzugs- und Ruhezonen usw. wurden in diesem Rahmen beschafft bzw. eingerichtet.

***VIP Fußballtickets für alle!***
Als Businesspartner des Fußballclubs SC Preußen Münster erhalten wir zu jedem Heimspiel vier Tribünentickets inkl. Aufenthalt in der VIP Lounge. Mitarbeiter, die Interesse an den Sponsorentickets haben, sind eingeladen, mit Kunden/Geschäftspartnern an einem der 17 Heimspiele teilzunehmen. Ein ganz besonderes Highlight war dabei, dass wir mit dem Management vom SC Preußen Münster ausgehandelt hatten, dass 25 Kinder der noventum Mitarbeiter im Derby gegen Arminia Bielefeld mit den Profispielern zur Begrüßung auf dem Platz auflaufen durfen, wobei alle Eltern ins Stadion eingeladen wurden.

## Beschreibung des Gestaltungsfeldes *Beteiligen* nach Great Place to Work® – Förderung des Teamgeistes

Hierbei geht es um die vom Unternehmen durchgeführten oder geförderten sozialen, kulturellen, ökologischen oder ähnliche Projekte. Es interessiert das Great Place to Work® Institut besonders, inwiefern auch die Mitarbeiter in diese Aktivitäten eingebunden sind bzw. sich einbringen können. Welche Besonderheiten zeichnen den Ansatz zur Förderung des gesellschaftlichen Engagements aus? Welche Personengruppen sind in die Förderung des gesellschaftlichen Engagements mit eingebunden bzw. können Projekte initiieren?

## noventum Antworten aus dem Kultur Audit© 2011/2012

***CSR Projektliste***

noventum engagiert sich gezielt bei einer Vielzahl von CSR Projekten, z.B.:

- *Gründung der Westfälischen Unternehmerinitiative „Artenschutz" gemeinsam mit dem Allwetterzoo Münster und Initiierung des Neubaus des Elefantenparks*
- *Hauptsponsor des noventum Aquathlons, einer Breitensportveranstaltung mit Schwimmen und Laufen*
- *Hauptsponsor der Deutschen Trampolinmeisterschaften in Münster in den Jahren 2008 und 2009*
- *Mitwirkung bei der Global Biking Initiative „Off-Road-Kids" zur Unterstützung von Straßenkindern*
- *Vielseitige Unterstützung der weltweit tätigen Stiftung „skate-aid" von Titus Dittmann*
- *Unterstützung der Rollstuhlbasketballmannschaft Warendorf 2. Bundesliga*
- *Unterstützung 1. FC Gievenbeck Damen- und Mädchenfußball*

- *Unterstützung des Festivals der Hochschulkultur an der Westfälischen Wilhelms-Universität*
- *Hauptsponsor von „in situ", dem Ausstellungsprogramm der Städtischen Bühnen Münster 2002-2012*
- *jährlicher Girls Day bei noventum*
- *Website Relaunch für die Bürgerstiftung Münster*
- *Mitwirken bei der JUMAC – Junior Management Academy des BVMW*
- *Unterstützung eines Schulbaus im Süden des Sudans*
- *Beiratstätigkeit für Münster Marketing*
- *Spende an das Herzzentrum der Uniklinik Münster zur Anschaffung eines modernen Herzfehleranalysegerätes*

Impressionen: Neubau des Elefantenparks, skate-aid

Impressionen: 1. FC Gievenbeck Damen- und Mädchenfußball, Aquathlon, Schulbau Sudan, Deutsche Trampolinmeisterschaften

## Und was machen andere exzellente Arbeitgeber?

- Strukturiertes Verfahren bei Gehaltserhöhungen: Im jährlichen Mitarbeiterdialog formuliert jeder Mitarbeiter seine Erwartungshaltung im Hinblick auf Beförderung und Gehaltserhöhung. Anschließend finden finale Mitarbeiterbeurteilungen durch die disziplinarischen Vorgesetzten auf Grundlage von vielfältigen Projektbeurteilungen statt. Die Ergebnisse werden durch den HR Bereich konsolidiert und der großen Personalkonferenz (Vorstand, Partner und HR Direktor) übermittelt, die abschließend über die Gehaltsvorschläge entscheidet. Das Verfahren soll dabei helfen, möglichst objektive und faire Gehälter zu definieren. Wenn sich Mitarbeiter gerecht behandelt fühlen, kann ihr Engagement und ihre Arbeitsqualität nachhaltig gesteigert werden.

- „Projekt Seitenwechsel“: Führungskräfte sind für eine begrenzte Zeit in soziale Projekte eingebunden. Sie übernehmen beispielsweise die Pflege behinderter Menschen oder arbeiten für eine Woche in der Drogenhilfe. Folge ist eine positive Wirkung auf das Image des Unternehmens sowie auf die Persönlichkeitsentwicklung und sozialen Kompetenzen der Führungskräfte. Gleichzeitig nehmen die Führungskräfte eine Vorbildfunktion für ihre Mitarbeiter ein und appellieren an die gesellschaftliche Verantwortung jedes Einzelnen.

- „Rest-Cent-Aktion“ zu Gunsten gemeinnütziger Zwecke: Ein Großteil der Mitarbeiter verzichtet am Monatsende auf die Auszahlung ihrer Netto-Cent-Beträge – freiwillig und für einen guten Zweck. Dabei wird jede Spende aus dem so entstandenen Hilfsfond vom Unternehmen nochmals verdoppelt. Mit dem dadurch gesammelten Geld werden verschiedenste karitative Einrichtungen unterstützt. Durch die Summe der kleinen Beträge und die Aufstockung seitens des Unternehmens können so ohne großen Aufwand hilfreiche Spendenbeträge entstehen.

- Das Unternehmen verkauft gebrauchte Büromöbel, Hardware oder Firmenwagen an seine Mitarbeiter oder sie werden für soziale Zwecke versteigert.

## II.11 DIE GREAT PLACE TO WORK® MITARBEITERBEFRAGUNG

Bei den dargestellten Aussagen (Auszug) des Great Place to Work® Fragebogens Trust Index© handelt es sich um geistiges Eigentum des Great Place to Work® Institute, Inc. Das Befragungsinstrument Trust Index© ist urheberrechtlich geschützt und registriert. Jede Verwendung bedarf der schriftlichen Genehmigung durch das Great Place to Work® Institute, Inc..

### Darauf kommt es an: Vertrauen, Stolz und Teamgeist

In den Kapiteln II.2 – II.10 habe ich eine Auswahl möglicher Instrumente zur Schaffung einer vertrauensbasierten Unternehmenskultur dargestellt. Jetzt geht es um das, was bei den Mitarbeitern ankommt. Das Great Place to Work® Institut bringt es auf den Punkt:

„EIN ATTRAKTIVER ARBEITSPLATZ IST DA, WO DIE MITARBEITER DENEN VERTRAUEN, FÜR DIE SIE ARBEITEN, STOLZ SIND AUF DAS, WAS SIE TUN, UND FREUDE AN DER ZUSAMMENARBEIT MIT IHREN ARBEITSKOLLEGEN HABEN."
*Robert Levering, Mitbegründer, Great Place to Work® Institute*

Ganz einfach! Es geht also um Vertrauen, Stolz und Teamgeist. Wenn es der Unternehmensführung gelingt, in diesen drei Aspekten ein positives Gefühl bei sehr vielen Mitarbeitern zu erzeugen, kann man von einer sehr guten Unternehmenskultur sprechen. Während der erste Aspekt, das Vertrauen, durch die entsprechende Haltung und den daraus folgenden konsequenten Handlungen im Wesentlichen eine Führungsaufgabe ist, so lassen sich Stolz und Teamgeist nicht direkt aus dem Verhalten der Führungskräfte entwickeln.

Stolz im positiven Sinne von Identifikation und Selbstbewusstsein, nicht im Sinne von Arroganz und Selbstgefälligkeit, entsteht in drei Ebenen. In der ersten Ebene sind die Mitarbeiter stolz auf ihre ganz persönliche Leistung, sofern ihre Aufgabe dies ermöglicht. Das schönste Unternehmensklima geht ins Leere, wenn die Mitarbeiter keine Erfüllung in ihrer ganz persönlichen Arbeit finden. Die zweite Ebene des Stolzes ist der Stolz auf die Leistung des Teams, in dem der Mitarbeiter einen Beitrag leistet und auf der dritten Ebene ist es für die Mitarbeiterzufriedenheit sehr förderlich, wenn er stolz auf das Unternehmen ist, für das er arbeitet, wenn sein Unternehmen Nutzen erzeugt und einen positiven Beitrag in der Welt leistet.

Der Maurer ist stolz auf die Qualität seiner Mauer. Wenn er sich bewusst ist, dass er gemeinsam mit den anderen Handwerkern eine außergewöhnliche Kathedrale errichtet, ist das ein zusätzlicher Grund, stolz zu sein. Wenn diese Kathedrale wiederum den Sinn hat, Gott zu dienen, entsteht daraus eine ganz besondere Dimension des Stolzes. Stolz entsteht also, wenn Sinn vorhanden ist und das in mehreren Ebenen.

Ein Unternehmen und seine leitenden Menschen sind also gefordert genau dies im Auge zu haben. Seine Mannschaft im Unternehmen hinter reinen Egozielen der Gesellschafter zu versammeln, wird zunehmend schwieriger, das geht auch aus dem Megatrend *Individualisierung* klar hervor. Aber Vorsicht, es reicht auch nicht, eine ehrwürdige Unternehmensvision zu haben, wenn die Mitarbeiter sich nicht mit ihren Aufgaben identifizieren.

Und was können die Führungskräfte tun, um Teamgeist zu fördern? Hier ist es mit der Reichweite der Führung schwierig. Teamgeist kann man nicht anordnen, Prozesse und Kennzahlen helfen wenig. Teamgeist kann sogar entstehen, wenn die Führung eines Unternehmens die Mitarbeiter sehr schlecht behandelt. Ein gemeinsamer Feind verbündet ja schließlich auch. Diese nicht ganz ernst gemeinte Betrachtung möchte ich an dieser Stelle nicht vertiefen. Ich möchte damit jedoch verdeutlichen, dass nette und kompetente Führungskräfte kein Garant für Teamgeist sind. Die Mitglieder des Teams entscheiden selbst über ihren gemeinsamen Geist.

Sind die Führungskräfte damit völlig raus aus der Gestaltung von Teamgeist? Natürlich nicht. Zum einen haben sie durch die Einstellungskriterien (hire for character!) und die Zusammenstellung der Teams einen großen Einfluss auf die Stimmung im Team, zum zweiten erfordert es viel Fingerspitzengefühl, gleichzeitig internen Wettbewerb als auch Gemeinschaftssinn zu fördern. Eine stark ausgeprägte Profitcenter-Struktur bietet in diesem Kontext deutliche Risiken für den Teamgeist im Unternehmen.

Bei Teamgeist ist der Vergleich zu einer Fußballmannschaft sicher passend. Wertschätzung der Individuen, aber ohne Mannschaftssinn ist der Erfolg nicht möglich.

Entscheidend ist, was bei den Mitarbeitern ankommt. Die anonyme Befragung hat das Ziel, dies fundiert in den Bereichen *Vertrauen*, *Stolz* und *Teamgeist* zu ermitteln, wobei die Dimension *Vertrauen* noch einmal in die drei Unterbereiche *Glaubwürdigkeit*, *Respekt* und *Fairness* unterteilt wird. In jedem der fünf Bereiche[29]

- *Glaubwürdigkeit,*
- *Respekt,*
- *Fairness,*
- *Stolz*
- *und Teamgeist*

werden die Mitarbeiter der teilnehmenden Unternehmen mit jeweils 10-15 Aussagen zu ihrem Unternehmen konfrontiert, die sie auf einer Skala von

- *trifft fast völlig zu,*
- *trifft überwiegend zu,*
- *trifft teils/teils zu,*
- *trifft selten zu*
- *und trifft fast überhaupt nicht zu*

bewerten können. In den folgenden Absätzen werden die Themenbereiche näher erläutert.

## Great Place to Work®
## Befragung zur Dimension *Glaubwürdigkeit*

In der Befragungsdimension *Glaubwürdigkeit* geht es um Vertrauenswürdigkeit und Kompetenz des Managements. Die Mitarbeiter werden beispielsweise mit folgenden Aussagen konfrontiert[30]:

- *Die Führungskräfte halten mich über wichtige Themen und Veränderungen auf dem Laufenden.©*
- *Ich kann mich mit jeder vernünftigen Frage an die Führungskräfte wenden und erhalte eine direkte und offene Antwort.©*
- *Die Führungskräfte machen ihre Arbeit kompetent.©*
- *Die Führungskräfte vertrauen auf die gute Arbeit der Mitarbeiter, ohne sie ständig zu kontrollieren.©*
- *Die Mitarbeiter erhalten hier viel Verantwortung.©*
- *Die Führungskräfte haben klare Vorstellungen von den Zielen der Organisation und davon, wie diese erreicht werden können.©*
- *Die Führungskräfte halten ihre Versprechen ein.©*
- *Ich glaube, dass die Führungskräfte Kündigungen nur als letzten Ausweg wählen.©*

- *Die Geschäftspraktiken der Führungskräfte sind ehrlich und ethisch vertretbar.*©

Die Einschätzung aller Mitarbeiter, inwieweit diese Aussagen in ihrem Unternehmen zutreffen, gibt einen guten Aufschluss über die Glaubwürdigkeit der Führungskräfte. Wir bei noventum haben dadurch sehr viele Hinweise bekommen, an einigen Stellen noch bewusster zu führen. Eine ständige Herausforderung dabei ist insbesondere, dass wir uns immer wieder über die Ziele der Organisation und deren Vermittlung Gedanken machen, um dann natürlich im Sinne von „walk the talk“ Taten folgen zu lassen. Bei einem komplexen Geschäftsmodell, das wir uns gegeben haben, ist dies nicht trivial. Unsere Vision ist hierbei die Antwort auf diesen Anspruch.

Im Sinne der Glaubwürdigkeit dient Strategieentwicklung also somit nicht nur der Ausrichtung des Unternehmens, sondern muss auch dem Anspruch genügen, dass die Mitarbeiter diese verstehen und sich an ihr orientieren. Das funktioniert natürlich nur dann optimal, wenn die Führungskräfte vorbildlich sind und ethisch-ehrlich handeln.

Vom noventum Great Place to Work® Anfängerjahr 2006 bis zu den Championsjahren 2010-2012 haben anfangs 88% und später 96% der noventum Mitarbeiter die Glaubwürdigkeit als hoch (trifft überwiegend zu) oder sehr hoch (trifft fast völlig zu) bewertet. Größte Herausforderung in diesem Themenkomplex war 2011 die Aussage „Die Führungskräfte haben klare Vorstellungen von den Zielen der Organisation und davon, wie diese erreicht werden können.“, die nur mit 93% hoch bzw. sehr hoch bewertet wurde. Am stärksten stand die Führung 2011 mit der Aussage „Ich glaube, dass die Führungskräfte Kündigungen nur als letzten Ausweg wählen.“ mit einer Zustimmungsrate von 100% da.

## Great Place to Work® Befragung zur Dimension *Respekt*

In der Befragungsdimension *Respekt* geht es um Wertschätzung und Förderung als Person und Mitarbeiter, Anerkennung des persönlichen und beruflichen Beitrags. Die Mitarbeiter werden beispielsweise mit folgenden Aussagen konfrontiert[31]:

- *Mir wird Weiterbildung und Unterstützung für meine berufliche Entwicklung angeboten.*©
- *Ich kann meine Fähigkeiten hier optimal einbringen.*©
- *Die Führungskräfte erkennen an, dass bei der Arbeit auch Fehler passieren können.*©
- *Die Führungskräfte suchen und beantworten ernsthaft Vorschläge und Ideen der Mitarbeiter.*©
- *Die körperliche Sicherheit am Arbeitsplatz ist gewährleistet.*©
- *An diesem Arbeitsplatz bleibt man psychisch und emotional gesund.*©
- *Ich kann mir Zeit frei nehmen, wenn ich es für notwendig halte.*©
- *Die Mitarbeiter werden ermutigt, einen guten Ausgleich zwischen Berufs- und Privatleben zu finden.*©
- *Die Führungskräfte zeigen aufrichtiges Interesse an mir als Person und nicht nur als Arbeitskraft.*©
- *Wir haben besondere und einzigartige Sozialleistungen.*©

Während wir bei noventum schon immer der persönlichen Wertschätzung und Förderung ein sehr großes Gewicht gegeben haben, was uns in den Mitarbeiterbefragungen von Anfang an auch bestätigt wurde, hatten wir zu dem Thema Work-Life-Balance, zur systematischen Gesundheitsförderung und zu besonderen Sozialleistungen lange keine schlüssigen Antworten. Wir haben gelernt, uns nicht hinter dem Vorwand zu verstecken, dass dies im Beratungsgeschäft nicht möglich ist, sondern einfach intensiver nach Antworten zu suchen. Andere exzellente Arbeitgeber mit einem ähnlichen Geschäftsfeld schaffen das ja schließlich auch.

Vom noventum Great Place to Work® Anfängerjahr 2006 bis zu den Championsjahren 2010-2012 haben anfangs 86% und später 95% der noventum Mitarbeiter den Respekt als hoch oder sehr hoch bewertet. Größte Herausforderung in diesem Themenkomplex war 2011 die Aussage „Wir haben besondere und einzigartige Sozialleistungen.“, die nur mit 78% hoch bzw. sehr hoch bewertet wurde. Am stärksten stand die Führung 2011 in der Aussage „Ich kann mir Zeit frei nehmen, wenn ich es für notwendig halte.“ mit einer Zustimmungsrate von 99% da.

## Great Place to Work® Befragung zur Dimension *Fairness*

In der Befragungsdimension *Fairness* geht es um ausgewogene und an möglichst objektiven Kriterien orientierte Verteilung von Entlohnung und Karrierechancen. Die Mitarbeiter werden beispielsweise mit folgenden Aussagen konfrontiert[32]:

- *Die Mitarbeiter werden hier für die geleistete Arbeit angemessen bezahlt.*©
- *Ich denke, ich werde angemessen am Erfolg des Unternehmens beteiligt.*©
- *Jeder hat hier die Möglichkeit, Aufmerksamkeit und Anerkennung zu bekommen.*©
- *Befördert werden diejenigen Mitarbeiter, die es am meisten verdienen.*©
- *Die Mitarbeiter werden unabhängig von Nationalität oder ethnischer Herkunft fair behandelt.*©
- *Die Mitarbeiter werden unabhängig von ihrer sexuellen Orientierung fair behandelt.*©
- *Die Mitarbeiter werden unabhängig von körperlicher oder geistiger Behinderung fair behandelt.*©
- *Wenn ich ungerecht behandelt werde und mich beschwere, bin ich überzeugt, dass damit fair umgegangen wird.*©

Ich bin sehr stolz darauf, dass uns unsere Mitarbeiter bezüglich der fairen Behandlung aller Gruppen durchgehend gute Noten gegeben haben. Das ist mir sehr wichtig. Besonderen Handlungsbedarf hatten wir in der Vergangenheit bei der Erfolgsbeteiligung und bei der Beförderung. In diesen Bereichen hatten uns die Mitarbeiter durch ihre Bewertung einige wichtige Hinweise gegeben, sodass wir einige Verbesserungen auf den Weg bringen konnten. So haben wir eine gewinnorientierte Prämie für alle Mitarbeiter eingeführt, die positiv aufgenommen wurde. Auch haben wir das Thema Beförderung, welches in einem kleinen Unternehmen mit bewusst flachen Hierarchien klassisch problematisch scheint, dadurch gelöst, dass wir jeden fachlichen/persönlichen Entwicklungsschritt mit einem werthaltigen Titel versehen und neue Formen von nicht-hierarchiebezogenen Verantwortungsbereichen geschaffen haben. Jede Beförderung vom Azubi zum Junior Consultant zum Consultant zum Senior Consultant zum Management Consultant zum Service Manager zum Unit Manager zum Geschäftsleitungsmitglied haben wir zudem vor großer Mannschaft zelebriert und mit einigen Privilegien verbunden. Ja, auch moderne Unternehmen brauchen dies, das haben wir gelernt.

Vom noventum Great Place to Work® Anfängerjahr 2006 bis zu den Championsjahren 2010-2012 haben anfangs 89% und später 96% der noventum Mitarbeiter die Fairness als hoch oder sehr hoch bewertet. Größte Herausforderung in diesem Themenkomplex war 2011 die Aussage „Befördert werden diejenigen Mitarbeiter, die es am meisten verdienen.“, die nur mit 88% hoch bzw. sehr hoch bewertet wurde. Mit einer Zustimmungsquote von jeweils 100% stand die Führung 2011 zu den Aussagen „Die Mitarbeiter werden unabhängig von Nationalität oder ethnischer Herkunft fair behandelt.“, „Die Mitarbeiter werden unabhängig von ihrer sexuellen Orientierung fair behandelt.“ und „Die Mitarbeiter werden unabhängig von körperlicher oder geistiger Behinderung fair behandelt.“ da.

## Great Place to Work® Befragung zur Dimension *Stolz*

In der Befragungsdimension *Stolz* geht es um die Identifikation mit der eigenen Tätigkeit, der Leistung des eigenen Teams und dem Unternehmen. Die Mitarbeiter werden beispielsweise mit folgenden Aussagen konfrontiert[33]:

- *Meine Arbeit hat eine besondere Bedeutung für mich und ist nicht einfach nur ein „Job".*©
- *Ich bin stolz auf das, was wir hier gemeinsam leisten.*©
- *Die Mitarbeiter hier sind bereit, zusätzlichen Einsatz zu leisten, um die Arbeit zu erledigen.*©
- *Ich möchte hier noch lange arbeiten.*©
- *Ich bin stolz, anderen erzählen zu können, dass ich hier arbeite.*©
- *Die Mitarbeiter kommen gerne zur Arbeit.*©
- *Ich bin zufrieden mit der Art und Weise, in der wir einen Beitrag für die Gesellschaft leisten.*©

Spaß an der Arbeit und Stolz auf die eigene Tätigkeit standen bei noventum schon seit der Gründung ganz weit vorne. Die Bedeutung des gefühlten Sinns der eigenen Arbeit kam bei mir erst später hinzu. In früheren Jahren stand bei uns die Dienstleistungsmentalität im Vordergrund, für die wir in den Boom-Jahren von unseren Kunden, die einen großen Bedarf an engagierten IT Fachkräften hatten, gut entlohnt wurden. Ich selbst war vor der Jahrtausendwende auch noch von der Überzeugung geprägt, dass es der Sinn eines Unternehmens ist, Gewinne zu erzielen. Also waren wir erfolgreich.

Inzwischen hat sich das insofern gedreht, als dass Gewinne immer noch wichtig sind, dass sie aber nicht das Ziel, sondern einerseits die Voraussetzung zu einer sinnvollen, nutzenorientierten Unternehmensentwicklung und andererseits die logische Konsequenz aus der Erzeugung von Kundennutzen sind. Über diese Sichtweise haben wir für unser Unternehmen eine neue Dimension von Sinn und Stolz entwickeln können, was sich auch in den Great Place to Work® Befragungsergebnissen ablesen lässt.

Vom noventum Great Place to Work® Anfängerjahr 2006 bis zu den Championsjahren 2010-2012 haben anfangs 81% und später 97% der noventum Mitarbeiter den Stolz als hoch oder sehr hoch bewertet. Größte Herausforderung in diesem Themenkomplex war 2011 die Aussage „Meine Arbeit hat eine besondere Bedeutung für mich und ist nicht einfach nur ein ‚Job'", die nur mit 94% hoch bzw. sehr hoch bewertet wurde. Am stärksten stand das Unternehmen 2011 in den Aussagen „Die Mitarbeiter hier sind bereit, zusätzlichen Einsatz zu leisten, um die Arbeit zu erledigen." und mit „Ich bin zufrieden mit der Art und Weise, in der wir einen Beitrag für die Gesellschaft leisten." mit einer Zustimmungsrate von 99% da.

## Great Place to Work® Befragung zur Dimension *Teamgeist*

In der Befragungsdimension *Teamgeist* geht es um freundliche Umgangsweise, Spaß und Zusammengehörigkeitsgefühl. Die Mitarbeiter werden beispielsweise mit folgenden Aussagen konfrontiert[34]:

- *Ich kann hier „ich selbst sein" und brauche mich nicht zu verstellen.*©
- *Besondere Ereignisse werden bei uns gefeiert.*©
- *Wir haben hier eine freundliche Arbeitsatmosphäre.*©
- *Als neuer Mitarbeiter fühlt man sich hier willkommen.*©
- *Wenn Mitarbeiter innerhalb des Unternehmens ihre Funktion oder die Abteilung wechseln, werden sie gut aufgenommen und integriert.*©
- *Man kann sich darauf verlassen, dass die Mitarbeiter zusammenarbeiten.*©

Unseren Teamgeist und unser Zusammengehörigkeitsgefühl empfanden wir schon immer als vorbildlich. Und doch haben wir bei näherem Hinsehen mit Unterstützung der Great Place to Work® Wettbewerbsteilnahme noch Entwicklungspotential erkannt. Insbesondere unsere Feierkultur hatte noch Potenzial, das bekamen wir nicht nur von unseren Mitarbeitern gespiegelt, sondern auch durch den Kultur Audit© Report des Great Place to Work® Instituts. Wir haben verstanden und widmen diesem Thema inzwischen eine ganz besondere Aufmerksamkeit. Feierkultur ist übrigens Chefsache und bei Erfolgen, von denen es bei uns viele zu feiern gibt, wird der CEO zum Chief Entertainment Officer.

Vom noventum Great Place to Work® Anfängerjahr 2006 bis zu den Championsjahren 2010-2012 haben anfangs 80% und später 98% der noventum Mitarbeiter den Teamgeist als hoch oder sehr hoch bewertet. Größte Herausforderung in diesem Themenkomplex war 2011 die Aussage „Ich kann hier „ich selbst sein“ und brauche mich nicht zu verstellen.“, die nur mit 96% hoch bzw. sehr hoch bewertet wurde. Am stärksten stand das Unternehmen 2011 mit der Aussage „Wir haben hier eine freundliche Arbeitsatmosphäre.“ mit einer Zustimmungsrate von 100% da.

# II.12 PROFIL UND ENTWICKLUNG DER ARBEITGEBERATTRAKTIVITÄT BEI NOVENTUM

## Matrix Kultur Audit©

Im Rahmen des alljährlichen Great Place to Work® Lernprozesses ist die Analyse des Kultur Audit© Reports von großer Bedeutung. Dieser lässt uns erkennen, welche Maßnahmen des Vorjahres gegriffen haben, um die Unternehmenskultur systematisch zu verbessern.

Für die Controller stellt sich dabei auch die Frage, inwieweit die durchgeführten Maßnahmen den gewünschten Effekt an Mitarbeiterzufriedenheit bewirkt haben. Hat sich die Investition gerechnet? Ich bin etwas vorsichtig mit monetären Berechnungen von Maßnahmen zur Verbesserung des Vertrauens. Nichtsdestotrotz ist die Frage, ob meine gut gemeinten Maßnahmen auch bei den Mitarbeitern positiv ankommen, berechtigt. Das Great Place to Work® Institut liefert dazu die Matrix. Diese Darstellung stellt die Maßnahmen aus dem Kultur Audit© dem Erleben der Belegschaft gegenüber. Sie ist auf der Ebene aller Dimensionen verfügbar und kann den einzelnen neun Dimensionen des Kultur Audit© Reports zugeschlüsselt werden.

Auf der X-Achse ist die erlebte Arbeitsplatzkultur entsprechend der Mitarbeiterbefragung dargestellt, auf der Y-Achse die Bewertung der Maßnahmen entsprechend dem Kultur Audit©, welcher durch das Great Place to Work® Institut durchgeführt wurde.

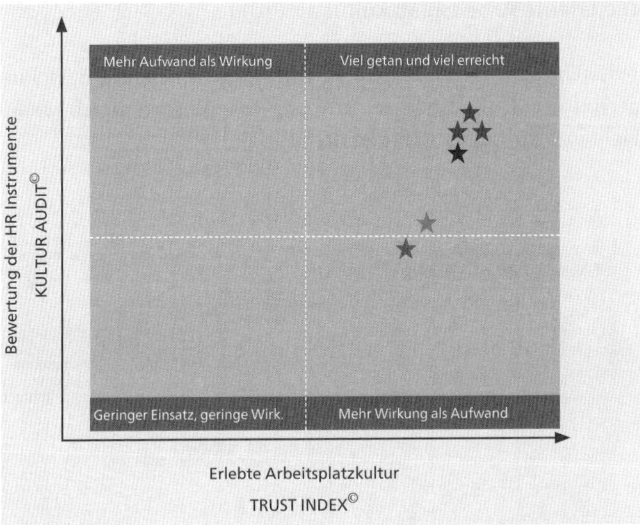


Abbildung 6: Bewertungsmatrix Kultur Audit© (Quelle: Eigene Darstellung in Anlehnung an die Darstellung des Great Place to Work® Instituts)

Ich habe hier die Standarddarstellung des Great Place to Work® Instituts um den zeitlichen Verlauf der noventum Bewertungen ergänzt. Der rote Stern steht für das Jahr 2006, der grüne für 2007, der gelbe für 2008, der violette für 2009 und die drei blauen für die Siegerjahre 2010, 2011 und 2012. Das Great Place to Work® Institut platziert in dieser Darstellung wahlweise auch noch verschiedene Benchmarks, wie z.B. die besten Unternehmen der Branche oder die Top 10.

Diese Darstellung wird dann in den neun Dimensionen im Kultur Audit© weiter detailliert. Sie gibt ein erstes Gefühl dafür, wie sich das eigene Unternehmen im Wettbewerb der guten Arbeitgeber positioniert. Für konkrete Lern- und Veränderungsprozesse stehen weitere Auswertungen zur Verfügung.

## Die erlebte Arbeitsplatzkultur als Profil

Jedes Unternehmen hat kulturell seinen eigenen einzigartigen Fingerabdruck. Das Great Place to Work® Institut stellt diesen vereinfacht in einer Grafik wie folgt dar:

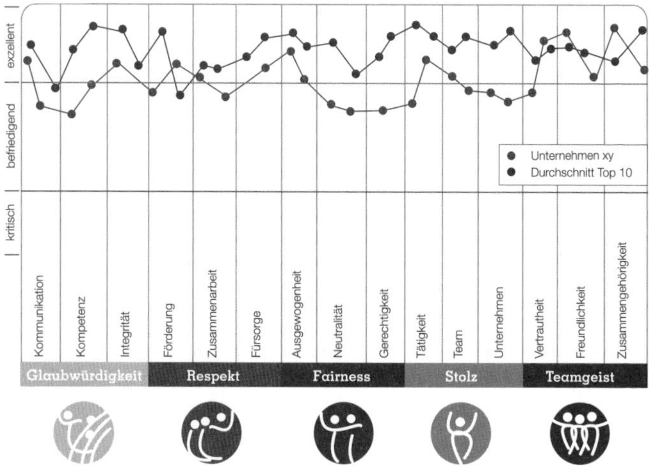


Abbildung 7: Profildarstellung Mitarbeiterbefragungs-Ergebnisse, die vereinfachte Grafik zeigt fiktive Daten (Quelle: Great Place to Work® Institut)

## Highlights auf dem Weg der Verbesserung

In den Jahren seit der Great Place to Work® Teilnahme haben wir in den neun Kulturdimensionen ca. 100 einzelne Maßnahmen oder Instrumente definiert.

Meine ganz persönliche Liste der neuen unternehmenskulturellen Maßnahmen, die einen großen Effekt während des Zeitraums von 2006-2012 hatten, sind:

- *Erstellung eines Fürsorge-Gesamtpaketes Take Care*
- *Integration aller Mitarbeiter in das CSR Konzept und Entwicklung einer CSR Dokumentation*
- *Selbstverbundenheitstrainings*
- *Interkulturelle Integration der Mitarbeiter ausländischer Niederlassungen*
- *Wertschätzende Ehrung von Jubilaren und Beförderten*
- *Einführungen einer umfassenden Duz-Kultur*
- *Umgehende Bewertung der Qualität von Mitarbeiterversammlungen im Portal*
- *Angebot eines Zukunftsworkshops für alle*
- *Erstellung der Bewerbungsbroschüre mit animiertem Leitbild*
- *Kommunikation der 3-Säulen-Erfolgsdefinition: Wirtschaftlicher Erfolg, Mitarbeiterzufriedenheit, gesellschaftlicher Beitrag*
- *Bewerbung um den Ludwig-Erhard-Preis (EFQM)*
- *Verlosung von Tickets für hochwertige Veranstaltungen*
- *Lobstelle*
- *Einführung des Mitarbeitershops*
- *Neues Bürokonzept, entwickelt durch engagierte Mitarbeiter*
- *iPhones für alle*

# TEIL III

# NOCH MEHR UNTERNEHMENS-KULTUR

In Teil III ergänze ich die zuvor auf die Great Place to Work® Prinzipien konzentrierten Instrumente um weitere Aspekte der bei noventum entstandenen vertrauensbasierten Unternehmenskultur. Dabei gehe ich ein auf

- das noventum Internationalisierungskonzept
- die Arbeit in Verbänden, Netzwerken und sozialen Projekten
- und die Durchführung von Veranstaltungen.

Ebenso betrachte ich in Teil III Ansätze von Management Handwerkzeugen und setze diese in Beziehung zu den Prinzipien der Vertrauenskultur. Abschließend gehe ich auf die Entwicklung der Marke noventum ein.

# III.1 DAS KONZEPT VON »NOVENTUM CONSULTING INTERNATIONAL« NCI ALS KULTURELLER BAUSTEIN

## Wie alles begann und warum es trotzdem weiterging

Zur Jahrtausendwende, als die Expansion für IT Beratungsunternehmen grenzenlos schien, gehörte es für Unternehmen wie unsere zum guten Ton, im Ausland präsent zu sein. Wir ergriffen im Jahre 2000 die Chance einer internationalen Expansion, als uns über unser Netzwerk die beiden englischen Freiberufler Dr. Marwan Chabbani und Robert Buick über den Weg liefen. Diese beiden Herren, der eine ein außerordentlich vertriebsorientierter Projektmanager und der andere ein typisch englisch-vornehmer Softwarearchitekt, waren als Subunternehmer einer großen Personalvermittlungsfirma bei einer Londoner Versicherung im Einsatz. Der Markt für IT Projekte in England schien riesengroß zu sein und die beiden Herren wollten sich nicht mehr länger vermitteln lassen und dem Makler eine große Gewinnspanne überlassen. Insbesondere Marwan suchte einen Weg, direkt mit großen englischen Konzernen ins Geschäft zu kommen. Dem stand im Wege, dass englische Großunternehmen in der Regel nicht bereit waren, direkt mit Freiberuflern einen Vertrag abzuschließen. Aus diesem Umstand entstand das einzigartige Konzept NCI, *noventum consulting international.* In vielen ausführlichen und erkenntnisreichen Gesprächen mit Marwan und Robert kamen wir innerhalb der nächsten 12 Monate zu der Überzeugung, dass noventum ein internationales Franchisekonzept entwickeln könnte und dass der Pilot im Jahr 2001 in London mit Marwan und Robert starten würde. Wir hatten ja seit 1996 viel Erfahrung als Franchisenehmer gesammelt und die Chancen eines solchen Systems kennengelernt. Jetzt war es an der Zeit, die Seiten zu wechseln und selbst zum Franchisegeber zu werden.

Die Grundzüge des noventum Franchisesystems bestehen in dem gemeinsamen Marktauftritt, bei dem alle Partnerunternehmen die Kundennamen, Projektreferenzen und Erfahrungen unter Nutzung einer homogenen Marke auf einen Tisch legen und somit ein virtuelles Unternehmen repräsentieren. noventum tritt dabei nicht als Unternehmensgruppe, sondern als ein homogenes Unternehmen mit internationalen Standorten auf. Dabei ist jeder Franchisenehmer alleiniger Gesellschafter oder zumindest Mehrheitsgesellschafter, was jedoch in der Außenkommunikation nicht nach vorne gestellt wird. Mit diesem Auftritt ist noventum gleichzeitig mittelständisch und international und stellt sich gegenüber den großen, internationalen IT Managementberatungsunternehmen als Wettbewerber auf. Internationale Kompetenz verbunden mit mittelständischer Personenorientierung und Verbindlichkeit. Dieses Leistungsversprechen haben wir schon damals einhalten können. Für den englischen Markt war das in gewisser Weise revolutionär. Wir haben keine vergleichbaren Wettbewerber identifiziert und haben bei den von uns durchgeführten Terminen bei den CIOs potenzieller Kunden erst einmal viel Interesse und Neugier geerntet. Das Konzept schien zu greifen.

Stolz erläuterte ich Anfang 2001 bei einer der regelmäßigen Willkommensphilosophiestunden für neue noventum Mitarbeiter, dass wir mit der Internationalisierung erfolgsversprechend begonnen hatten und dass wir jetzt nach neuen Ländern Ausschau hielten, in denen wir das noventum Partnerkonzept anwenden könnten. Mein neuer Mitarbeiter Turgay Canpolat nahm dies zum Anlass, mir dringend nahezulegen, doch als nächstes in der Türkei aufzuschlagen. Dort werde viel investiert, privatisiert und internationalisiert. Und außerdem hätte sein Schwager ein Projekt von 20 Mio. $ bei einem türkischen Großkonzern sicher, wenn er mit einem internationalen Partner zusammenarbeiten würde. Das klang attraktiv und wir hatten ja schon erste internationale Erfahrungen gemacht, sodass das Projekt damit schon so gut wie gewonnen war. Kurz darauf betrat ich erstmals türkischen Boden am Flughafen von Ankara und war nach einigen Gesprächen mit türkischen Großunternehmen und Kooperationspartnern auf dem Boden der Tatsachen angekommen. Ja, da war eine Menge Potenzial für ein Unternehmen wie unseres, aber die damals noch mangelnde Reife vieler türkischer Unternehmen, sowie die tief greifende Wirtschaftskrise in der Türkei von 2002-2004, ließen uns bis zum Jahr 2006 warten, bis die ersten Projekte starteten. Inzwischen waren wir für die Türkei auch zu der Überzeugung gekommen, dass wir dort die Kontrolle in der Hand behalten mussten und somit kein Franchisemodell, sondern eine Tochtergesellschaft gründeten, die am 1. April 2007 in Istanbul ihre Geschäfte aufnahm und sich bis heute unbeirrt von einigen großen internen und externen Herausforderungen sehr gut entwickelt hat. Die Geschichten, die ich bis heute mit Turgay dabei erlebt habe und die beeindruckenden Erfahrungen, die wir dabei sammeln konnten, haben unser Internationalisierungskonzept reifen lassen und robust gemacht.

Was ist parallel in London mit noventum geschehen? Nach den ersten vielversprechenden Vertriebstouren, die ich gemeinsam mit Marwan und Robert im Raum London durchgeführt hatte, kamen wir zu der Überzeugung, dass ein attraktiver Markt für noventum vorhanden war und dass wir in diesen investieren sollten, um möglichst schnell Fahrt aufzunehmen. So stellten wir am 6. September 2001 den Vertriebsprofi Niklas ein, der uns den Turbo bei der Gewinnung von Projekten bringen sollte. Fünf Tage danach (9/11) war die Welt eine ganz andere, nicht nur in New York, sondern auch besonders im IT Business in London. Die Budgets unserer potentiellen Kunden wurden auf Jahre dramatisch gekürzt. Wir strampelten alle gemeinsam mit Engagement und Herzblut dagegen an, hielten die Köpfe unter massiven Kosteneinsparungsmaßnahmen noch viele Monate über Wasser, mussten uns aber im Jahre 2004 eingestehen, dass die Lage aussichtslos war. Niklas hatte lange seine Loyalität bewiesen, musste dann aber im Sommer 2003 die Segel streichen, da wir ihm praktisch kein Gehalt mehr zahlen konnten und er die Hoffnung verloren hatte, dass sich das in absehbarer Zeit ändern würde. Schließlich waren sich Robert und Marwan nicht mehr einig über einen gemeinsamen Weg, womit dann der Untergang endgültig besiegelt war. Wir mussten schweren Herzens die noventum Flagge im vereinigten Königreich wieder einholen.

Auch wenn unser Engagement in England gescheitert war und sich in der Türkei sehr schwer anließ, kamen wir auf den Geschmack. NCI fühlte sich spannend und strategisch relevant an. Zur Absicherung dieses Gefühls beauftragten wir bei unserer damaligen Praktikantin und heutigen Beraterin Eva Steinau eine Diplomarbeit, um einen fundierten Masterplan für unsere Internationalisierung erstellen zu lassen. Zu einem späteren Zeitpunkt haben wir dann von unserem Praktikanten Alex eine ausführliche Wirtschaftlichkeitsbetrachtung der NCI Aktivitäten vornehmen und später unser Franchisehandbuch entwickeln lassen. Auf Grundlage dieser wissenschaftlichen Studien waren wir dann in der Lage, zwei weitere reine Franchisenehmer zu identifizieren und auf den Weg zu bringen, Mdu Zakwe 2010 in Südafrika und Harald Hau 2012 in Luxemburg. Als nächstes stehen für uns die Schweiz oder Österreich auf der Agenda, auch fernere Ziele wie Dubai, Israel, Russland oder Kanada haben wir bereits in einem ersten Schritt als potentielle Märkte identifiziert. Entscheidend ist dabei primär, dass wir dort den Unternehmer finden, der zu uns passt und unserem Konzept das Leben einhauchen kann. Parallel dazu arbeiten wir engagiert daran, die bestehenden ausländischen Niederlassungen optimal zu unterstützen, insbesondere durch Vertriebsunterstützung, zentrale Marketingleistungen und ganz viel strategisches Coaching. Dass sich dies lohnt, haben wir jährlich durch Wirtschaftlichkeitsanalysen überprüft.

Betrachten wir nun in der Folge die einzelnen Aspekte des Internationalisierungskonzeptes NCI in Bezug auf die Zukunftsorientierung. Dabei möchte ich besonders die Attraktivität für Mitarbeiter und Bewerber sowie für Kunden und Partner und die interkulturelle Kompetenzentwicklung, das „Global Sourcing“, hervorheben.

Prof. Ghemawath hat in seinem Buch „World 3.0[35]“ Chancen und Nutzen einer internationalen Kooperation verdeutlicht und dabei die Bedeutung der international agierenden Unternehmen dargestellt.

## Attraktivität für Mitarbeiter und Bewerber

noventum stellt sich auf als menschenorientierte IT Managementberatung, auf Augenhöhe mit den großen, internationalen IT Managementberatungsgesellschaften. Unser Unternehmen macht sich damit attraktiv für die sogenannten „High Potentials“, die Entfaltung in herausfordernden, internationalen Projekten suchen. Unser Wettbewerbsvorteil ist dabei, dass wir als Mittelständler dabei sehr persönlich und menschenorientiert agieren können. Mit anderen Worten, wir kombinieren für unsere Mitarbeiter die Megatrends Globalisierung und Individualisierung in einer einzigartigen Weise.

Unsere Mitarbeiter schätzen es sehr, wenn Sie gemeinsam mit ihren ausländischen Kollegen spannende Projekte in Istanbul bei internationalen Konzernen in englischer Sprache machen und dabei eine ganz besondere Lebenserfahrung bekommen. Umgekehrt sind uns allen unsere ausländischen Kollegen sehr willkommen, wenn sie zu Strategiemeetings und Weihnachtsfeiern in großer Anzahl auftauchen, oder wenn sie per Skype live zu unseren großen Mitarbeiterversammlungen zugeschaltet werden.

Ein besonderes Highlight für unsere Jubilare, die auf zehn Jahre noventum zurückblicken können, ist eine Dienstreise nach Istanbul, bei der sie von unseren türkischen Kollegen tagsüber mit den Strukturen und Prozessen der Tochtergesellschaft vertraut gemacht werden und abends mit ihren Kollegen um die Häuser Istanbuls ziehen und damit die kollegialen Beziehungen zu Freundschaften ausbauen.

Im Rahmen der von uns beauftragten NCI Wirtschaftlichkeitsbetrachtung konnten wir nachweisen, dass viele unserer Mitarbeiter deshalb noch bei uns sind, weil wir ihnen internationale Einsätze bzw. die Perspektive darauf bieten können. Wenn NCI somit ein Beitrag zu einer Verminderung der Fluktuationsrate ist, so wirkt sich dies direkt auf die Wirtschaftlichkeit aus, denn jeder gut ausgelastete Berater, der ein Beratungsunternehmen verlässt, hat einen direkten Einfluss auf den Überschuss. Auf der anderen Seite konnten wir mittels einer Befragung bei neu eingestellten Mitarbeitern feststellen, dass die internationale Aufstellung von noventum bei vielen ein sehr wichtiges Auswahlkriterium für uns als Arbeitgeber war. In Zeiten des Fachkräftemangels ist auch dies von großer wirtschaftlicher Bedeutung. Weniger gut messbar, aber umso wichtiger finde ich persönlich, dass unsere internationale Aufstellung ein Klima von Vielseitigkeit, interkultureller Wertschätzung und Toleranz fördert. Allein dafür lohnen sich die erheblichen Anstrengungen zum Aufbau einer glaubwürdigen internationalen Marke.

## Interkulturelle Kompetenzentwicklung

Die internationale Verflechtung wird zunehmen. Davon bin ich überzeugt. Haben wir bei noventum heute noch viele Kunden, die nur geringfügig international eingebunden sind, wird sich das in den kommenden Dekaden deutlich ändern. Darauf sollten wir uns in jedem Fall schon heute vorbereiten. Es fängt damit an, dass wir wirklich vertraut sind mit der englischen Sprache. Klingt selbstverständlich, ist es aber nicht. Daher sind wöchentliche Englischtrainings mit unserem Sprachcoach Dominic Shackleton seit vielen Jahren etabliert. Für Mitarbeiter, die in kurzer Zeit schnell ihre Sprachkompetenz erweitern wollen, organisieren wir Blockseminare im englischsprachigen Ausland. Nachdem wir dies mehrfach erfolgreich in London oder Südengland durchgeführt hatten, haben wir kürzlich auch ein Sprachtraining beim Durban Language Centre in Südafrika mit Turgay getestet. Vormittags Sprachtraining und nachmittags Geschäftstermine mit unserem südafrikanischen Partner Mdu, so verbinden sich in idealer Weise Theorie und Praxis.

Auf die Organisation von expliziten interkulturellen Trainings haben wir bislang verzichtet. Stattdessen praktizieren wir „learning by doing“, wobei uns unsere ausländischen Kollegen, mit denen wir üblicherweise in gemeinsamen Projektteams arbeiten, mit Rat und Tat zur Seite stehen. Hinzu kommt, dass wir zu internen Teammeetings einmal pro Jahr unsere ausländischen Kollegen einladen.

Ich genieße es ganz besonders, im Ausland auf Vertriebstour zu sein und dabei im Gespräch mit den CIOs von türkischen Telekommunikationsunternehmen, südafrikanischen Chemiekonzernen und Luxemburger Großbanken über gemeinsame Geschäftspotenziale zu diskutieren. Vieles ist dabei vertraut und oft identifizieren wir trotz der regionalen Distanz gemeinsame Bekannte. Und doch ist es höchst erkenntnisreich zu verstehen, wie die Entscheidungsprozesse in anderen Kulturen aussehen. Insbesondere in der Türkei haben wir mit viel Lehrgeld die Erkenntnis bezahlt, dass dort die „Sales Cycles“ deutlich länger sind. Am Ende konnten wir jedoch feststellen, dass unser Plan aufging, wenn auch mit deutlicher Verzögerung.

Schließlich ist es eine besonders spannende und interessante Aufgabe für unser Managementteam in Deutschland, die ausländischen noventum Manager bei der strategischen Planung zu „coachen“. Auf der einen Seite haben wir als noventum Zentrale und Franchisegeber in Deutschland eine klare Vorstellung, wie „man“ die Strategie eines IT Beratungsunternehmens entwickelt und umsetzt. Das ist ja ein wichtiger Bestandteil unseres Franchiseproduktes. Auf der anderen Seite tun wir als mittelständisches, personenorientiertes Unternehmen gut daran, in jedem Land Raum für eine eigene Interpretation der strategischen Standards zu lassen. Somit entsteht ein optimales Zusammenspiel zwischen professionellen, internationalen noventum Standards und regionaler Qualität, das durch die dortigen Manager geprägt ist. Diese Form der Strategieentwicklung praktizieren wir nun seit über sechs Jahren intensiv für unser türkisches Tochterunternehmen und haben mit der dortigen noventum Geschäftsführerin Aylin Çevik eine außerordentliche Kooperation entwickelt, welche Vorbild für unsere anderen internationalen Standorte ist. Für mich und unsere involvierten deutschen Führungskräfte ist das strategische Coaching der noventum Manager im Ausland eine Managementschule der ganz besonderen Art, die stark auf unsere Managementkompetenzen zum direkten Nutzen von noventum Deutschland zurückstrahlt.

### *Global Sourcing*

Der IT Fachkräftemangel, im Wesentlichen verursacht durch den Megatrend *Silver Socity* bzw. *Demografischer Wandel*, ist in aller Munde. Auch wir erleben schon heute, dass es in einigen Bereichen sehr schwer ist, die benötigten Experten zu finden und einzustellen. Ich glaube, dass eine *Global Sourcing* Strategie für IT Fachkräfte für uns in Deutschland zukünftig ein entscheidender Wettbewerbsvorteil sein wird. Da unser Geschäft als IT Managementberatungsunternehmen sehr eng an den Prozessen und Personen unserer Kunden hängt, ist das *Global Sourcing* jedoch besonders anspruchsvoll. Es ist nicht zu vergleichen mit dem Outsourcing von Softwareentwicklungsleistungen und IT Betriebsleistungen nach Indien o.ä. *Global Sourcing* heißt für uns die Integration ausländischer Spezialisten in deutsche Projekte bei deutschen Kunden. Unsere ausländischen noventum Gesellschaften bieten dabei für uns den Zugang zu den dortigen IT Fachkräften. Insbesondere in der Türkei gelingt es uns sehr gut, die gewünschten, gut ausgebildeten Experten in unserer türkischen Gesellschaft einzustellen. Aktuell arbeiten diese Menschen noch überwiegend in türkischen Projekten, stehen aber schon heute über unsere türkische Tochtergesellschaft als Subunternehmer für uns zur Verfügung. Noch ist bei diesem Ansatz der Pferdefuß, dass viele unserer deutschen Kunden keine nichtdeutschsprachigen Berater akzeptieren und dass nicht alle türkischen noventum Mitarbeiter der deutschen Sprache mächtig sind. Dieses Problem wird nach meiner Erwartung in der Zukunft an Relevanz verlieren, da wir einerseits zunehmend für internationale Konzerne tätig sind und andererseits im Zuge der Verknappung von IT Experten auch die anderen Unternehmen englischsprechende Consultants akzeptieren werden.

*Global Sourcing* im Rahmen unserer NCI Strategie ist für uns somit eine langfristige strategische Antwort auf den IT Fachkräftemangel. Und das nicht nur in der oben skizzierten Weise, dass türkische Experten in deutschen Projekten arbeiten. Vielmehr stellen wir uns dafür auf, dass wir eine Balance zwischen Kundenanfragen weltweit und unseren Beratern weltweit organisieren können. Das ist im Übrigen auch ein starker Motivationsfaktor für unsere Franchisenehmer, die über NCI eine weltweite Vertriebsorganisation für ihre Berater erhalten und umgekehrt auf Berater weltweit zugreifen können. Dabei ist der Aspekt des möglichen Kostenvorteils ebenfalls von Bedeutung, für uns jedoch nicht der entscheidende Aspekt. Selbstverständlich können wir eine besonders wirtschaftliche Lösung bieten, wenn wir in Hochpreisländern Berater aus Niedrigpreisländern einsetzen können.

Aylin Çevik
Managing Director
Türkiye

Mdu Zakwe
CEO
South Africa

Harald Hau
CEO
Luxembourg

## Attraktivität für Kunden und Partner

Ich zitiere hier die noventum Vision:

»NOVENTUM CONSULTING STEHT FÜR MENSCHENORIENTIERTE IT MANAGEMENTBERATUNG. AUF AUGENHÖHE MIT DEN GROSSEN, INTERNATIONALEN IT BERATUNGSUNTERNEHMEN, JEDOCH MITTELSTÄNDISCH, PERSÖNLICH UND VERBINDLICH. BERATEN HEISST FÜR UNS AUCH UMSETZEN. ALS VIELFACH PRÄMIERTER EXPERTE FÜR VERTRAUENSKULTUR UND KOMMUNIKATIONSSTÄRKE GESTALTEN WIR UNSERE IT PROJEKTE GANZHEITLICH UND MACHEN DAMIT DIE ENTSCHEIDUNGSTRÄGER UNSERER KUNDEN ERFOLGREICH.«
*Unternehmensvision, noventum consulting*

In diesem Anspruch stehen zwei scheinbare Widersprüche, zum einen „menschenorientiert" und „IT Managementconsulting", zum anderen „mittelständisch, persönlich ..." und „international auf Augenhöhe ...". Letzteres ist ein hoher Anspruch, denn es ist sehr komplex, stark personenbezogene Dienstleistungen international zu vervielfältigen. Wir haben uns dieser Herausforderung gestellt, da wir uns der durch den Megatrend Globalisierung getriebenen Internationalisierung unserer Kunden und Kooperationspartner stellen und damit eine Alternative zu den großen, internationalen IT Beratungsunternehmen bieten wollen. Wir haben an all unseren Standorten die Rückmeldung unserer Kunden erhalten, dass eine Zusammenarbeit mit uns als mittelständischem, personenorientierten Unternehmen, welches die Vertrauenskultur als wesentliches Merkmal pflegt, von hohem Nutzen ist und eine große Erfolgssicherheit bietet. Gerne entscheiden sich Topmanager für uns, statt für den deutlich größeren Wettbewerber, da „size matters" in vielen Projekten nicht zutrifft und die Verbindlichkeit eines Mittelständlers oft das entscheidende Erfolgskriterium ist. Dennoch muss ein Unternehmen wie unseres hart daran arbeiten, mit der Professionalität der „Global Player" unserer Branche nachweislich auf Augenhöhe zu sein. Neben den vielen Methodenbaukästen und Vorgehensmodellen gehört dazu auch die zukünftig immer stärker geforderte internationale und interkulturelle Handlungskompetenz. Damit dies glaubwürdig und nachvollziehbar aufgebaut und damit zu einem wichtigen Markenbestandteil wird, haben wir das NCI Konzept entwickelt, welches wir in den kommenden Jahren durch die Hinzugewinnung neuer Partner in neuen Regionen der Welt weiter ausbauen. Zur Stärkung der Internationalität der Marke noventum führen wir bereits seit 2007 regelmäßig unseren *Intercultural Innovation Workshop* in Istanbul durch, mit dem wir deutsche Manager auf die vielfältigen Geschäftschancen in der Türkei aufmerksam machen und gleichzeitig einen Beitrag zu interkultureller Kommunikation zwischen türkischen und deutschen Managern leisten.

Aus Sicht unserer Vertriebsorganisation kommen mit jedem ausländischen Franchisenehmer und mit jedem internationalen Projekt, das wir gewinnen, attraktive Kunden hinzu. Insbesondere international vernetzte Unternehmen und „Global Player“ unserer Kunden bieten uns die Chance, diese in einem Land zu begeistern und dann in anderen Ländern über persönliche Referenzierungen wichtige Kontakte aufzubauen. Dabei ist es nicht unüblich, dass wir erst bei einer Tochtergesellschaft eines deutschen Konzerns im Ausland punkten, bevor wir von dort bei der deutschen Mutter empfohlen werden. Ein sicher nicht alltägliches, aber erfolgreiches, Vertriebskonzept. Der Volksmund würde sagen „Von hinten durch die Brust ins Auge“.

In Deutschland stellen wir fest, dass wir über die Internationalisierung Kunden gewinnen, die sich ansonsten nicht für uns entschieden hätten. Ebenso haben wir die Marke noventum in der Art aufgeladen, dass sich für den Kunden daraus eine erhöhte Nutzenerwartung ergibt, was sich positiv auf die Preise ausgewirkt hat. Damit die Marke noventum dauerhaft und glaubwürdig entsprechend funktioniert, hat unser Marketingteam die Internationalisierung konsequent in die Außenkommunikation eingebaut. Unsere Website ist selbstverständlich mehrsprachig, die Kundenzeitschrift novum ist deutsch-englisch und lokale Informationsmedien werden üblicherweise zweisprachig in der Landessprache und englisch erstellt.

## Wirtschaftlichkeitsbetrachtung

Schon bei Beginn der Internationalisierung unseres Unternehmens im Jahre 2000 haben wir deren Kosten und Nutzen detailliert geplant und beobachtet. Dabei stellten wir eine Struktur auf, die noch heute Gültigkeit hat. Die Kosten teilen sich in folgende Blöcke auf:

- *Anteilige Personalkosten der deutschen Mitarbeiter für „Pre-Sales“ und Strategieentwicklung*
- *Vertriebsleistungen*
- *Marketingmaßnahmen*
- *IT-technische Unterstützung*
- *Sachkosten für Veranstaltungen, die vom Franchisegeber finanziert werden*
- *Finanzielle Aufbauhilfe vom Franchisegeber an den Franchisenehmer*
- *Reisekosten*

Bei der Betrachtung des Nutzens der Internationalisierung haben wir folgende Struktur aufgebaut:

- *Gewinnung neuer Mitarbeiter für noventum Deutschland*
- *Verringerung der Fluktuationsrate bei noventum Deutschland*
- *Gewinnung von Neukunden*
- *Höhere Preise durch erhöhten Kundennutzen/stärkere Marke*
- *Erlöse durch Projekte, bei denen noventum Deutschland als Subunternehmer eines noventum Franchisenehmers tätig ist*
- *Erlöse aus Franchisegebühren*

Während wir bei der Kostenbetrachtung lediglich die Herausforderung hatten, dass wir die Zeiten der eingesetzten Mitarbeiter anteilig zuordnen und diese dann mit den individuellen Personalkosten multiplizieren mussten, war die Berechnung des Nutzens etwas schwieriger. Den Nutzen auf der Mitarbeiterseite durch Gewinnung neuer Mitarbeiter und Verringerung der Fluktuationsrate ermittelten wir mit Hilfe von Interviews. Dabei war die Entscheidung unserer Mitarbeiter, zu kommen bzw. zu bleiben, meist nicht direkt von der Internationalisierung abhängig. Wir mussten also jeweils eine Schätzung vornehmen, wie hoch der Anteil der Internationalisierung an der Arbeitgeberattraktivität war und haben diesen Prozentsatz dann mit dem zu erwartenden Deckungsbeitrag der Mitarbeiter multipliziert. Eine Formel, die inzwischen leicht anzuwenden ist, da sie jetzt stabil steht.

Ebenso mussten wir auch bei der Bewertung des Nutzens durch neue Kunden bzw. höhere Preise einige Expertenschätzungen durch unsere Vertriebs- und Führungskräfte vornehmen. In einigen Fällen sind Neukunden eindeutig der Internationalisierung zuzurechnen, in vielen Fällen ist es jedoch ein Argument unter mehreren. Meist können wir den Anteil auf die positive Entscheidung nur vermuten. Genauso wenig sicher können wir den Einfluss der Internationalisierung auf den Wert unserer Marke und das damit verbundene Preisniveau feststellen. Wir haben jedoch im Rahmen einer Markenwertstudie, die wir im Jahre 2012 mit der Fachhochschule Münster durchgeführt hatten, sicher festgestellt, dass unsere Marke aktuell sehr positiv besetzt ist, eine große Ausstrahlung und damit einen sehr hohen Wert hat.

Unter Berücksichtigung aller Unwägbarkeiten und bei defensiver Berechnung haben wir im Rahmen einer wissenschaftlichen Studie Kosten und Nutzen für die Jahre 2007-2011 gegenübergestellt und für die Folgejahre ein jährliches Controlling aufgesetzt.

Daraus ergeben sich folgende Zahlen:

| | *2007 – 2010* | *2011* |
|---|---|---|
| Kalk. Nutzen | 1,3 Mio. € | 397 T € |
| Kalk. Kosten | 1,2 Mio. € | 169 T € |
| Kalk. Ergebnisbeitrag | 0,1 Mio. € | 228 T € |

Ganz unstrittig ist, dass wir in puncto Unternehmenskultur durch die Internationalisierung in einer ganz anderen Liga spielen. Preußen Münster in der Champions League! Das geben die oben errechneten kalten Zahlen nicht wieder.

Über die Entwicklung unserer internationalen Marke sind wir sehr froh. Sie bestärkt uns in der Absicht, auf diesem Weg nicht nur weiterzugehen, sondern eine weitere Ebene der Professionalität zu erklimmen. Wir haben daher alle Prozesse im Umfeld von NCI unter der Verantwortung des neu ernannten Prokuristen Carsten Fröning zusammengeführt und den Geschäftsprozess in unserem Prozessmodell auf die höchste Unternehmensebene gehoben. Die Internationalisierung gehört zu einem elementaren Bestandteil unserer Marke und unserer Unternehmenskultur.

## III.2 VERBANDSARBEIT, NETZWERKE UND SOZIALES ENGAGEMENT

### Ziele von Verbandsarbeit, Netzwerke und sozialem Engagement

Ich glaube, dass wir mit unserem Unternehmen noventum heute in außerordentlicher Weise Verantwortung in Verbänden übernehmen, in sehr vielen persönlichen Netzwerken engagiert sind und außerordentliches soziales Engagement zeigen. Wie ist es dazu gekommen? Im Rückblick kann ich drei Ursachen dafür ausmachen, die schließlich zu einem umfassenden gesellschaftlichen Engagement geführt haben.

Der erste Ursachenstrang reicht in das Jahr 2001 zurück, als von den Schulpflegschaftsvorsitzenden des Gymnasiums, das meine Kinder besuchten, um Unterstützung beim Aufbau einer „Laptopjahrgangsstufe“ gebeten wurde. Das Projekt fand ich sehr spannend und lohnenswert und so war mein Interesse für ein erkenntnisreiches Projekt im Sinne eines Public-Private-Partnerships gewonnen. Schnell suchte ich Verbündete bei meinen Kunden, Geschäftspartnern und bei Wirtschaftsorganisationen. Dabei entwickelte sich ein Kontakt als besonders fruchtbar, und zwar der zum Bundesverband mittelständische Wirtschaft e.V., BVMW, unter der regionalen Leitung von Bernd Adamaschek, mit dem ich auch heute noch sehr freundschaftlich verbunden bin. Parallel engagierte sich mein Personalleiter Frank (P.) in der IHK als Prüfungsassessor für Fachinformatiker. Außerdem hat unser Marketingverantwortlicher Matthias mich ein wenig mit seiner Leidenschaft, dem Kunstsponsoring, angesteckt, sodass wir schon im Jahre 2002 ein wichtiger Sponsor des Münsteraner Theaters wurden und uns mit dem Slogan schmückten „noventum – the art of business“.

Über diese unterschiedlichen Kanäle entwickelten sich in der Folge vielseitige Kontakte zu mehreren allgemeinen Wirtschaftsverbänden und deren Mitgliedern, sowie später auch zu Branchenverbänden.

Der zweite Anlass für gesellschaftliches Engagement kam über die Erkenntnisse der Zukunftsforscher. Wenn ich die 11 Megatrends und deren gegenseitige Abhängigkeit ansah, war für mich an vielen Stellen offensichtlich, dass die Zukunft von Kooperation und Vertrauen geprägt sein muss, damit wir die steigende Komplexität beherrschen können. Als Optimist bin ich auch davon überzeugt, dass die Zukunft von Kooperation und Vertrauen geprägt sein wird, wohl wissend, dass dieser Zustand nicht vollständig und überall erreicht werden kann. Bestärkt hat mich bei dem Gedanken des gesellschaftlichen Engagements auch das Buch von Malcolm Gladwell „Tipping Point[36]“. Dieser erklärt, dass relevante Veränderungen u.a. dann entstehen, wenn Menschen, die etwas bewirken wollen, in vielen unterschiedlichen persönlichen Netzen aktiv sind.

Darüber hinaus wurde unser partnerschaftliches Engagement auch von einigen noventum Managern sehr stark vorangetrieben, die vertrauensvolle Beziehungen zu IT Fachverbänden und Wertschöpfungspartnern in unserer Dienstleistungskette gesucht und gefunden hatten.

Aus diesen drei Strängen hat sich im letzten Jahrzehnt ein außerordentliches Gesamtengagement ergeben. Nachdem sich anfangs vieles entwickelt hat, haben wir seit einigen Jahren daraus eine Strategie gestaltet. Unser gesellschaftliches Engagement gliedert sich aktuell in die Bereiche allgemeine wirtschaftliche Verbandsarbeit, Verbandsarbeit IT, Hochschulförderung, Kulturförderung, Sportförderung und allgemeine soziale Projekte. Wir haben uns bewusst vielseitig aufgestellt, verfolgen aber mit jedem Projekt, sowie auch mit der Summe der Projekte, klare Ziele und zwar:

- *Zeichen von Verantwortung setzen für unsere Mitarbeiter,*
- *Stärkung der Marke noventum,*
- *Zeichen von Kooperation und Vertrauen für andere Unternehmer setzen,*
- *Inspiration mit anderen Unternehmern austauschen,*
- *Horizont erweitern, um damit das eigene Unternehmen zu befruchten,*
- *Glaubwürdiges Employer Branding*
- *und Dokumentieren regionaler und persönlicher Verbundenheit.*

Die sozialen Projekte verfolgen nicht das Ziel, hierüber direkt neues Geschäftspotenzial zu generieren. Damit würde auch die Vertrauensbasis, die vielen Engagements zugrunde liegt, belastet werden. Eine Erhöhung der Geschäftschancen durch eine starke Marke, sowie die Erhöhung der Attraktivität für heutige und zukünftige Mitarbeiter, ist jedoch durchaus beabsichtigt.

## Handlungsfeld Verbandsarbeit Wirtschaft

Mein Engagement im BVMW umfasste in der letzten Dekade viele unterschiedliche Projekte, von der Mitfinanzierung der Kulturveranstaltungen „Augenblicke" und „Lichterfest" über die Mitwirkung an lokalen Unternehmertreffen bis hin zur Mitgestaltung des bundesweiten Innovationsforums in Bonn. Zusätzlich war es für mich immer ein ganz besonderer Genuss, an den BVMW Explorationsreisen ins Ausland unter dem Titel „Horizonte" teilzunehmen. Diese führten nach Istanbul, Moskau, Dublin, Südafrika und zuletzt nach Israel. Alles Ziele, die für unsere Auslandspläne von großem Interesse waren und die wir Dank der großartigen Vorbereitung durch den Veranstalter BVMW auf eine besonders intensive Weise kennenlernen konnten. Ebenso habe ich durch den BVMW einige hochkarätige Managementberater kennen und schätzen gelernt, von deren Lehren ich mir viele Scheiben abschneiden konnte. Der größte Wert dieser aktiven Verbandsarbeit sind jedoch die vielen Unternehmerkollegen, deren Freundschaft ich gewinnen konnte und die mich auf unglaublich vielfältige Weise inspiriert haben. Ganz vorne steht dabei der BVMW Regionalleiter und zeitweilige Bundesgeschäftsführer Bernd, mit dem ich in den letzten zehn Jahren viele sehr spannende Veranstaltungen organisiert habe.

BVMW „Augenblicke" (2012)

Auch mit der Industrie- und Handelskammer hat sich schon früh ein sehr kooperatives Verhältnis entwickelt, insbesondere, da auf Mitinitiative der IHK zwei für uns wichtige IT Initiativen gestartet wurden, und zwar das IT-Forum Nord Westfalen, sowie das Institut für angewandte Informatik. Als eine besondere Wertschätzung empfand ich dann meine Berufung in den IHK Außenhandelsausschuss, eine Auswahl aus ca. 30 regionalen Unternehmern, die sich überwiegend als „Global Player" bzw. als „Hidden Champions" bezeichnen können. Unser noventum Internationalisierungskonzept hatte offensichtlich schon einige Aufmerksamkeit auf sich gezogen, auch wenn ich in dem Kreis der anderen Ausschussmitglieder offensichtlich der Junior war, jedoch mit einem ungewöhnlichen Konzept.

Meine Leidenschaft für das Thema Zukunftsmanagement, das Lesen vieler Bücher hierzu – von Naisbitt über Micic zu Horx – führte dann folgerichtig zum Future Circle Membership im Horx'schen Zukunftsinstitut. Seitdem pflegen wir mit diesem Institut ein enges Verhältnis, tauschen uns vertrauensvoll miteinander über die Zukunft aus, halten gegenseitig auf unseren Veranstaltungen Vorträge und reisen seit einigen Jahren mit einer großen Zahl von Geschäftsfreunden, für die wir ein Ticketpaket buchen, zum alljährlichen Zukunftskongress nach Frankfurt. Der besondere Charme der Community des Zukunftsinstituts ist die branchenübergreifende, gemeinsame, optimistische Sicht auf die Zukunft.

Seit wir in der Spitzengruppe der besten Arbeitgeber Deutschlands sind, nehmen wir außerdem oft an Netzwerkveranstaltungen des Great Place to Work® Instituts teil. Der Austausch von Best Practices geschieht dabei auf sehr hohem Niveau und ist ungeheuer inspirierend. Ein kleines Highlight war dabei auch, als ich gemeinsam mit Reinhard K. Sprenger, dem Great Place to Work® Geschäftsführer Frank Hauser und einer Zukunftsforscherin eine Podiumsdiskussion mitgestalten durfte, moderiert von Manni Breuckmann.

Inzwischen hatte es sich in Münsters Wirtschaft herumgesprochen, dass ich mich sowohl erfolgreich für eine vertrauensbasierte Unternehmenskultur engagierte, als auch in gewisser Weise ein Zukunftsexperte war. Dieses Profil hatte die Verantwortlichen des Münster Marketings, ein sehr erfolgreicher Geschäftsbereich der Stadtverwaltung Münster, auf mich aufmerksam gemacht, sodass ich zu einer der Beiratssitzungen als Gast eingeladen wurde. Der ehrwürdige Prof. Dr. Heribert Meffert war damals der Beiratsvorsitzende und verteidigte eindrucksvoll seinen Markenfokus „Münster – Wissenschaft und Lebensart". Ich erlaubte mir, darauf hinzuweisen, dass Lebensart nicht nur am Wochenende auf dem Prinzipalmarkt und am Aasee stattfindet, sondern täglich im Büro durch Vertrauenskultur erlebt werden sollte. Ich plädierte schon damals dafür, dass möglichst viele Münsteraner Unternehmen sich einer vertrauensbasierten Unternehmenskultur verpflichten sollten. Bei der kurz darauf folgenden Neuwahl des Beirats war ich als ordentliches Mitglied dabei, was mich sehr stolz machte, denn dieser Beirat war hochkarätig besetzt und es war mir eine große Ehre, bei der Kommunikation der Lebensqualität meiner Heimatstadt ein wenig mitwirken zu können.

Nicht nur in Münster war bekannt, dass noventum dreimal hintereinander als bester Arbeitgeber Deutschlands ausgezeichnet wurde. Auch der Bestsellerautor im Bereich der Strategiebücher, Stefan Merath, war auf mich aufmerksam geworden. Stefan hatte mit seinen beiden Büchern „Der Weg zum erfolgreichen Unternehmer[37]" und „Die Kunst, seinen Kunden zu lieben[38]" große Aufmerksamkeit erzielt und wollte entsprechend seiner Vision „Unternehmerstars" als Vorbilder aufbauen. Ich durfte in diesem Kreis dabei sein. Sein großes Ziel ist es, dass es in Deutschland attraktiv wird, Unternehmer zu sein. Mich erfüllt diese Mission ebenfalls sehr stark. Darüber hinaus ist es wiederum für mich persönlich eine ausgezeichnete Inspirationsquelle, mich mit den anderen „Unternehmerstars" in Stefans Umfeld auszutauschen.

Unabhängig von meinen Tätigkeiten in Wirtschaftsverbänden hat sich unser Personalleiter Frank (P.) ebenfalls engagiert. Einerseits unterstützt er seit vielen Jahren die IHK im Prüfungsausschuss für Fachinformatiker, was ihm und uns einen guten Überblick über das Niveau der Auszubildenden ermöglicht. Zum anderen ist er aktives Mitglied in der regionalen Erfahrungsaustauschgruppe der Deutschen Gesellschaft für Personalmanagement, DGFP, wodurch er sich ein hilfreiches „Personalernetzwerk" aufgebaut hat, in dem viele Ideen und Erfahrungen ausgetauscht werden. Inzwischen konnte ich auch mein Wissen über Unternehmenskultur à la Great Place to Work® und meine Erkenntnisse über die Zukunft in die DGFP Gemeinschaft einbringen und für diese einige Vorträge und Workshops halten, sowie vielen interessanten Vorträgen lauschen. Weitere regionale Bekenntnisse sind unsere Mitgliedschaft im Münsterland e.V. und unsere Unterstützung der Bürgerstiftung Münster.

Die genannten Engagements in Wirtschaftsverbänden sind branchenunabhängig und überwiegend mittelständisch ausgerichtet. Sie sind also als Forum zum Wissensaufbau in den noventum Dienstleistungen und als Kundengewinnungsplattform kaum geeignet. Diesem Zweck dienen sie auch nicht. Vielmehr geht es mir dabei primär um ein Engagement für unseren Wirtschaftsstandort, insbesondere, da ich zeitlebens der Region Münster verbunden bin. Ebenso glaube ich, dass diese Form von Vernetzung unsere Marke stärkt und auf indirektem Wege Geschäfte für uns ermöglicht, die wir direkt gar nicht identifizieren würden. Hier verweise ich gerne noch einmal auf Malcolm Gladwells „Tipping Point[39]“.

## Handlungsfeld Verbandsarbeit Informationstechnologie

Selbstverständlich haben wir uns auch in der IT Gemeinde aktiv vernetzt. Überregional und umfassend arbeiten wir im größten IT Verband Deutschlands, dem BITKOM mit, wo wir uns insbesondere in die Arbeitskreise Vertrieb, IT Consulting, IT Outsourcing und Personalentwicklung in vielfältiger Weise einbringen. Insbesondere, wenn ich meine Lieblingsthemen Unternehmenskultur und Zukunftsmanagement in den Kontext der quartalsweise stattfindenden Treffen integrieren kann, teile ich meine Erfahrungen gerne mit den anderen Teilnehmern, welche Kunden, Wettbewerber, Subunternehmer oder einfach Inspirateure sein können. Meine noventum Kollegen bringen sich in die BITKOM Arbeitskreise ebenfalls gerne durch Fachvorträge ein, sodass noventum in der BITKOM Gemeinde inzwischen auch keine unbekannte Marke mehr ist. Unsere Kontakte zur BITKOM sind auch dadurch weiter ausgebaut worden, dass dieser Verband jetzt Hauptunterstützer des durch das Great Place to Work® Institut 2012 ins Leben gerufenen Wettbewerbs „Beste Arbeitgeber in der ITK“ geworden ist.

Weitere IT-fachbezogene Engagements betreiben einige unserer Mitarbeiter beispielsweise aktuell im ITsmf, in der DSAG, in der DOAG, im Inner Circle der Microstrategy User Group und in der ISO Gruppe, die IT Outsourcing Standards setzt.

In all den oben genannten Verbänden übernehmen unsere Mitarbeiter Verantwortung durch eine Führungsrolle. So bringen sie sich einerseits mit ihren Erfahrungen ein und können andererseits auch mitgestalten.

Eine weitere wichtige Organisation, für die ich mich in der Rolle des aktuellen Vorstandssprechers sehr engagiere, ist das IT-Forum Nord Westfalen. Entstanden ist dieses Forum aus dem Wunsch des IT Koordinators der IHK Nord Westfalen und einigen wenigen IT Unternehmern aus unserer Region. Die Idee dabei ist der regelmäßige, d.h. quartalsweise Erfahrungsaustausch unter Wettbewerbern und Kooperationspartnern in der Region.

IT-Forum Nord Westfalen und IHK Nord Westfalen diskutierten am 24. November 2011 die Kooperation Hochschule-Wirtschaft

Eine bewährte Regel dabei war von Anfang an, dass nur die Inhaber oder Geschäftsführer bzw. Vorstände der Mitgliedsunternehmen dabei sein dürfen. Dies hat dazu geführt, dass immer die gleichen Köpfe dabei waren und sich so auch unter Wettbewerbern ein echtes Vertrauensverhältnis entwickelt hat. Heute hat das IT-Forum Nord Westfalen mehr als 40 Mitgliedsunternehmen mit steigender Tendenz und steht für den größten IT Cluster in der Region. Es wird nicht überraschen, dass ich mich dort mit zwei Themen ganz besonders einbringe, und zwar mit dem Thema Zukunftsmanagement und Unternehmenskultur. So haben wir schon vor Jahren mit den Mitgliedern eine mehrtägige Zukunftskonferenz durchgeführt und arbeiten aktuell an einer gemeinsamen Arbeitgebermarke zur IT Fachkräftegewinnung in der Region.

Ein komplettes Eigengewächs wiederum ist die noventum Management Lounge, die seit 2009 zwei Mal pro Jahr durchgeführt wird. Wir laden hierzu renommierte Referenten aus dem deutschsprachigen Raum ein, die den von uns eingeladenen teilnehmenden CIOs aus unserer Region einen Blick über den täglichen Tellerrand ermöglichen. Die noventum Management Lounge ist unser Beitrag zu regionalen CIO Netzwerken.

## Handlungsfeld Hochschulkooperation/Bildung

Mit der Erkenntnis, dass der demografische Wandel zu einem IT Fachkräftemangel führen wird und dass sich dadurch für unser Unternehmen eine große Chance ergibt, habe wir uns Anfang des Jahrtausends auf den Weg nach einem Zugang zu den Hochschulabsolventen der Wirtschaftsinformatik gemacht. Da ich die Rektorin der Universität Münster noch aus den Zeiten kannte, als wir gemeinsam für das Laptopprojekt am Gymnasium gekämpft hatten, organisierte ich bei ihr einen Termin zum Ausloten von Kooperationsmöglichkeiten. Dieser Termin war die Eintrittskarte zu vielen wichtigen Partnern an der Universität Münster, so zu den Professoren der Wirtschaftsinformatik und zum Career Service.

In der Folge entwickelte sich eine enge Zusammenarbeit mit dem European Research Center of Information Systems (ERCIS) an der Universität Münster. Besonders intensiv gestaltete sich die Zusammenarbeit mit Masterstudenten während der dreimonatigen Projektseminare mit jeweils ca. zehn Studenten. In einem Fall entwickelten wir die Innovationsmanagementsoftware *lightbulb 2.0*, in einem anderen Fall einen Prototypen für ein neuartiges Rechenzentrumscockpit. Das entscheidende daran war jedoch nicht die erstellte Software, sondern die enge Beziehung, die sich während des Projektes zu den Studenten aufbaute. Inzwischen arbeiten einige dieser Studenten für uns als Consultants, die anderen sind für uns als Markenbotschafter unterwegs und kommen später über Umwege zu uns. Oder empfehlen uns bei ihren Freunden.

Gleichermaßen pflegen wir enge Kontakte zu den Wirtschaftswissenschaftlern der Fachhochschule Münster. Viele der Professoren schätzen es, wenn wir ihren Studenten einen Einblick in das Berufsleben gewähren, sei es durch Vorträge, Gastvorlesungen, Praktika oder Bachelor- und Masterarbeiten. Insbesondere die Bachelor- und Masterarbeiten helfen uns sehr konkret, einige unserer Geschäftsideen durch wissenschaftliche Unterstützung weiter auszuarbeiten oder zu überprüfen. So haben wir auf diese Weise u.a. unser Internationalisierungskonzept ausgearbeitet, den Nutzen unserer Arbeitgebermarke ermittelt, den Wert unserer Marke bestimmt und unser Franchisekonzept verfeinert. Besonders intensiv ist die Zusammenarbeit mit dem Science-to-Business Marketing Research Centre der Fachhochschule Münster. Es überrascht sicher nicht, dass viele der Bachelor- und Masterstudenten, die ihre Thesis bei uns beschrieben haben, dann auch direkt bei uns angeheuert haben. Schön ist auch, dass wir bei den Absolventen der Wirtschaftswissenschaften viele junge Frauen gewonnen haben, die unser Geschlechterverhältnis ein wenig aufgebessert haben.

Eine Gemeinschaftsaktion des ERCIS und der IHK Nord Westfalen ist die jährliche Preisverleihung des Instituts für angewandte Informatik an Studenten, die besonders praxisnahe Informatikarbeiten erstellt haben. Ich bin stolz darauf, dass ich zu einem sechsköpfigen Juryteam zähle. Gerne binde ich bei der verantwortungsvollen Jurytätigkeit auch meine Mitarbeiter ein, für die diese Tätigkeit eine willkommene Erinnerung an ihre eigene Studentenära ist.

ERCIS Launch Pad verleiht zum fünften Mal Preise für IT Startups (2012). noventum beteiligt sich an der Auswahl der Preisträger

Völlig unabhängig von Themen der Wirtschaftswissenschaften und der Informatik agiert der Career Service für die Universität und die Fachhochschule Münster. Gerne halte ich zusammen mit einem meiner Mitarbeiter pro Semester einen zweitägigen Workshop zu übergreifenden Themen, z.B. zur Globalisierung, zur Zukunftsforschung oder zu Grundlagen der Betriebswirtschaftslehre. Die Teilnehmer kommen aus unterschiedlichsten Fachrichtungen und kommen sehr selten für eine Tätigkeit in unserem Unternehmen in Frage. Dennoch ist es mir eine große Freude, mit ihnen mein Wissen zu teilen. Und wer weiß, vielleicht ist ja einer ihrer Kommilitonen Informatiker und hat Lust, ein spannendes Unternehmen wie unseres kennenzulernen.

Für die unternehmerisch denkenden Wirtschaftsinformatiker, konkreter für die Studenten der Wirtschaftsinformatik, die mit einer innovativen, IT-basierten Geschäftsidee ein Unternehmen gründen wollen, wurde vor einigen Jahren von Prof. Gottfried Vossen der ERCIS Launchpad ins Leben gerufen. Interessierte zukünftige Jungunternehmen reichen ihre Geschäftsideen bei der Jury, der ich auch angehöre, ein und präsentieren später in 15 Minuten ihr Konzept. Anschließend werden die drei Gewinner durch die Jury ermittelt und mit Geldpreisen geehrt. So erhalten die eingereichten Geschäftsideen finanziell ein wenig Unterstützung. noventum ist dabei einer der Stifter.

Das Rektorat der Universität Münster pflegt seit einigen Jahren ein Kommunikationsforum mit einigen Vertretern der Wirtschaft und der Wirtschaftsverbände. Es ist mir eine große Freude und Ehre, zu diesem Kreis dazuzugehören, meine Ideen dort einzubringen und dadurch meine Verbundenheit zur Universität und deren Lehrkräften zu unterstreichen.

Aus einer anderen Richtung kam dann vor zwei Jahren eine weitere Anfrage, mich fördernd für die Universität Münster einzusetzen. Der damalige Förderkreis der Universität Münster, der inzwischen umbenannt wurde in Universitätsgesellschaft, fragte mich nach einer Tätigkeit als Kuratoriumsmitglied. In dieser Rolle sollte ich neben einigen Persönlichkeiten der regionalen Wirtschaft die Public-Private-Partnerships zwischen der Wirtschaft und Gesellschaft und der Universität mit Leben erfüllen. Es gilt dabei sowohl Förderpreise zu verleihen, als auch besondere Infrastrukturprojekte für die Studenten zu finanzieren. Gerne habe ich diese schöne Aufgabe angenommen und schätze den weiteren Kommunikationskanal zur Universität Münster.

Last but not least möchte ich auf unser außerordentliches Engagement bei der Hinführung der Schüler auf einen Beruf in der Informatik hinweisen. Mit großer Hingabe betreut unsere Cheftechnikerin Claudia jedes Jahr die jungen Mädchen beim „Girl‘s Day“. Ich hoffe und glaube, dass wir damit einen nicht unwesentlichen Beitrag zur Erhöhung der Attraktivität eines Informatikberufes für Frauen leisten. Schon ein Tag mit unseren sehr netten Azubis zeigt den jungen Mädchen, dass ein IT Beruf ganz schön viel Spaß machen kann und gar nicht so trocken ist, wie man denkt. A propos Azubis, unsere Quote und Qualität ist diesbezüglich meines Erachtens bemerkenswert. Jedes Jahr fangen bei uns zwei zukünftige Fachinformatiker und eine Marketingkauffrau mit ihrer Ausbildung an, sodass wir neun junge Menschen zeitgleich bei uns ausbilden. Es ist mir ein großes Vergnügen zu sehen, wie sich unsere Azubis entwickeln, schnell Verantwortung übernehmen und dann bald nicht mehr wegzudenken sind aus unserer Unternehmenskultur. Diesen jungen Menschen bieten wir im Übrigen neben der fachlichen Ausbildung eine besondere Qualifikation. Sie nehmen an der Junior Management Akademie des BVMW teil und bekommen bei den dort stattfindenden Seminaren Top Managementreferenten wie Jörg Löhr u.a. zum Anfassen geboten.

Zusammenfassend zum Thema Hochschulkooperation möchte ich betonen, dass wir damit sowohl gesellschaftliche Verantwortung für die Entwicklung junger Menschen übernehmen, als auch ein substantielles Employer Branding durchführen. Wir ziehen die intensive Zusammenarbeit mit den Studenten und die damit zu erwartendende Mundpropaganda aufwändigen Messeständen auf Bewerbermessen vor.

## Handlungsfeld Kultursponsoring

Als wir im Jahre 2001 die Entscheidung trafen, dass unser Unternehmen unter der neuen Marke noventum auftreten sollte, entschieden wir uns auch gleichzeitig für unser erstes größeres Kultursponsoringprojekt, ja sogar für unser erstes richtiges CSR Projekt. Anstifter war unser Marketingverantwortlicher Matthias, der in seinem prä-noventum Leben auf der anderen Seite für Kultureinrichtungen Sponsoren gewinnen musste. Er überzeugte mich davon, dass wir das Unternehmen noventum mit einem gleichermaßen emotionalen wie anspruchsvollen Slogan ergänzen sollten. „noventum – the art of business". Das klang richtig cool. Und damit dieser Slogan richtig aufgeladen wurde, haben wir uns als trockene IT Beratung dann dank Matthias umfassend dem Thema Kunst gewidmet. Wir haben unsere gesamten neuen Broschüren mit Ausschnitten alter Meister verziert und verschiedene Sponsoringprojekte gestartet. So unter anderem die Förderung der quartalsweise wechselnden Ausstellung „in situ" am Stadttheater Münster, wie auch das Mitwirken an der weltweit angesehenen Freilichtausstellung Skulptur 2007 in Münster. Im Kontext des Kultursponsorings haben wir dabei immer die Kommunikation mit den Kunden sehr ernst genommen. Wir haben zu vielen der „in situ"-Vernissagen im Stadttheater unsere Kunden eingeladen und anschließend die Gelegenheit genutzt, gemeinsam ein Theaterstück zu besuchen. Gleiches gilt für die Skulptur 2007, zu der wir im Rahmen eines Sommerfestes mit ausführlicher Führung ebenfalls unsere Kunden integrieren konnten. So gelang es uns, eine Marke mit hoher Wiedererkennung und Außergewöhnlichkeit aufzubauen. Eine IT Beratungsfirma, die über Kunst kommuniziert, das hat uns aus der Masse der technologieorientierten Unternehmen hervorgehoben und das hat uns das Image des „Über-den-Tellerrand-Guckers" verschafft. Ich glaube, dass die positiven Resonanzen auf die Kommunikation via Kunst und das Kunstsponsoring uns Mut gemacht hat, anders zu sein und gleichzeitig als Profis der IT Beratung wahrgenommen zu werden.

Mutig war sicherlich auch das Kulturprojekt Elefantenpark, wobei ich gar nicht sicher bin, ob ich das Projekt Elefantenpark als Kulturprojekt bezeichnen kann. In jedem Fall ist der Elefantenpark inzwischen auch ein Wahrzeichen meiner Heimatstadt Münster, sodass ich dieses besondere Projekt an dieser Stelle gerne darstelle. Die Idee, den Elefantenpark im Allwetterzoo Münster zu unterstützen, ist dadurch entstanden, dass ich eines Tages eine E-Mail vom Zoodirektor Jörg Adler erhielt, in der er mir zum erstmaligen Gewinn des Great Place to Work® Wettbewerbes gratulierte, jedoch nicht ohne dies mit einer Bitte zu verknüpfen. Er meinte, dass noventum doch für eine „artgerechte“ Haltung von Mitarbeitern stehe und deshalb mit ihm ein Projekt zur artgerechten Haltung von Tieren in Angriff nehmen könnte. Seine Vision war damals, dass der Elefantenpark im Münsteraner Zoo um ein Vielfaches vergrößert werde sollte. Dafür würde er auch seinen Ruhestand, der in 2012 anstand, vorerst nicht antreten, sondern sich mit aller Kraft für dieses ehrgeizige Projekt einsetzen. Ohne genau zu wissen, auf was wir uns damit einließen, sagte ich ihm meine Unterstützung zu. Im ersten Schritt erfolgte unsere Unterstützung mittels der Strukturierung des Projektes und der Erstellung von Broschüren zum Überzeugen von Entscheidungsträgern in der Stadtverwaltung Münster. Hierzu riefen wir dann gemeinsam die Westfälische Unternehmerinitiative „Artenschutz“, WUA, ins Leben. Nach den üblichen bürokratischen und langwierigen Entscheidungsrunden mit der Stadt Münster, die verständlicherweise den hohen Investitionen für das Projekt Elefantenpark kritisch gegenüberstand, war der Deal am Ende klar. Sollte Jörg Adler es gelingen, 800.000 € von Münsters Unternehmen für den Elefantenpark einzusammeln, würde die Stadt Münster ihren Teil dazu beitragen, den Elefantenpark zu finanzieren. Für Jörg Adler hieß dies, dass er bei Scheitern des Sponsoringplanes dem Zoo einen großen Schuldenberg hinterließe, der auf Jahrzehnte den Spielraum einengen würde. Wer Jörg Adler kennt, weiß, dass dies für ihn keine Option war. Nun wurde es ernst. Gemeinsam entwickelten wir erste Ideen, die 800.000 € zusammenzukratzen, ein elefantöser Berg an Sponsorengeld. Jörg Adler trommelte als Multiplikatoren Botschafter des Elefantenparks aus Politik, Wirtschaft und Gesellschaft zusammen, von denen ich einer sein durfte und organisierte mit mir die Elefantenrunde, eine Fundraisingeröffnungsparty mit dem Oberbürgermeister als Schirmherrn, Götz Alsmann als musikalischem Unterhalter und mir als Unternehmensvertreter, der den anderen 300 Gästen aus der Wirtschaft eine Elefantenparkspende schmackhaft machen durfte. Kurz zuvor wurde das Projekt auch dadurch professionalisiert, dass der Zoo einen Zeitvertrag mit einem fachkundigen Fundraiser abschloss und sich durch eine erfahrene Münsteraner Werbeagentur unterstützen ließ. Nach der Elefantenrunde konnte das Elefantenparkprojekt fast täglich einige kleine und in größeren Abständen manche größeren Spendeneingänge verzeichnen. Die Sponsorenwand wuchs und wuchs und das Projekt Elefantenpark wurde Dank der Unterstützung vieler Multiplikatoren bald an vielen Orten im Stadtbild präsent.

Jörg Adler und Uwe Rotermund vor der Sponsorenwand
im Münsteraner Allwetterzoo

Heute, einige Monate nach Eröffnung des Elefantenparks, ist die Millionenmarke längst geknackt, das Spendenziel wurde weit übertroffen und immer noch gehen Spenden ein. Für den Zoo heißt das, dass damit der Spielraum für zukünftige Projekte zur Verbesserung der Lebensbedingungen der Tiere deutlich größer geworden ist. Die Münsteraner Wirtschaft hat ein deutliches Zeichen für eines seiner Wahrzeichen gesetzt. Durch die hohe Wahrnehmung dieses Projektes in der Öffentlichkeit und durch unser initiales Engagement für dieses Projekt ist noventum bei vielen Menschen aus dem

Kreis unserer Geschäftsfreunde mit diesem Projekt verknüpft. Tatsächlich ist dieser Projekterfolg fast ausschließlich dem großartigen Engagement von Jörg Adler zu verdanken. Ich bin froh, dass wir zu einem frühen Zeitpunkt dabei waren und durch die Verbreitung seiner Vision einige Menschen mobilisieren konnten.

## Handlungsfeld Soziale Projekte

Mit Skateboards ein bisschen mehr Frieden in die Welt bringen. Dafür steht der Skateboardpapst Titus Dittmann, der mit seiner Titus Dittmann Stiftung Halfpipes an Orten in der Welt baut, die entweder durch kriegerische Unruhen oder Armut gekennzeichnet sind. So bringt er ein Stück Freude und Lebensbejahung in diese Regionen. „Skateboards statt Kalaschnikows" ist sein Motto, skate-aid heißt sein Verein. Mit Titus bin ich schon sehr lange befreundet. Am Anfang von skate-aid stand vor fünf Jahren der Skatebaordpark in Karokh, Afghanistan. Als Titus mich um meine Unterstützung in Form der Finanzierung des Fluges eines Skateboardhelfers nach Afghanistan bat, habe ich sofort zugesagt.

Mit Skateboards ein bisschen mehr Frieden in die Welt bringen: Titus Dittmann, Uwe Rotermund und Oliver Percovic

Damit fing skate-aid an und dehnte sich danach mit ähnlichen Projekten nach Südafrika, Tansania, Uganda, Kenia, Costa Rica, Brasilien und Datteln aus. Finanziert wurden diese Projekte u.a. durch die jährliche skate-aid Sponsorengala, an der wir regelmäßig mit interessierten Mitarbeitern und vielen Geschäftsfreunden teilnahmen und dabei traditionell die Tische in der ersten Reihe bekamen. Meist wurde dann auf der Gala auch ein kleines Fundraisingprojekt von uns für skate-aid präsentiert. Im vergangenen Jahr hatten wir z.B. auf dem Volksbank Münster Marathon einen Sponsoringstaffellauf mit Einbeziehung unserer Geschäftsfreunde und Mitarbeiter unter dem Motto „noventum runs – skate-aid wins" organisiert.

noventum consulting beim Volksbank Münster Marathon 2012
„noventum runs – skate-aid wins"

Das war wieder unsere Handschrift. Wir engagieren uns im Rahmen unserer bescheidenen Möglichkeiten und betätigen uns als Botschafter und Multiplikatoren, um andere zusätzlich für das Projekt zu gewinnen. Als willkommene Nebenwirkung, jedoch nicht als Hauptmotivation, erhöhen wir dabei unsere Bekanntheit, stärken unsere Marke und lernen interessante Menschen kennen.

Bei einem anderen Sozialprojekt, dem Bau einer Schule im Südsudan, konnten wir sogar alle unsere Mitarbeiter beteiligen. Ein guter Freund und erfolgreicher Architekt hatte seine Karriere an den Nagel gehängt, um für die Ärmsten der Armen in Rumbeck, Südsudan, ein Schulgebäude mit eigenen Händen zu bauen. Back to the basics. Seine Erzählungen aus Rumbeck hatten mich tief beeindruckt und auch da war klar, dass wir uns irgendwie an dem Projekt beteiligen würden. Ich lud Martin „Marial" Grütters während seines Heimaturlaubs zu einer großen Mitarbeiterversammlung ein und bat ihn, dort das Projekt vorzustellen. Sein Vortrag hatte uns alle zutiefst gerührt und wir beschlossen, dass noventum für jede fakturierte Stunde jedes Mitarbeiters einen Betrag von 0,10 € an das Schulprojekt in Rumbeck spenden würde. Somit machte es den Mitarbeitern noch mehr Freude, Geld beim Kunden zu verdienen und die Identifikation mit dem Projekt war riesengroß. Regelmäßig erhielten wir Post aus Rumbeck mit den Baufortschritten und veröffentlichten ebenso die von den einzelnen Mitarbeitern durch ihre Einsätze beim Kunden generierten Spenden.

Das dritte Sozialprojekt, die Global Biking Initiative GBI, die ich hier darstellen möchte, wurde auf Initiative unseres Mitarbeiters Dieter McDevitt und mit Integration vieler weiterer Mitarbeiter durchgeführt. GBI ist eine von unserem Kunden Vodafone als Hauptsponsor durchgeführte große, internationale Sponsorenradtour zu Gunsten von Straßenkindern. Dieter begibt sich jährlich mit vielen Mitstreitern aus anderen Unternehmen auf eine lange Reise, z.B. von Mailand nach Düsseldorf und lässt sich von unserem Unternehmen und unseren Mitarbeitern zu Gunsten der Straßenkinder mit einem finanziellen Beitrag belohnen.

Viele weitere kleinere Sozialprojekte, die oft keine besondere öffentliche Aufmerksamkeit erhalten, aber nicht weniger hilfreich sind, werden von Zeit zu Zeit von unseren Mitarbeitern an mich herangetragen. Sofern ein Mitarbeiter für dieses Projekt Pate steht und sich persönlich engagiert, gebe ich schnell und unbürokratisch einen noventum Spendenbetrag. Beispiele hierfür sind die Ernährungswerkstatt für Grundschulkinder, Unterstützung des Herzzentrums zur Beschaffung eines neuen lebensrettenden Gerätes, die Finanzierung eines Ausflugs für krebskranke Kinder u.v.m.

Eine leicht zu erfüllende Bedingung für meine Mitarbeiter, die mich um eine Spende bitten, ist dabei, dass sie intern das Projekt via Intranet und auf der Mitarbeiterversammlung öffentlich machen, um damit für die Kollegen ein Vorbild zu sein. Außerdem erstellen wir für jede Initiative dieser Art einen kleinen Projektbericht in unserem CSR Handbuch.

## Handlungsfeld Sportsponsoring

Die letzte Kategorie gesellschaftlicher Verantwortung ist das Sportsponsoring. Unser erstes Projekt wurde von unserem Marathonläufer und Triathleten Klaus Schulte ins Leben gerufen. Als Vorstandsmitglied von Münsters Lauf- und Schwimmverein kam er auf die Idee, einen Volkstriathlon ohne Radfahren zu organisieren. Ihm fehlte noch der Hauptsponsor, sodass er dann seinen Arbeitgeber noventum fragte, ob es demnächst den noventum Aquathlon geben sollte. Warum nicht? Die Kosten waren überschaubar und bald konnte es losgehen. In bewährter Manier haben wir sowohl unsere Mitarbeiter, unsere Kunden, als auch unsere Geschäftspartner aufgerufen, als aktive Sportler die 300 m Schwimmen und den 5-km-Lauf zu absolvieren. Dazu hat die lokale Presse für ein bisschen Öffentlichkeit gesorgt.

Etwas überregionaler war die Deutsche Meisterschaft im Trampolinspringen angelegt, die in den Jahren 2010 und 2011 in Münster stattfand. Einer der ehemaligen Spitzentrampoliner ist unser Mitarbeiter Frank Wübken, der als Verantwortlicher des Münsteraner Trampolinclubs mit der Organisation der Deutschen Meisterschaft beauftragt war. Seine erste Adresse bei der Suche nach Sponsoren war natürlich sein Arbeitgeber noventum. So wurde noventum zum Hauptsponsor der beiden Deutschen Trampolinmeisterschaften und ich hatte die Ehre, den deutschen Trampolinmeistern die Medaillen um den Hals zu hängen. Ich weiß nicht, ob sich die Spitzensportler wirklich darüber gefreut haben, dass ein Trampolinfremder Ihnen diese Anerkennung aussprach.

noventum als Sponsor der Deutschen Meisterschaft im Trampolinspringen 2010

Kommen wir wieder zum noventum Sport. Unser Fußballgott Thorsten Schmidt, ehemaliger Landesligaspieler, und sein Bruder Frank machten mir vor einigen Jahren den Vorschlag, eine Betriebssportgruppe Fußball zu gründen. Passt das zu uns? Ist das nicht etwas für die Altherren der großen Behörden in Münster? Können wir unsere Berater jede Woche aus den Projekten zusammentrommeln? Das Verfügbarkeitsproblem haben wir dadurch gelöst, dass wir ein Kooperationsteam mit dem Münsteraner Verlag „Münster geht aus" geformt haben. Und los ging es ganz unten. Als Novize mussten wir in der untersten Spielklasse antreten. Was dann kam, war die Hoffenheim-Erfolgsgeschichte. In der ersten Saison wurden wir gleich Meister und stiegen in die nächsthöhere Klasse auf. Gleiches schafften wir auch im Folgejahr, sodass wir uns als erneuter Meister dann nach zwei Jahren in der höchsten Spielklasse des Betriebssports wiederfanden, wo wir wiederum auf Anhieb Meister und Pokalsieger wurden. Das nenne ich Erfolgsorientierung. Ich war mächtig stolz auf unsere Sportler!

noventum Betriebssportmannschaft mit Kooperationsteam „Münster geht aus“

Fehlt ein letztes Sportsponsoringprojekt. Als Münsteraner und ehemaliger B-Jungendspieler vom SC Preußen Münster durften wir natürlich nicht fehlen im Club der Business Sponsoren, wobei ich dabei ein bisschen überrumpelt wurde, was ich aber keinesfalls bereue. In 2010, als wir zum ersten Mal die Goldmedaille „Deutschlands Beste Arbeitgeber“ verliehen bekamen, haben wir direkt im Anschluss an die Preisverleihungszeremonie dem Vorstandsvorsitzenden der TUJA AG, Thomas Bäumer, welcher ebenfalls mit seinem Unternehmen zu den 100 besten Arbeitgebern Deutschlands zählte, in unserer Euphorie versprochen, dass wir Business Sponsor des SCP werden, sofern die Mannschaft in die 3. Liga aufsteigt. TUJA ist Hauptsponsor vom SC Preußen Münster, Thomas Bäumer ist gleichzeitig Aufsichtsratschef des Vereins.

Es kam, wie es kommen musste. Als die Preußen das entscheidende Spiel gewonnen hatten, erhielt ich tags darauf einen Anruf von Thomas Bäumer, der mein Versprechen einforderte. Ehrensache, dass wir das dann auch taten und seitdem mit unseren vier VIP Tickets unsere Mannschaft von den besten Plätzen anfeuern dürfen. Wer ist denn hier VIP? Unsere Mitarbeiter und unsere Kunden natürlich. Die Regel lautete fortan, dass alle Mitarbeiter sich von Spiel zu Spiel um eines der VIP Tickets bewerben konnten, sofern sie sich von einem ihrer Kunden begleiten ließen. Ganz bewusst sollten dabei nicht nur die Führungs- und Vertriebskräfte die Entscheider der Kunden einladen, sondern unsere Projektmitarbeiter an der Basis die Kundenmitarbeiter an der Basis. So haben unsere Mitarbeiter in den letzten 18 Monaten schöne und erfolgreiche Spiele im Stadion erlebt und die Bindung zu ihren Projektkollegen vertieft. Als wir den Sponsoringvertrag unter Dach und Fach hatten, haben wir den ehemaligen Preußenspieler und jetzigen Manager Carsten Gockel zu unserer Mitarbeiterversammlung eingeladen, der uns sehr persönliche Einblicke in die Strategie des Klassenerhalts bieten konnte. Ein besonderes Highlight auf dem Fußballplatz war das Auflaufen der noventum Kids mit den Preußen Spielern gegen den Erzrivalen Arminia Bielefeld.

noventum „Einlaufkinder“ vor atemberaubender Kulisse im Stadion des SC Preußen Münster gegen Arminia Bielefeld

Vor ausverkauftem Haus und sehr angeheizter Stimmung war das für die Kinder und deren Eltern ein echtes Gänsehauterlebnis. Auch dieses Sponsoringprojekt dient uns nur am Rande der Werbung oder Öffentlichkeitsarbeit. Im Fokus stehen dabei viel mehr die „Magic Moments“ für unsere Mitarbeiter und unsere Kunden.

## Mission der gesellschaftlichen Wirksamkeit

Wahrhaftig, das ist ein großer und bunter Blumenstrauß von Projekten gesellschaftlichen Engagements. Und die Liste ist bei Weitem noch nicht vollständig. Die Vielseitigkeit ist bewusst gewählt und ist ein Abbild der Vielseitigkeit und Individualität unserer Menschen. Wirkung erzeugen wir dabei ganz persönlich und direkt, und zwar immer da, wo Menschen, die uns nahe stehen, für ein CSR- oder Verbandsprojekt stehen.

An dieser Stelle möchte ich nochmals auf die 3 Säulen der Daseinsberechtigung unseres Unternehmens hinweisen. Erstens wollen wir unseren Mitarbeitern ein Umfeld bieten, in dem sie zufrieden oder besser noch, in dem sie glücklich sind. Zweitens wollen wir einen kleinen Weltverbesserungsbeitrag leisten, indem wir entsprechende Projekte nach unseren Kräften unterstützen und viele Personen motivieren, sich uns anzuschließen bzw. eigene Aktivitäten zu entwickeln. Und drittens – und das auf gleicher Ebene, und nicht etwa übergeordnet – geht es uns darum, dass noventum angemessene Gewinne macht. Soviel Gewinne wie nötig sind, um das Unternehmen in sicherem Fahrwasser zu halten, eine Weiterentwicklung zu ermöglichen und den Mitarbeitern und Gesellschaftern Spaß am Erfolg zu geben. Nicht mehr.

Hierzu hat sich unsere Geschäftsleitung schon immer implizit, im Sommer 2010 auf dem Strategiemeeting in Barcelona jedoch auch explizit, bekannt. Diese Sichtweise und das darin verwurzelte Wertesystem unterscheiden sich von denen vieler anderer Unternehmen. Später habe ich die Ausführungen von Stefan Merath zum Thema Unternehmensmission in seinem Buch „Die Kunst, seinen Kunden zu lieben[40]" mit großem Interesse zur Kenntnis genommen. Nach seiner Missionspyramide stehen alle Unternehmen prinzipiell auf einer von vier Stufen des Nutzens. Auf der niedrigsten Stufe *P* stehen die Unternehmen, die nur darauf fokussiert sind, ihre eigenen Probleme zu lösen. Dabei haben sie kaum Zeit, sich auf eine strategische Entwicklung zu konzentrieren und schon gar nicht dafür, sich Gedanken über den Kundennutzen zu machen. Die nächsthöhere Stufe in Stefan Meraths Pyramide ist die Stufe *E*, bei der sich die Unternehmen auf die Egoziele des Unternehmens konzentrieren. Hier wird zwar das Unternehmen weiterentwickelt, aber nicht, um dem Kunden weiteren Nutzen zu bringen, sondern primär, um Ziele wie Umsatz, Marktposition, Gewinn u.ä. zu erreichen. In der dritten Stufe *K* befinden sich Unternehmen, die den Kundennutzen in den Vordergrund stellen und das Selbstvertrauen haben, dass sie angemessen dafür entlohnt werden, wenn sie Kundennutzen bieten. Ganz oben auf der Merath'schen Pyramide befinden sich wiederum Unternehmen, die nicht nur einen Kundennutzen bieten, sondern einen spürbaren Beitrag zur Weltverbesserung leisten. Diese Unternehmen haben die *W* Mission.[41]

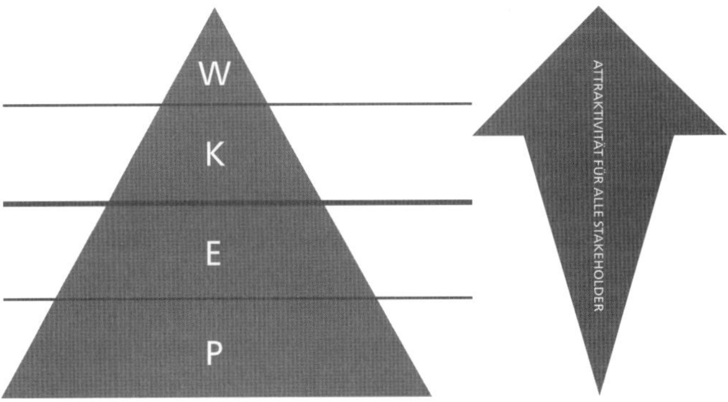


Abbildung 8: Missionspyramide nach Merath (Quelle: Eigene Darstellung)

Auf welcher Stufe befindet sich nun noventum und wie passt das zu dem noventum 3-Säulen-Modell? Auch hier wird wieder deutlich, dass noventum ein vielseitiges Unternehmen ist, das vermutlich auf drei Ebenen der Merath'schen Pyramide agiert. Das Bedürfnis, auf Augenhöhe mit den großen, internationalen IT Beratungsgesellschaften zu sein und kleine noventum-Franchises überall auf der Welt großzuziehen, ist wohl eher ein Egoziel, wobei sich dadurch parallel auch ein Kundennutzen ergeben soll. Wenn ich in mich hineinhöre, muss ich jedoch gestehen, dass es mich sehr befriedigt, Spuren zu hinterlassen und außergewöhnliche Erfolge unter anspruchsvollen Bedingungen zu erzielen. Das ist ein Egoantrieb, also *E*. Ganz im Sinne des Kunden und damit eine *K* Ausrichtung hat unser Anspruch, wie wir IT Managementconsultingprojekte durchführen. Unsere Vision macht dies sehr deutlich. Wir machen menschliche IT Managementberatungsprojekte, sind dadurch ganzheitlich und machen damit unsere Auftraggeber erfolgreich. Das ist Kundennutzen, also *K*. Ob unser Unternehmen mit seinen Dienstleistungen im Bereich IT Managementconsulting ein Weltnutzen erzeugt, ist für mich fraglich. Wir wissen es einfach nicht und wir richten uns auch nicht danach aus. Da wir für große IT Organisationen tätig sind, die wiederum in der Regel für große Konzerne Dienstleistungen erbringen, ist uns meist nicht transparent, wie diese die Welt am Ende beeinflussen. Ehrlicherweise muss ich auch gestehen, dass wir uns diese Frage nicht stellen und uns auch nicht auf Unternehmen ausrichten, die ein klares Weltverbesserungsziel haben. Und doch habe ich das sehr große Bedürfnis, auch auf der *W* Ebene zu arbeiten. Dies geschieht auf zweierlei Weise. Zum einen sind unsere vielfältigen CSR Aktivitäten ein *W* Beitrag. Zweitens bin ich Missionar im Thema Vertrauenskultur, wozu ich neben der IT Managementberatung eine zweite Marke *Corporate Culture Concepts – Forum zukunftsorientierter Unternehmenskultur* aufgebaut habe. Dies dient dem Zweck, andere Unternehmen bei dem Aufbau einer vertrauensbasierten Unternehmenskultur zu unterstützen. Ich bin fest davon überzeugt, dass es nicht nur jedem einzelnen Unternehmen hilft, wenn dort Vertrauenskultur herrscht, sondern dass sich eine gut organisierte Vertrauenskultur viral verbreiten kann und somit weite Teile einer Gesellschaft ansteckt. Das ist ein *W* Anspruch, denn es ist nachgewiesen, dass die Menschen deutlich glücklicher und gesünder sind, wenn sie ihren Mitmenschen vertrauen.

Warum ist es gut, seine Unternehmensmission möglichst weit oben in der Pyramide zu verankern? Auch, weil die Attraktivität für Mitarbeiter und Kunden umso mehr steigt, je höher das Unternehmen sich in der Pyramide einordnen kann. Menschen folgen ungern reinen Problemlösern und Egoisten, während man sich gerne Organisationen anschließt, die sich glaubwürdig für Kundennutzen einsetzen und die einen Beitrag zur Weltverbesserung leisten.

## III.3 INNOVATIVE VERANSTALTUNGEN

### Anlass und Zielsetzung

„Seid Ihr eigentlich eine Eventagentur oder eine IT Beratungsgesellschaft?“ Diese Frage hören wir nicht selten, da unsere Veranstaltungen aus dem Rahmen fallen und in Kreisen angekündigt werden, die für uns als Kunden nicht in Frage kommen. Solange unsere Zielkunden wissen, dass wir als IT Managementberatungsgesellschaft stehen und ihnen damit Nutzen bringen können, ist es aus meiner Sicht nicht schädlich, dass wir unsere Bekanntheit als innovatives Unternehmen insgesamt deutlich erhöht haben.

Entstanden ist die Idee, dass noventum Veranstaltungen im Bereich des Zukunftsmanagements organisiert, kurz nachdem ich mit meinem Geschäftsfreund Wolfgang Höltgen im Jahr 2006 an einer geschäftlichen Exkursionsreise für 12 Tage nach Indien teilnahm. Wolfgang war genauso fasziniert von den Thesen der Zukunftsforscher und glaubte insbesondere daran, dass deutsche Unternehmer ganz viel über die Welt der Zukunft lernen, wenn sie sich das Geschäftsleben in „Emerging Countries“ anschauen und damit den Megatrend Globalisierung mit allen Sinnen erfahren. Wolfgang machte unsere 15-köpfige Reisegruppe von Gleichgesinnten mit der indischen Geschichte, Kultur, Politik und Wirtschaft vertraut. Wir sprachen mit vielen Unternehmern, besuchten Fabriken und erkundeten Tempel. Außerdem organisierte Wolfgang für uns spannende Innovationsworkshops, in denen wir die Megatrends analysierten und daraus Chancen für uns identifizierten.

Zu diesem Zeitpunkt war ich schon vertraut mit den Horx’schen Zukunftsprognosen und hatte schon einige Erfahrungen beim

Aufbau unseres Geschäftes in Istanbul gewonnen. Da war es naheliegend, dass ich Wolfgang Höltgens „Global Excursions" von Indien nach Istanbul übertrug. Das, was er uns geboten hatte, wollte ich auch meinen Kunden und Geschäftsfreunden in einer anderen spannenden Welt bieten. Alles, was mich auf der Indienreise begeistert hatte, übernahm ich, alles was ich verbesserungswürdig fand, veränderte ich. Außerdem fand ich mit dem BVMW einen Partner, der mich stark in der Organisation und Akquisition unterstützt und das Konzept der Unternehmerreise nach Istanbul in seine Reihe „Horizonte" eingebaut hat. Schon sechs Monate nach meiner Rückkehr aus Indien reisten wir mit 23 Unternehmern und Managern nach Istanbul. Die Veranstaltung war ein voller Erfolg, der mich dazu veranlasste, diese Reise jährlich durchzuführen und zusätzlich im Herbst auch in Münster einen offenen Zukunftsworkshop zu organisieren. Auch dieses sogenannte *Zukunfts- und Innovationssymposium* funktionierte auf Anhieb gut, sodass auch daraus eine jährliche Reihe wurde, die inzwischen *Business Unusual Forum* heißt.

So wie ich mich 2006 entschied, aus den „Global Excursions" in Indien den *Intercultural Innovation Workshop* in Istanbul zu entwickeln, hatte der Geschäftsführer einer Kommunikationsberatungsfirma Oliver Pauli ebenfalls nach seiner Teilnahme an dem *Intercultural Innovation Workshop* in Istanbul im Jahr 2009 die Idee, ein ähnliches Format aufzulegen. Mit seiner Kommunikationsberatungsfirma placebo ist er spezialisiert auf Intuition und Improvisation. Neben der Kommunikationsberatung ist Oliver auch Kopf einer Improvisationstheatergruppe. Viele Elemente des Improvisationstheaters wendet er auch in seinen Managerseminaren an. Sein neues Format einer jährlichen Veranstaltung sollte unter dem Motto „Improvisation. Intution. Innovation" auf seiner Lieblingsinsel Sylt durchgeführt werden. Für die Innovation stand ich, und schnell waren die *Sylter Tage* als Gemeinschaftsformat zwischen placebo und noventum geboren. Seit 2010 gehen wir mit ca. 20 Managern jedes Jahr auf die Insel.

Diese drei Veranstaltungsformate haben die Marke noventum bei externen Geschäftspartnern und bei unseren Mitarbeitern stark mitgeprägt. Wir behaupten nicht nur, dass wir innovativ und international sind, sondern beweisen es dadurch, dass wir einen großen Adressatenkreis zu den oben genannten Veranstaltungen einladen. Zu jeder Veranstaltung verlosen wir auch unter unseren Mitarbeitern einige Tickets, außerdem werden einige von ihnen intensiv in die Vorbereitungen mit einbezogen. Diese Veranstaltungen und weitere weniger aufwendige Formate, auf die ich später noch zu sprechen komme, sind somit ein wichtiger Bestandteil unserer Identität und unserer Kultur.

## *Intercultural Innovation Workshop* in Istanbul

Seit 2001 habe ich gelernt, dass das Geschäftsleben und die Geschäftschancen in der Türkei, speziell in Istanbul, sich ganz anders gestalteten, als ich es erwartet hatte. Vermutlich ging es anderen Managern und Unternehmern genauso, nur dass diese im Gegensatz zu mir noch keine eigenen Erfahrungen gemacht hatten. Das wollte ich ändern. Mit einem kleinen Schuss Missionarsgeist wollte ich den deutschen Unternehmern und Managern aus meiner Community zeigen, dass in der Türkei „die Post abgeht", dass dort professionell auf hohem Niveau gearbeitet wird und dass man dort verbindlich und weltoffen ist. Auch wollte ich die Manager meiner türkischen Kunden und Zielkunden mit deutschen Managern zusammenbringen, um das gegenseitige Verstehen zu erleichtern. Ein beabsichtigter Nebeneffekt war auch, dass unsere deutschen und türkischen Geschäftspartner uns als innovationsbegeistertes Unternehmen abspeicherten.

Zusammen mit Turgay fing ich also direkt nach meiner Rückkehr aus Indien im Oktober 2006 an, Pläne für den *Intercultural Innovation Workshop* 2007 zu schmieden, der am 1. Mai stattfinden sollte. Turgay kümmerte sich aufopferungsvoll, zusammen mit unserer türkischen Assistentin Nursen Özdemir, um die gesamte Logistik, also um die Hotels, die Flüge, die Veranstaltungsräume, die Bus-Transfers, die Werksbesichtigungen, die Anmietung eines Business Dinner Kreuzfahrtschiffes, die Vorträge von türkischen Managern, die kulturellen Besichtigungen und vieles, vieles mehr. Eine echte Herkulesaufgabe, die Turgay neben seinen normalen Aufgaben erledigte. Hilfreich war, dass im ersten Jahr der BVMW mit Bernd Adamaschek und das Reisebüro ReiseArt von Ralf Trilsbeek auch einen großen Teil der Organisation übernahmen.

Das Programm des *Intercultural Innovation Workshop* in Istanbul hat sich seit seiner erstmaligen Durchführung immer ein wenig weiterentwickelt, wobei sehr viele Elemente seit Beginn erfolgreich fortgeführt werden. Die Veranstaltung beginnt schon am Flughafen in Düsseldorf, wo sich die Teilnehmer kennenlernen und gemeinsame Vorfreude entwickeln. Am Atatürk Flughafen Istanbul wird die Gruppe von Turgay und Nursen in einer unvergleichlich herzlichen Weise in Empfang genommen und zu unserem Reisebus geleitet. Auf der ersten Etappe steht die Besichtigung eines modernen türkischen Unternehmens inklusive Diskussion mit dem Management an. So lernten wir u.a. das Buswerk von Daimler näher kennen und bekamen dadurch einen Einblick in die besonderen Chancen, Risiken und Merkmale eines türkischen Unternehmens. Der anschließende einstündige Transfer mit dem Bus zum Hotel wird üblicherweise von Turgay genutzt, um den Teilnehmern Geschichten aus der Türkei zu erzählen. Dabei vermittelt er sowohl die Stadtgeschichte von Istanbul, als auch die ganz individuelle Geschichte von noventum bei dem Versuch, den türkischen Markt zu erobern. Ergänzt wird diese Sichtweise dann später durch eine Diskussionsrunde mit einem erfahrenen türkischen Unternehmer, der einen tieferen Einblick in die Seele des türkischen Geschäfts gibt. Der erste Tag wird dann traditionell abgeschlossen mit einem Spaziergang über die Flaniermeile Isteklal, einem Business Dinner im Edelrestaurant 360° und einem Absacker in der französischen Straße. Spätestens dann gestehen alle Teilnehmer, die vorher noch nicht in Istanbul waren, dass sie sich die Türkei bei weitem nicht so modern, offen und professionell vorgestellt hatten.

Der zweite Tag steht ganz im Zeichen des Innovationsworkshops. Hierzu hatten wir zuvor ca. 30 der Manager unserer türkischen Kunden eingeladen, die unsere Gruppe deutscher Unternehmer ergänzen. Angestoßen durch diverse Inspirationsvorträge von den deutschen und türkischen Teilnehmern zu den Themen Innovations- und Zukunftsmanagement arbeiten wir dann in immer wieder neu zusammengesetzten Gruppen spielerisch an neuen Geschäftsideen und Managementmethoden und präsentieren diese im Plenum. Die Mischung der türkischen und deutschen Sichtweise bringt dabei viele Erkenntnisse, u.a. auch die, dass wir in den meisten Punkten gar nicht so verschieden sind. Nach den Abschlusspräsentationen beschließen wir den Tag auf einem Kreuzfahrtschiff bei einem Business Dinner auf dem Bosporus. Es ist ein unbeschreiblich schönes Gefühl, einen erkenntnisreichen Tag mit seinen neuen internationalen Freunden zu verbringen: auf dem Oberdeck bei warmer Frühlingsluft, im Sonnenuntergang am Stehtisch bei einem Glas Wein, während man unter der majestätischen Brücke herfährt, die Europa mit Asien verbindet.

Der dritte Tag unserer Reise steht unter der Überschrift „Kulturstätten". Auf dem Programm stehen die Klassiker einer Istanbulreise, die Hagia Sofia, die Blaue Moschee, der Topkapi Palast, der Dolmabahce Palast, die Zisterne und natürlich der große Basar. Hier schließt sich der Kreis, denn in den zuvor von unseren türkischen Geschäftsfreunden dargestellten Haltungen wird immer sehr deutlich, dass diese auf dem Fundament der bewegten Geschichte ihres Landes basieren. Wenn wir dann an unserem Kulturtag die Geschichte der Stadt Istanbul förmlich atmen können, lernen wir unsere türkischen Freunde ein großes Stück besser verstehen. Auch das ist interkulturelle Kompetenz, die ich für sehr wichtig in der Welt von morgen halte.

Viele meiner Mitarbeiter haben diese fantastische Reise ins Morgenland bereits miterlebt und dabei viel mehr internationale Kompetenz erworben, als es ein Trockenschwimmen im Klassenraum vermitteln kann. Auch bin ich glücklich, dass ich einigen meiner Geschäftsfreunde eine besondere Perspektive des Geschäftslebens und der internationalen Kooperation vermitteln konnte. Zu fast allen habe ich seit den Istanbulreisen ein ausgesprochen freundschaftliches Verhältnis.

Impressionen:
4. *Interkultureller Innovationsworkshop* in Istanbul (2012)

Noch auf der Rückreise des ersten *Intercultural Innovation Workshops* fassten Bernd, unser Vertriebsleiter, und ich den Beschluss, einen Innovationskongress in Münster zu organisieren. Ein Anlass dafür war, dass wir in unseren Bemühungen der letzten Monate, mitreisende Manager für Istanbul zu gewinnen, häufig zu hören bekamen, dass ein Workshop im Ausland nicht genehmigt würde. So veranstalteten wir folgerichtig ein halbes Jahr später im Oktober 2007 das Naheliegende, ein *Zukunfts- und Innovationssymposium* in Münster. Veranstaltungen dieser Art waren damals noch sehr selten. In unserer Region waren wir sogar vermutlich die Ersten und Einzigen. Nach dem in Istanbul bewährten Muster kombinierten wir spannende Vorträge über Zukunftsmanagement mit unterhaltsamen interaktiven Elementen und schlossen die Veranstaltung schließlich beim Candlelightdinner im Elefantenhaus des Allwetterzoos Münster neben den Dickhäutern ab. Damit begann übrigens unsere Freundschaft mit dem Zoodirektor Jörg Adler. Unsere Referenten gewannen wir aus unserem Kreis der Freunde des Zukunftsinstituts, sowie aus dem Kreis der Professoren der Universität Münster. So standen neben der Darstellung der Megatrends die Themen Nanotechnologie, Biotechnologie, Glücksmanagement und Artenschutz auf der Agenda. Für die Interaktion sorgte die Improvisationstheatergruppe placebo von Oliver Pauli, die von da an viele weitere unserer Veranstaltungen sehr unterhaltsam moderierte. Wir konnten für das erste noventum *Zukunfts- und Innovationssymposium*, welches im Centrum für Nanotechnolgie CenTech durchgeführt wurde, auf Anhieb 80 Teilnehmer gewinnen. Damit war klar, dass das Experiment gelungen war und dass es auch in 2008 ein noventum *Zukunfts- und Innovationssymposium* geben würde.

In 2008 wahlten wir als Schwerpunkt für das noventum *Zukunfts- und Innovationssymposium* „Wertorientiertes Management". Hauptredner war Prof. Dr. Dr. Franz Josef Radermacher, der seine beeindruckenden Thesen aus seinem Buch „Welt mit Zukunft" verbreitete. Der Geschäftsführer des Zukunftsinstituts Andreas Steinle stellte uns die Lebensstile 2020 vor und der Geschäftsführer des Super-Bio-Marktes Michael Radau erläuterte uns seine Nachhaltigkeitsprinzipien des Managements. Mein persönliches Highlight der 2008er Veranstaltung war der Auftritt des südafrikanischen Unternehmensberaters Mduduzi Zakwe, den ich einige Monate zuvor auf meiner ersten Südafrikaexplorationsreise kennengelernt hatte und den ich zu dem noventum *Zukunfts- und Innovationssymposium* nach Münster eingeladen hatte. Mdu war noch bei der großen Wirtschaftsprüfungsgesellschaft KPMG in Durban angestellt, ein gutes Jahr später war er der dann Geschäftsführer von noventum Zakwe in Südafrika. Sein Vortrag auf dem noventum *Zukunfts- und Innovationssymposium* 2008 behandelte die tiefgreifenden Veränderungen der Wirtschaft in Südafrika, die durch das Black Empowerment Programm ermöglicht wurden. Es war mir ein wichtiges Anliegen, dass meine eingeladenen Geschäftsfreunde auch mit nicht alltäglichen Themen konfrontiert werden. Das war Mdu gelungen, insbesondere auch, da er am Ende seines Vortrags mit dem Publikum ein Zulu Volkslied sang und dazu einen Zulu Tanz aufführte. In diesem Jahr fand die Veranstaltung im Hippomax, in der Arena des Pferdemuseums des Allwetterzoos statt. Zum Abschluss genossen wir wieder den strengen Duft der Elefanten bei vielen intensiven Gesprächen während des Business Dinners.

„Erfolgreich in der Wissensgesellschaft" war das Thema des dritten noventum *Zukunfts- und Innovationssymposiums* in 2009 im bäuerlichen Gräftenhof des Mühlenhofmuseums. Als Referenten standen die Rektorin der Universität Prof. Dr. Ursula Nelles, der Skateboardpapst Titus, der Improvisationsprofessor Bernd Ruping und als Hauptredner Prof. Dr. Gunter Dueck auf der Bühne. Letzterer ist auch aus vielen Büchern bekannt für seine provozierenden und konsequenten Thesen zu der für eine Wissensgesellschaft notwendigen Infrastruktur. Der interaktive Teil war ein groß angelegtes Cross-Innovation-Spiel, das auch mit den 80 Teilnehmern sehr viel

Spaß gemacht hat. Unter den Gästen war übrigens Anja Förster, die wir kurz zuvor kennengelernt hatten und die ich gebeten hatte, als Hauptredner auf dem noventum *Zukunfts- und Innovationssymposium* in 2010 aufzutreten. Gerne ist sie meiner Einladung nachgekommen, auch weil sie die Gelegenheit nutzen konnte, mit Titus und Prof. Dueck Interviews für ihren Newsletter zu führen. Das Format dieser Veranstaltung funktionierte auch noch in der dritten Runde und machte den Gästen und mir zunehmend Freude. Gerne teilte ich den Geist dieser Veranstaltungen auch mit meinen Mitarbeitern, unter denen ich immer wieder einige Freitickets verloste. Zusätzlich waren viele von uns auch in die umfangreiche Organisation einbezogen.

Trotz der erfolgreichen ersten drei Jahre pausierte in den Jahren 2010 und 2011 das noventum *Zukunfts- und Innovationssymposium*. Der Grund dafür war das Angebot des BVMW, das BVMW Innovationsforum mitzugestalten. Dieses Angebot war insofern attraktiv, als dass das BVMW Innovationsforum deutlich mehr Teilnehmer und auch eine starke Medienresonanz hatte. Somit konnte ich meine Mission von Zukunft, Innovation und Unternehmenskultur an einen deutlich größeren Kreis verbreiten. Dachte ich. Tatsächlich waren die Veranstaltungen so groß und anonym, und von einigen Sponsoren und Interessenvertretern entsprechend mitgestaltet, dass der Geist des noventum *Zukunfts- und Innovationssymposiums* praktisch nicht mehr erkennbar war. Nach zwei Jahren war mir klar, dass dies für mich kein Zukunftsmodell war. Außerdem hatte sich auch einiges im BVMW personell verändert, sodass auch von dieser Seite keine enge Zusammenarbeit bei der Gestaltung des Innovationsforums angefragt wurde.

So war es ein glücklicher Zufall, dass ich Anfang 2012 eine E-Mail von Anja Förster mit dem Wunsch erhielt, doch mal ein gemeinsames Event auf die Beine zu stellen. Das war just-in-time, um den alten Geist des noventum *Zukunfts- und Innovationssymposiums* wieder aufleben zu lassen, jedoch mit starken neuen Impulsen von Förster&Kreuz. Diese Veranstaltung sollte gemäß dem Förster&Kreuz Motto „Alles, außer gewöhnlich“ sehr ungewöhnlich sein und ungewöhnliche und erfolgreiche Menschen anziehen. Folgerichtig nannten wir es dann *Business Unusual Forum*. Nach einem ersten Planungsgespräch in einem Café am Heidelberger Bahnhof und drei Telefonaten stand die Tagesordnung und die gesamte Organisation fest. Die fünf Hauptreferenten sollten Jocelyn B. Smith, Titus, Förster&Kreuz und ich sein. Als langjährig bewährter Moderator war Oliver Pauli unser Favorit, der neben seiner Moderation die Teilnehmer auch mit einigen Präsentations- und Workshopanteilen begeisterte. Tatsächlich war diese Gemeinschaftsveranstaltung, die im Münsteraner Factory Hotel durchgeführt wurde, aus meiner Sicht sehr erfolgreich und kooperativ. Innerhalb von wenigen Wochen waren wir ausverkauft, insbesondere auch, weil Anja und Peter über ihre Newsletter Gemeinschaft einen großen Fanclub aus dem ganzen deutschsprachigen Raum von Bozen bis nach Flensburg mitbrachten. Da wir als noventum aus den vergangenen Veranstaltungen sehr viel Organisationserfahrung mitbrachten und in Münster über gute Kontakte bezüglich der Veranstaltungslogistik verfügten, konnten wir nicht nur ein nahezu perfekt organisiertes Business Unusual Forum auf die Beine stellen, sondern wiederum die liebevolle, persönliche Note zum Ausdruck bringen. Die Referenten passten perfekt in den Rahmen und das Allerwichtigste war, dass die teilnehmenden Gäste eine unglaubliche Energie mitbrachten, die das Factory Hotel mit seinem gewollt morbiden Industriecharme zum Knistern brachte. Höhepunkt war spät abends in der Cocktailbar die Performance des Songs „Time to Change“, den Jocelyn zuvor mit einer Gruppe der Teilnehmer einstudiert hatte. Die Atmosphäre des *Business Unusual Forums* wurde gut von dem Filmer Carlo Matic eingefangen, der dazu einen kurzen Trailer auch per YouTube veröffentlicht hat.

Das „Revival“ des noventum *Zukunfts- und Innovationssymposiums* unter dem neuen Namen *Business Unusual Forum* war geglückt! Ich war jedoch ein wenig überrascht, dass Anja und Peter die Veranstaltung zwar für erfolgreich hielten, aber kein Interesse an einer Neuauflage hatten. Das war ihnen dann doch zu gewöhnlich. Ich empfand das nicht so und wollte mit jeder weiteren Veranstaltung neue Impulse des zukunftsorientierten Managements setzen. Also war klar, dass es ein *Business Unusual Forum 2013* geben würde. In diesen Tagen laufen die Planungen für die kommende Veranstaltung mit neuen Mitspielern und Mitorganisatoren, aber mit altem innovativen Geist. Man darf gespannt sein.

Impressionen:
*Business Unusual Forum* in Münster (2012)

### *Sylter Tage*

Impulsgeber für das Format der *Sylter Tage* war Oliver Pauli, der mir nach seiner Teilnahme an dem *Intercultural Innovation Workshop* in Istanbul eine gemeinsame Veranstaltung vorschlug, die seine Themen Intuition und Improvisation mit meinem Thema Innovation verbinden sollten. Ein Cross-Innovation-Event sozusagen. Als Veranstaltungsort schlug er Sylt vor, da er hierzu schon seit seiner Kindheit eine enge emotionale Beziehung hatte. Mir gefiel die Idee sehr gut, zumal wir bei noventum auch schon die Improvisationstrainings als interne Schulungsmaßnahmen mit placebo durchgeführt und genossen hatten. In diesen Genuss wollte ich nun auch meine Kunden und weitere Geschäftspartner kommen lassen. Als Eventprofis fiel es uns nicht schwer, ein entsprechendes Format zu organisieren und zu bewerben. Diesmal teilten wir uns aber die Organisation mit placebo brüderlich, was mir persönlich sehr angenehm war.

Lassen wir uns einen Blick auf die drei Aspekte Intuition, Improvisation und Innovation werfen.

»ALLES, WAS WIRKLICH ZÄHLT, IST INTUITION. DER INTUITIVE GEIST IST EIN HEILIGES GESCHENK UND DER RATIONALE GEIST EIN TREUER DIENER.«, sagte Albert Einstein.

In einer immer komplexer werdenden Welt ist es vielversprechend, sich mit seiner Intuition zu beschäftigen, denn die Intuition ist ebenso Ergebnis einer sehr komplexen Verarbeitung von Erfahrungen. Im Management ein zukunftsfähiges Zusammenspiel von Rationalität und Intuition zu gestalten, hilft dabei, Chancen und Risiken besser erkennen zu können. Das meinen wir und vermitteln dies den Teilnehmern der *Sylter Tage*.

Oliver Pauli und ich glauben fest daran, dass Improvisationsstärke eine wichtige Führungseigenschaft ist. Denn Pläne funktionieren in der Regel nie. Das Leben verläuft meist anders und verlangt dem Menschen genau dann Improvisationsstärke ab. Die Herausforderung ist, seine Ziele nicht aus den Augen zu verlieren und unter sich ständig verändernden und nicht vorhersehbaren Rahmenbedingungen weiter aktiv darauf hinzusteuern. Im Spannungsfeld zwischen Durchlässigkeit und Durchsetzungsstärke müssen wir unser Handeln gestalten. Und dabei improvisieren wir jeden Tag, im besten Sinne des Wortes.

Schließlich zitieren wir den Philosophen und Dichter Khalil Gibran gerne, wenn es um Innovation geht. Er sagte:

»FORTSCHRITT BESTEHT NICHT IN DER VERBESSERUNG DESSEN, WAS WAR, SONDERN IN DER AUSRICHTUNG AUF DAS, WAS SEIN WIRD.«

In diesem Sinne lernen wir bei den *Sylter Tagen* die Megatrends näher kennen und entwickeln auf dieser Basis spielerisch neue Geschäftsideen gemeinsam mit Sylter Unternehmen. Was dabei herauskommt, ist ein gutes Stück mehr Zukunftskompetenz der Teilnehmer, die jeder in seinem Kontext zu Hause anwenden kann.

Diese ungewöhnliche Mischung der Themen, dieses außergewöhnliche Veranstaltungsrezept, gepaart mit der inspirierenden landschaftlichen Umgebung, machen die *Sylter Tage* für uns, unsere teilnehmenden Mitarbeiter und für Kunden zu einem besonderen Erlebnis. Die Qualität entsteht jedoch dadurch, dass sich auch bei dieser Veranstaltung ganz besondere Menschen treffen, die sich gegenseitig stark inspirieren, sowohl in den Workshops, in den Tagungsräumen, als auch beim Business Dinner in der Sansibar, und schließlich bei den Cross-Innovation-Spielen mit den Sylter Unternehmern.

Die *Sylter Tage* veranstalten wir jährlich zwei Wochen nach Ostern, in 2013 nun schon zum vierten Mal. Wir freuen uns sehr darüber, dass das Interesse von Jahr zu Jahr gewachsen ist und wir in diesem Jahr bereits einigen Interessenten absagen mussten, da wir ausgebucht waren.

Impressionen: *Sylter Tage 2012 – Intuition. Improvisation. Innovation.*

## Huckepackveranstaltungen

Die drei oben dargestellten Veranstaltungsformate erfordern bei aller Erfahrung, die wir inzwischen mit der Organisation von Events haben, ein großes Maß an Kraft und Konzentration. Doch damit ist unser Bedürfnis, den Geist des zukunftsorientierten Managements in die Welt zu tragen, noch nicht erschöpft. Wir haben es uns daher zur Gewohnheit gemacht, entsprechende Veranstaltungen anderer Organisatoren offensiv zu bewerben und oft auch einen inhaltlichen Beitrag zu leisten.

So sammeln wir als Future Circle Member des Zukunftsinstituts jedes Jahr aus dem Kreise unserer Mitarbeiter, Kunden und Geschäftsfreunde ca. 40 Menschen ein, mit denen wir gemeinsam den jährlichen Horx'schen Zukunftskongress im Juni besuchen. Das Zukunftsinstitut freut sich, dass wir uns in dieser Form als Multiplikator betätigen und gibt uns dafür attraktive Kongresskonditionen.

Erstmalig in 2013 startete ich mit der Resilienztrainerin Sylvia Kéré Wellensiek am Starnberger See den *Resilienz Think Tank Bernried*, auf dem wir die Themen Selbstverbundenheit, Widerstandskraft und Führungskultur miteinander in Workshops bearbeiteten. Da das Interesse sehr groß war, wird auch diese eine Veranstaltung, die häufiger durchgeführt werden wird.

Ein Experiment der besonderen Art war die Gemeinschaftsveranstaltung von Jocelyn B. Smith und mir mit dem Titel *Empower Your Vision*, bei dem wir meinen Zukunftsworkshop mit Jocelyns „Empowerment by your Voice“ verknüpft haben. Konkret habe ich mit den Teilnehmern auf Basis der Megatrends persönliche Zukunftsszenarien entwickelt, die dann später von den teilnehmenden Managern unter Jocelyns Anleitung stimmlich in vielfältiger Weise ausgedrückt wurden. Ein intensives Erlebnis für den Teilnehmerkreis, wie immer bestehend aus Mitarbeitern, Kunden und weiteren Geschäftsfreunden. Diese Veranstaltung wurde bislang einmal als Pilot durchgeführt. Wir prüfen aktuell, ob wir dieses Konzept als regelmäßige Veranstaltung einem größeren Teilnehmerkreis zugänglich machen können.

Schließlich trete ich auch gerne auf den Netzwerktreffen des Great Place to Work® Instituts oder des BVMW auf, um dort meine Sicht über die Vorteile der Vertrauenskultur zu verbreiten. Zu diesen Veranstaltungen lade ich dann meist auch meine Community ein.

## Zusammenfassung

Aus meiner ganz persönlichen Sicht hat die Organisation der dargestellten Veranstaltungen schon deshalb bislang einen sehr großen Nutzen gebracht, da ich unterwegs sehr viele hochgradig inspirierende Menschen kennengelernt habe, die mir viel Energie und Mut gegeben haben. Es lohnt sich, zukunftsorientiertes Management auf Basis von Vertrauenskultur zu leben und die Gedanken dazu zu verbreiten. Davon bin ich nach Gesprächen mit hunderten von Gleichgesinnten überzeugt.

Auch freut es mich zu spüren, wie die in den Veranstaltungen behandelten Themen inzwischen Markenbestandteil von noventum geworden sind, und zwar intern als Bestandteil der Unternehmenskultur, als auch extern in puncto Wiedererkennung und Markenwert.

In meiner Rolle als Unternehmer, zu dessen Hauptaufgaben es gehört, die Marke noventum zu entwickeln und in verschiedenen Netzwerken der Marke ein Gesicht zu geben, kann ich durch die offenen Veranstaltungen dazu einen wichtigen Beitrag leisten. Schließlich ist es uns in den letzten Jahren auch gelungen, die Veranstaltungen so zu organisieren, dass sie auch einen direkten wirtschaftlichen Beitrag zum Unternehmenserfolg leisten. Die Teilnehmer honorieren mit ihren Gebühren damit die große Energie, die wir in die Veranstaltungen stecken.

## III.4 MANAGEMENT MIT SYSTEM ALS ERGÄNZUNG ZU FÜHRUNG DURCH VERTRAUEN

### Handwerkliche Managementansätze

Parallel zu meiner Begeisterung dafür, mit immer neuen und kreativen Maßnahmen einen außergewöhnlichen „Workplace" zu schaffen, habe ich auch immer wieder die modernen „Klassiker" des Managements gehört und gelesen. Unter anderem ist mir dabei das Buch „Leading Simple[42]" von Boris Grundl und Bodo Schäfer aus dem Jahre 2004 empfohlen worden. Die Autoren bauen dabei die 5 Aufgaben, die 5 Hilfsmittel und die 5 Prinzipien des Managements in eine Geschichte einer Unternehmensneuaufstellung ein. Mir ist dieser Romanstil mit dem Holzhammer zwar etwas fremd, dennoch besticht das Buch durch seine Klarheit. Im Folgenden zitiere ich aus „Leading Simple" und fasse einige Passagen zusammen:

Nach Grundl/Schäfer sind die 5 Aufgaben der Führungskraft

1. *Menschen zu fördern,*
2. *den Unternehmenszweck zu erfüllen,*
3. *Systeme zu schaffen,*
4. *zu delegieren,*
5. *und zu kontrollieren[43].*

Bei der Förderung der Menschen ist dabei darauf zu achten, in welcher Phase sich der Mitarbeiter befindet. In der ersten Phase der niedrigen Kompetenz und des hohen Einsatzes, muss man dirigieren. In der zweiten der gestiegenen Kompetenz und des sinkenden Einsatzes, muss man trainieren. In der dritten Phase der hohen Kompetenz und des schwankenden Einsatzes, muss man fordern.

Und in der vierten Phase der hohen Kompetenz und des hohen Einsatzes, muss man delegieren.

Um den Unternehmenszweck zu erfüllen, muss die Führungskraft den individuellen Unternehmenssinn verdeutlichen, immer wieder den Unternehmenssinn an die Mitarbeiter transportieren, eine Gewinnkultur (hoher Umsatz, geringe Kosten) schaffen und die Mitarbeiter fördern, die den Unternehmenssinn verstehen und unterstützen.

Beim Schaffen von Systemen muss die Führungskraft klare Abläufe sicherstellen, Prozesse entwickeln, Mitarbeiter zum Arbeiten nach Prozessen befähigen, klare Aufgabenbeschreibungen entwickeln und ein Handbuch erstellen.

Die Führungskraft muss delegieren, indem sie den Mitarbeitern sagt, was zu tun ist, die Mitarbeiter bittet, die Aufgabenbeschreibung zu wiederholen, Vollmachten, Hilfsmittel und Verantwortung übergibt, Kontrolldaten setzt und Etappenziele festlegt.

Die Kontrolle der Führungskraft erfolgt durch die Entwicklung eines Kontrollsystems, Überprüfung von Wichtigem anhand von schriftlichen Berichten, Überprüfung von weniger Wichtigem per Stichprobe, Beobachtungen und Dokumentation des Engagements der Mitarbeiter und persönliche Feedbackgespräche. Von den Mitarbeitern, die sich nicht kontrollieren lassen wollen, muss sich die Führungskraft nach Grund/Schäfer umgehend trennen[44].

Nach Grundl/Schäfer sind die 5 Hilfsmittel der Führungskraft

1. *zu loben,*
2. *Fehlleistungen umzuleiten,*
3. *Kritik zu üben,*
4. *ergebnisorientierte Aufgabenbeschreibungen vorzunehmen,*
5. *und das Budget zu planen*[45].

Will die Führungskraft loben, soll sie sagen, was ihr gefallen hat, erklären, wie und wann ihr das aufgefallen ist, deutlich machen, warum ihr das gefällt und den Mitarbeiter ermutigen, so weiterzumachen.

Bei der Umleitung ist die Führungskraft nicht mit dem Ergebnis zufrieden, will aber eine negative Kritik vermeiden. In diesem Fall drückt sie Anerkennung aus, beschreibt nüchtern das unbefriedigende Ergebnis, klagt aber nicht an, erklärt die negativen Folgen, lenkt das Augenmerk auf die Zukunft, definiert eine neue Aufgabe unter Einbeziehung des Mitarbeiters, legt das Ergebnis fest und drückt ihr Vertrauen aus.

Im Falle der Kritik, die allerdings nur im äußersten Notfall erfolgen sollte, muss die Führungskraft den Menschen und seine Handlung trennen, nie im Ärger, aber zeitnah kritisieren, keine Entschuldigung erlauben, nicht nach dem „Warum“ fragen, ihre Gefühle ausdrücken ohne den Anspruch, Recht zu haben, dem Anderen die Chance geben, ihr Verhalten zu beurteilen, sowie den anderen niemals während der Kritik berühren. Die Kritik darf nie länger als eine Minute dauern und die Kritik darf nicht wiederholt werden. Nach der Kritik muss die Führungskraft ihren Gesprächspartner wieder zurück in den positiven Bereich bringen. Die Führungskraft muss dann das Gespräch beenden mit der Frage „Was wirst Du tun?“ und verabschiedet sich dann freundlich von dem kritisierten Mitarbeiter.

Bei der ergebnisorientierten Aufgabenbeschreibung (EOA) muss die Führungskraft alle (!) Aufgaben eines Arbeitsplatzes notieren und die Aufgaben nach Wichtigkeit ordnen. Sie hat zu jeder Aufgabe ein messbares Ergebnis zu formulieren und die Schritte im Detail mit dem Mitarbeiter, der die Aufgabe innehat, zu besprechen. Sie muss überprüfen, ob die Stärken des Mitarbeiters sich mit EOA Anforderungen decken. Die Führungskraft darf keine Kompromisse eingehen und gegebenenfalls einen anderen Mitarbeiter wählen. Sie legt gemeinsam mit dem Mitarbeiter Ziele und Teilziele fest, kündigt Kontrollzyklen an und kontrolliert schriftlich bzw. stichprobenartig.[46]

Nach Grundl/Schäfer sind die 5 Prinzipien der Führungskraft

1. *Verantwortung zu übernehmen,*
2. *eine Kultur der Ergebnisorientierung zu schaffen,*
3. *sich auf Stärken zu konzentrieren,*
4. *für ein gutes Betriebsklima zu sorgen,*
5. *und Vertrauen zu schaffen*[47].

Die Führungskraft übernimmt Verantwortung, in dem sie die drei Fundamente *Identifikation*, *Selbstmotivation* und *Selbstverantwortung* vorlebt und verdeutlicht, dass ihr diese Prinzipien sehr wichtig sind. Sie fördert vor allem die Spieler in ihrem Bereich. Ausreden werden nicht geduldet, EOAs und Budgetpläne sind umzusetzen.

Ergebnisorientierung heißt für die Führungskraft, dass sie eine Kultur schafft, in der nur Ergebnisse zählen. In ihre Statistik passen nur Zahlen, da ist kein Platz für Ausreden. Sie zeigt klar und deutlich, dass sie eine Aufgabe als erledigt betrachtet, sobald sie jemand übernimmt. Sie fördert die Mitarbeiter, die Ergebnisse erzielen und nicht die, die nur hart arbeiten. Die Führungskraft wird nie müde darin, mithilfe von EOAs und Budgetplänen die Messbarkeit der Ergebnisse zu verbessern.

Die Führungskraft muss sich auf die Stärken konzentrieren und immer vom Ziel ausgehen. Sie muss die EOAs formulieren, die sie benötigt, um ihr Ziel zu erreichen und die Stärken ihrer Mitarbeiter systematisch ermitteln und immer und ständig fördern. Schwächen sind zu ignorieren, soweit irgend möglich.

Für das gute Betriebsklima muss die Führungskraft Regeln aushängen, darüber reden und diese leben. Sie setzt sich zum Ziel, dass sich jeder nach einem Gespräch mit ihr besser fühlt. Die Führungskraft schafft Vertrauen, indem sie lernt, sich selbst immer mehr zu vertrauen und ihr Selbstvertrauen zu steigern. Sie schenkt jedem Mitarbeiter Vertrauen und macht klar, dass sie keinen Missbrauch duldet. Kontrollen führt sie schriftlich und stichprobenartig durch. Bei Vertrauensmissbrauch geht sie hart und kompromisslos vor.[48]

Wie fühlt sich das an, wenn man zuvor in der Gedankenwelt von Great Place to Work® war? Irgendwie streng und unpersönlich, auch wenn ich aus eigener Erfahrung sagen kann, dass die 5 Aufgaben, 5 Hilfsmittel und 5 Prinzipien eine hilfreiche Strukturierung der Führungsaufgaben sind. An einigen Stellen befürchte ich jedoch, dass die Führungskraft sich dabei in vielen Details zu verheddern droht. Richtig ist sicher, dass es bei der Wahrnehmung von Führungsaufgaben auf Orientierung, Verbindlichkeit und Verantwortung ankommt. Ob man mit den 5 Aufgaben, 5 Hilfsmitteln und 5 Prinzipien allein eine Führungspersönlichkeit wird, der die Mitarbeiter freiwillig und gerne folgen, sei erst einmal dahin gestellt. Für Führungskräfte, die noch Strukturen benötigen, sind sie allemal ein gutes Hilfsmittel.

Schauen wir uns noch einen zweiten modernen „Klassiker“ der Führungslehre an, Fredmund Malik aus St. Gallen[49]. Für Fredmund Malik ist wirksame Führung Handwerk. Dies beschreibt er ausführlich in seinem Buch „Führen, Leisten, Leben“. Ein Handwerk, für das es jedoch keine strukturierte Ausbildung gibt, obwohl es doch viel mehr Führungskräfte gibt als Gesellen und Meister in einem speziellen Ausbildungsberuf. Bei wirksamer Führung kommt es nach Malik nicht in erster Linie auf das Charisma der Führungspersönlichkeit an, sondern darauf, dass sie ihr Handwerk beherrscht. Er strukturiert das Regelwerk des Lehrberufs Führungskraft nach den Oberpunkten *Grundsätze*, *Aufgaben* und *Werkzeuge*.[50]

Bei den *Grundsätzen* geht es um Resultatorientierung, um den Beitrag zum Ganzen, um die Konzentration auf Weniges, um das Nutzen von Stärken, um das Schenken von Vertrauen und um das positive Denken.[51]

Nach Malik sind die *Aufgaben* der Führungskraft, für Ziele zu sorgen, zu organisieren, zu entscheiden, zu kontrollieren, sowie Menschen zu entwickeln und zu fördern.[52] Als *Werkzeuge* nutzen wirkungsvolle Führungskräfte die Sitzung, den Bericht, das Job Design, die Budgetierung, die Leistungsbeurteilung und die systematische Müllabfuhr zum Entsorgen überflüssiger Tätigkeiten.[53]

Fredmund Malik stellt die *Grundsätze*, *Aufgaben* und *Werkzeuge* der Führungskraft in seinem Führungsrad wie folgt dar:

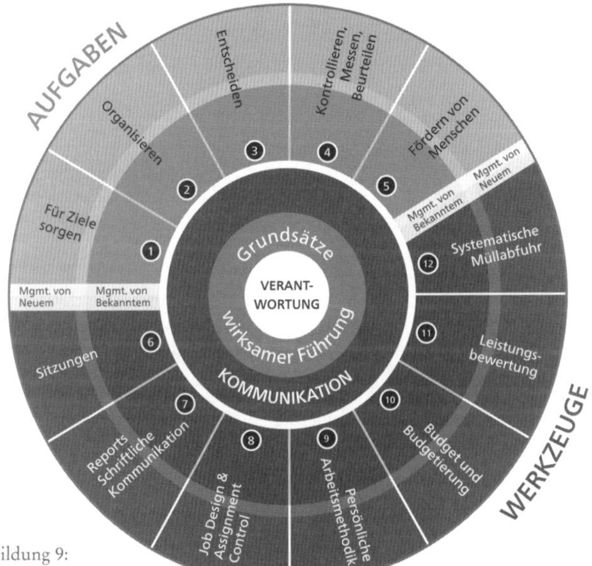


Abbildung 9:
Das Führungsrad
nach Malik
(Quelle: Eigene Darstellung nach Malik (2006), S. 382)

In seinem Buch „Führen, Leisten, Leben“ geht Malik noch sehr viel tiefer als Grundl/Schäfer auf die einzelnen Anforderungen ein.

## Das noventum Prozesshaus und das Unternehmenssteuerungssystem

Wie sieht es mit den handwerklichen Managementsystemen bei noventum aus? Während der Startphase unseres Unternehmens ab dem Jahr 1996 haben wir viel Energie daran gesetzt, all unsere Prozesse zu durchdenken, hilfreiche Formulare und Checklisten zu entwickeln und Kennzahlen zu definieren, an denen wir unseren Erfolg messen. Daraus ist ein Organisationswerk entstanden, das wir dann später nach ISO 9002 haben auditieren und zertifizieren lassen. Bei aller Bürokratie, die solch ein System naturgemäß mit sich bringt, hat es uns sehr bei der Orientierung geholfen. Insbesondere die Einarbeitung neuer Mitarbeiter und das Verständigen auf Qualitätsstandards wurden durch das in diesem Rahmen erstellte Qualitätshandbuch erheblich erleichtert. In der Endausbaustufe bestand das QM-Handbuch aus über 100 Seiten Prozessbeschreibung, sowie aus dutzenden Formularen und Checklisten.

Da wir mit Prozessbeschreibungen, Formularen und Checklisten jedoch noch keine zielorientierte Unternehmenssteuerung erreichen konnten, setzten wir im Jahre 2000 ein weiteres internes Projekt auf, die Erstellung einer noventum Balanced Scorecard. Unser ehemaliger Mitarbeiter Marcus Slodowy hatte sich diesbezüglich ausführlich mit diesem Steuerungssystem vertraut gemacht. Auf dem Strategiemeeting unserer Geschäftsleitung in London haben wir dann die Grundsatzentscheidung getroffen, unser Unternehmen nach der Balanced Scorecard zu steuern. So begannen wir in ausführlichen Workshops über die Ursache-Wirkungs-Ketten im Unternehmen zu diskutieren. Ganz oben in der Zielpyramide stand nach den Erfindern der Balanced Scorecard, Norton & Kaplan, der wirtschaftliche Erfolg, d.h. der Profit des Unternehmens. Das war die final beabsichtigte Wirkung. Die Voraussetzungen dafür waren zufriedene Kunden, engagierte Mitarbeiter und funktionierende Prozesse. Unterhalb dieser vier Standard Dimensionen entdeckten wir dann eine Vielzahl von Erfolgsindikatoren und Abhängigkeiten, für die wir viele Kennzahlen auf unterschiedlichen Ebenen fanden. Das Sammeln, Messen, Berichten und Steuern dieser Kennzahlen war daraufhin eine unserer wichtigsten Managementaufgaben, auch wenn ich zugeben muss, dass ich mich nicht an viele daraus resultierende Lernprozesse erinnern kann. Geholfen hat die Balanced Scorecard jedoch sicher dabei, dass wir uns im Rahmen der Entwicklung der Ursache-Wirkungs-Kette über das Funktionieren unseres Unternehmens klarer wurden.

Noch bevor wir die Balanced Scorecard in einem eingeschwungenen Zustand hatten, flog uns unser Geschäft im Jahre 2002 völlig um die Ohren. Viele Kennzahlen waren plötzlich tiefrot, die Balanced Scorecard fühlte sich an wie die Leitstelle in einem Katastrophenfilm. Wir haben mit vereinter Energie, viel Information und vereinten Kräften immer wieder notdürftig unser Unternehmensschiff über Wasser gehalten. An die Analyse unserer schön definierten Kennzahlen war nicht zu denken. Eine einzige Kennzahl hatten wir immer im Blick, die Liquiditätslinie. Und dafür brauchten wir definitiv keine Balanced Scorecard. Nachdem der Sturm nachgelassen hatte und wir im Jahre 2003 wieder in ruhigerem Fahrwasser segelten, haben wir immer wieder über die erneute, aber schlankere Einführung der Balanced Scorecard gesprochen, ohne jedoch dazu die notwendige Energie aufgebracht zu haben. Unsere Kräfte konzentrierten sich mehr auf die Marktfokussierung und die Entwicklung unserer Vertrauenskultur. Das war sicher keine schlechte Entscheidung.

Und doch, mich ließ das Gefühl nicht los, dass wir im Management des Unternehmens unter unseren Möglichkeiten blieben. Unser vertrauensbasiertes, kundenorientiertes und intuitives Management hatte viele Stärken, aber ich hatte den Eindruck, dass wir aufgrund mangelnder Unternehmenssteuerung unser Potenzial nicht entfalteten. Auf der anderen Seite stellten wir fest, dass die Art und Weise wie wir (inzwischen) ISO 9001 nutzten, nicht zur Unternehmensteuerung beitrug. Was die Balanced Scorecard anging, waren wir nicht motiviert, diesen Ansatz erneut zu verfolgen. Er passte irgendwie nicht zu uns. Auf unserem Strategiemeeting im Jahre 2010 in Barcelona entschieden wir dann, dass wir ein neues Unternehmenssteuerungssystem einführen würden, das unsere ISO 9001 Prozesse und die Balanced Scorecard ersetzen sollte und das unseren Great Place to Work® Ansatz optimal unterstützte und ergänzte. Zu Hause angekommen gaben wir dann Thorsten den Auftrag, eine geeignete Methode zu identifizieren und diese dann konsequent im Unternehmen einzuführen.

Thorsten recherchierte im Web nach geeigneten Methoden und stieß dabei auf ein uns bis dahin unbekanntes System, der European Foundation for Quality Management, EFQM. Diese Methode hatte den besonderen Charme, dass die Nutzer der EFQM Methode sich um einen Preis für das am besten implementierte Qualitätsmanagement- bzw. Unternehmenssteuerungssystem bewerben konnten, um den Ludwig-Erhard-Preis. Ähnlich wie bei dem Great Place to Work® Wettbewerb konnte man sich also immer wieder mit anderen exzellenten Unternehmen messen und sich dann sukzessive verbessern. Das gefiel uns. Als wir dann auch noch einen EFQM-Referenzanwender suchten und diesen mit dem Great Place to Work® Gewinner domino world in Berlin fanden, fühlten wir uns auf dem richtigen Weg. Bestätigt wurde die Einschätzung durch einen ganztägigen Referenzbesuch bei domino world. Die beiden Geschäftsführer erläuterten uns in aller Offenheit, wie sie mit Hilfe von Prozessdefinitionen, Checklisten, Formularen, Kennzahlen, sowie internen und externen Leistungsvergleichen ihr Unternehmen im Griff hatten und einen kontinuierlichen Lernprozess sicherstellten. Alles basierte dabei auf der Grundhaltung der Vertrauenskultur von Great Place to Work®. Wir waren gleichermaßen beeindruckt und erschlagen von der Komplexität des Steuerungssystems. Auf die Frage nach dem zeitlichen Aufwand, den die beiden mit dem Steuerungssystem verbrachten, schauten sie uns nur irritiert an und sagten: „Das ist doch unsere Kernaufgabe“. Zwei Dinge wurden uns an diesem Tage klar. Erstens, mit EFQM können wir die notwendige Ergänzung zu unserem Great Place to Work® Ansatz bekommen. Zweitens, wenn wir uns auf EFQM einlassen, müssen wir das mit einem deutlichen Aufwand und großer Konsequenz tun. Wir fanden, dass sich das lohnt und legten los mit EFQM.

Im ersten Schritt führten wir ein spontanes Probeaudit mit einem sehr erfahrenen EFQM Assessor durch, der uns nach einem Tag signalisierte, dass unsere EFQM Reife schon gut ausgeprägt sei. Also hatte sich unsere langjährige Arbeit an ISO 9002, ISO 9001, Balanced Scorecard und Great Place to Work® offensichtlich bemerkbar gemacht. Der Assessor empfahl uns, dass wir uns doch spontan um den Ludwig-Erhard-Preis bewerben sollten. Wir wussten damals nicht, dass es üblich war, dass sich Unternehmen mehrere Jahre auf die Bewerbung vorbereiteten. Unsere Bewerbungsunterlagen entsprachen daher noch nicht dem Qualitätsstandard der Spitzenunternehmen und folgerichtig haben wir bei der ersten Bewerbung auch noch keinen Spitzenplatz erreicht. Allerdings konnten wir mit dem Prädikat *recognized for excellence 3 stars* einen Achtungserfolg erzielen, der uns an die Ersteilnahme bei Great Place to Work® erinnerte. Damit war das langfristige Ziel klar. Wir wollen in den nächsten Jahren die Exzellenz der Spitzengruppe erzielen.

Als nächstes machten wir uns Gedanken über die Struktur unserer Prozesse und kamen darauf, dass wir unsere Kernprozesse gut in der Form der Primär- und Sekundärprozesse nach Porter abbilden konnten. Daraus entwickelten wir in den folgenden Monaten das noventum Prozesshaus und ordneten jedem Primär- und Sekundärprozess Verantwortliche zu.

Das **noventum** Prozesshaus

Abbildung 10: Das noventum Prozesshaus
(Quelle: Eigene Darstellung)

Im Geschäftsprozess *Brand Management and Corporate Development* geht es um die strategische Unternehmensausrichtung und Markenentwicklung. Bestandteile dieses Geschäftsprozesses sind die Entwicklung und Kommunikation von Vision, Unternehmenszielen, Unternehmensstrategie, Unternehmenspositionierung, die strategische Vernetzung mit wichtigen gesellschaftlichen Gruppen, die Kooperation mit den Gesellschaftern und das Organisieren des gesellschaftlichen Engagements des Unternehmens. Für diese unternehmerischen Aufgaben bin ich als Unternehmer selbst verantwortlich.

Im Geschäftsprozess *Business Development* wird die mittelfristige Strategie bezüglich der noventum Dienstleistungen festgelegt. Hierzu werden als Quelle Informationen aus der Zukunftsforschung, IT Trends von IT Researchern, erhobene Anforderungen aus Kundensicht und Ideen der noventum Mitarbeiter genutzt. Nach der Festlegung des strategischen Rahmens (Leistungsportfolio und konkrete zukünftige Serviceausprägung) erfolgt die separate Planung jedes Services für das kommende Geschäftsjahr. Die Serviceplanung umfasst u.a. Personalressourcen, Ausbildung, Marketing- und Vertriebsaktionen und die Menge der abrechenbaren Leistungen. Für den Geschäftsprozess *Business Development* ist Holger Bredenkötter verantwortlich.

Im Geschäftsprozess *Quality Management and Corporate Controlling* wird sichergestellt, dass die Grundlage für das Qualitätsmanagement und die Unternehmenssteuerung gelegt ist. Konkret heißt das, dass alle Prozesse nebst Checklisten und Formblättern in ausreichender Form beschrieben sind und dass deren Einhaltung sichergestellt wird. Ebenso verfolgt dieser Geschäftsprozess das Ziel, das noventum Managementsystem auf Basis von EFQM anzuwenden. Auf dieser Basis moderiert und dokumentiert der Geschäftsprozessverantwortliche Thorsten regelmäßig den unternehmensweiten Lern- und Verbesserungsprozess.

Im Geschäftsprozess *Account Management* verfolgt unser Unternehmen das Ziel, einen Bedarf bei definierten strategischen Bestands- und Zielkunden zu identifizieren, für die noventum mit seinen Dienstleistungen einen hohen Nutzen erzeugen kann. Hierzu wird in dem Geschäftsprozess im ersten Schritt analysiert, welche Kunden- und Kundengruppen optimal zu den Lösungsangeboten von noventum passen, um dann im zweiten Schritt persönlichen Kontakt aufzunehmen. Sollte sich die Vermutung bestätigen, dass noventum für diesen Kunden einen relevanten Nutzen generieren kann, wird ein noventum Service Manager zur Angebotsausarbeitung hinzugezogen. Dieser letzte Schritt ist dann schon Bestandteil des Kernprozesses *Presales*.

Der Geschäftsprozess *Marketing* bei noventum verfolgt das Ziel, umfangreiche, vertriebsunterstützende und markenbildende Kommunikationsmedien zu konzipieren und zu produzieren. Ebenso organisiert das Marketing sämtliche Vertriebskampagnen und ist für Markenschutz und die Pflege des Corporate Designs verantwortlich. Verantwortlich für den Geschäftsprozess *Marketing* sowie auch für *Account Management* bin ich selbst.

Der Geschäftsprozess *Finance* verfolgt das Ziel, die Grundsätze ordnungsgemäßer Buchführung sicherzustellen und durch ein zeitnahes und umfassendes Berichtswesen, u.a. in Form eines Controlling Informationssystems, die notwendigen Entscheidungsgrundlagen zu bieten. Darüber werden in diesem Geschäftsprozess Maßnahmen der finanziellen Vorausschau und der Budgetierung wahrgenommen. Für diesen Geschäftsprozess ist Wolfgang verantwortlich.

Im Geschäftsprozess *Human Resource Management* wird das Ziel verfolgt, den Mitarbeitern eine ganzheitliche Handlungskompetenz nahezubringen. Das heißt Förderung der Fach-, Methoden- und Sozialkompetenz. Das *Human Resource Management* kümmert sich rechtzeitig und gezielt um die Erhaltung und Förderung des vorhandenen Mitarbeiterpotentials, um auf Dauer über den zur Aufrechterhaltung qualifizierter Beratungsdienstleistungen erforderlichen Stamm an Fach- und Führungskräften zu verfügen. Es wird bei noventum daher definiert als Inbegriff aller Maßnahmen, die sowohl den Personal-Verweil-Zyklus, die Personalförderung und Weiterbildung als auch die Personal-Administration betreffen. Der Geschäftsprozess *Human Resource Management* koordiniert die Instrumente, die eine vertrauensbasierte Unternehmenskultur fördern. Für den Geschäftsprozess ist Frank verantwortlich.

Der Geschäftsprozess *General Administration* verfolgt das Ziel, die administrativen Anforderungen der Büroorganisation, Vertragsverwaltung, Einkauf und Flottenmanagement effizient durchzuführen. Ferner ist das Ziel dieses Geschäftsprozesses, eine moderne und effiziente IT Infrastruktur für alle Mitarbeiter des Unternehmens bereitzustellen und damit die Produktivität aller Mitarbeiter optimal zu fördern. Für diesen Geschäftsprozess ist ebenfalls Frank verantwortlich.

In Teil 1 des Kernprozesses *Presales* werden Auftragschancen identifiziert und, in Kommunikation mit dem potenziellen Kunden, in passende Angebote umgewandelt. Auch werden in diesem Teilschritt des Kernprozesses die Verhandlungen mit dem potentiellen Kunden geführt, mit dem Ziel, einen Vertragsabschluss zu erzielen.

In Teil 2 des Kernprozesses *Staffing* werden geeignete und verfügbare Mitarbeiter dem in Teil 1 gewonnenen Auftrag in Absprache mit diesen zugeordnet. Diese stringente Reihenfolge kann nicht immer eingehalten werden, da oft erst das Projektteam benannt werden muss, bevor der Auftrag erteilt wird. In diesem Fall verläuft der Kernprozess von *Presales* über *Staffing* zurück zu *Presales* und dann nach erfolgreicher Beauftragung zu *Project*.

In Teil 3 des Kernprozesses *Project* wird das gewonnene Projekt unter Berücksichtigung aller Qualitätskriterien durchgeführt. Verantwortlich für die Prozessgestaltung ist Bernd, verantwortlich für die Prozessdurchführung ist ein noventum Auftragsverantwortlicher, der für die Laufzeit des Projektes die Koordination des gesamten noventum Projektteams übernimmt.

Teil 4 des Kernprozesses *Postproject* verfolgt die Ziele, die Ergebnisse abgeschlossener Projekte bzw. Aufträge ordnungsgemäß zu archivieren, um aus den Erkenntnissen systematisch lernen zu können, sowie die im Projekt bzw. Auftrag gewonnenen Erfahrungen vertrieblich nutzbar zu machen. Er gliedert sich in folgende Prozesse: *Projektbewertung und Nachkalkulation*, *Archivierung und Wissensspeicherung*, *Erstellen von Qualifikationsprofilen und Projektprofilen*, sowie *Kundenfeedbackgewinnung*. Verantwortlich für die gesamte Prozessdefinition ist Bernd.

Im Geschäftsprozess *noventum consulting international* wird das Ziel verfolgt, die bestehenden internationalen noventum Unternehmen wirkungsvoll zu steuern und für beide Seiten den beabsichtigten Nutzen zu erzeugen. Außerdem soll dieser Geschäftsprozess die Gewinnung weiterer internationaler noventum Partnergesellschaften ermöglichen. Da für jedes noventum Unternehmen im Ausland ebenfalls ein Prozessmodell existieren muss, wird das noventum Prozesshaus zu Grunde gelegt und entsprechend für die Partner adaptiert. Für den Geschäftsprozess *noventum consulting international* ist Carsten verantwortlich.

Damit ist auch die klare Verantwortung von Personen zu Kernprozessen sichergestellt. Zu jedem Kernprozess werden aktuell die Beschreibungen, Voraussetzungen, Ergebnisse, Checklisten, Formulare, Kennzahlen und Benchmarks durch die Verantwortlichen definiert. Die Darstellung der Kennzahlen und deren Abweichungen werden aktuell mittels eines Business Intelligence Cockpits realisiert, sodass auf der Basis dann ein regelmäßiger Analyse- und Lernprozess erfolgen kann. Und wenn all das so richtig funktioniert, bewerben wir uns auch wieder für den Ludwig-Erhard-Preis.

## EFQM als ideale Ergänzung des Great Place to Work® Ansatzes

"EXZELLENTE ORGANISATIONEN ERZIELEN DAUERHAFT HERAUSRAGENDE LEISTUNGEN, WELCHE DIE ERWARTUNGEN ALLER IHRER INTERESSENGRUPPEN ERFÜLLEN ODER ÜBERTREFFEN."

*EFQM (2013)*[54]

Das ist die offizielle Beschreibung von Exzellenz nach EFQM, wobei folgende Aspekte von Bedeutung sind:

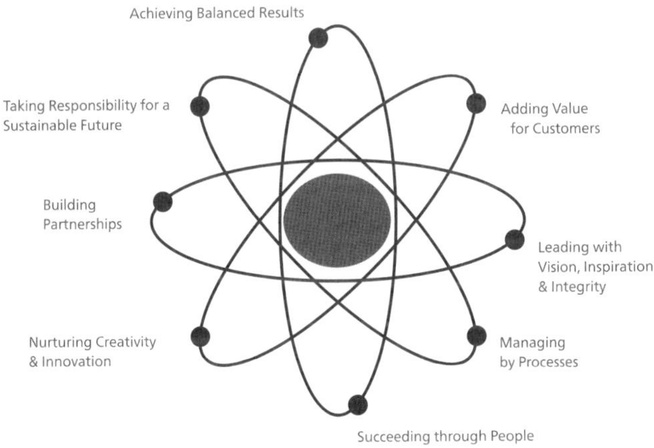


Abbildung 11: Grundkonzept der Exzellenz nach EFQM (Quelle: EFQM 2013)

Im Kern dieses Atommodells der Grundsätze befinden sich dabei die fünf Befähiger *Führung*, *Mitarbeiter*, *Strategie*, *Partnerschaften/Ressourcen* und *Produkte/Prozesse/Dienstleistungen* und die vier Ergebnisgruppen *Mitarbeiterbezogene Ergebnisse*, *Kundenbezogene Ergebnisse*, *Gesellschaftsbezogene Ergebnisse* und *Schlüsselergebnisse*. Befähiger sind Prozesse, die zur ganzheitlichen

Exzellenz führen sollen. Mit den Ergebnissen wird über Kennzahlen gelernt und gesteuert. Über den Lernprozess entsteht Kreativität und Innovation, die die Befähiger wiederum weiterentwickeln.

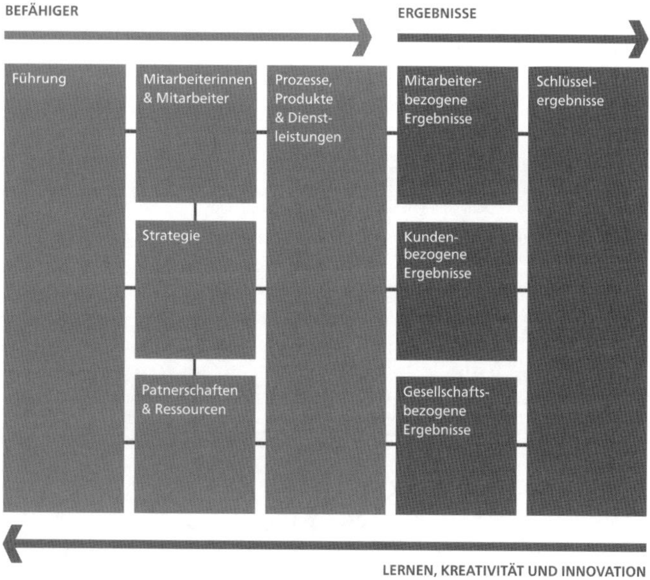


Abbildung 12: Die Grundstruktur des Exzellenz Modells des EFQM (Quelle: EFQM 2013)

Im Rahmen der Bewerbung um den Ludwig-Erhard-Preis (LEP) ist es die Aufgabe, in den Befähigerbereichen nachzuweisen, dass entsprechende Prozesse beschrieben sind und gelebt werden. Dazu ist es hilfreich, neben der LEP Bewerbung auf das vorhandene ausführliche QM Handbuch zu verweisen, welches idealerweise nach ISO 9001 zertifiziert ist. Für den Nachweis der Prozessqualität sind folgende Aspekte zu betrachten:

*Führung*

- *Führungskräfte entwickeln Mission und Visionen, Werte und ethische Grundsätze und sind Vorbilder.*
- *Führungskräfte definieren, überwachen, prüfen und verbessern das Managementsystem und die Leistung der Organisation.*
- *Führungskräfte befassen sich persönlich mit externen Interessengruppen.*
- *Führungskräfte stärken zusammen mit den Mitarbeitern eine Kultur der Exzellenz.*
- *Führungskräfte gewährleisten, dass die Organisation flexibel ist und Veränderungen gemanagt werden.*

*Strategie*

- *Die Strategie beruht auf dem Verständnis der Bedürfnisse und der Erwartungen der Interessengruppen und des externen Umfelds.*
- *Die Strategie beruht auf dem Verständnis der eigenen Leistungen und Fertigkeiten.*
- *Die Strategie und unterstützende Leitlinien werden entwickelt, überprüft und aktualisiert, um ökonomische, gesellschaftliche und ökologische Nachhaltigkeit sicherzustellen.*
- *Die Strategie und unterstützende Leitlinien werden kommuniziert und durch Pläne, Prozesse und Zielsetzungen umgesetzt.*

*Mitarbeiter*

- *Personalpläne unterstützen die Strategie der Organisation.*
- *Wissen und Fähigkeiten der Mitarbeiterinnen und Mitarbeiter werden entwickelt.*
- *Mitarbeiterinnen und Mitarbeiter handeln abgestimmt, werden eingebunden und zu selbständigem Handeln ermächtigt.*

- *Mitarbeiterinnen und Mitarbeiter kommunizieren wirkungsvoll in der gesamten Organisation.*
- *Mitarbeiterinnen und Mitarbeiter werden belohnt, anerkannt und betreut.*

***Partnerschaften und Ressourcen***

- *Partner und Lieferanten werden zu nachhaltigem Nutzen gemanagt.*
- *Finanzen werden zum nachhaltigen Erfolg gemanagt.*
- *Gebäude, Sachmittel, Material und natürliche Ressourcen werden zur Unterstützung der Strategie nachhaltig gemanagt.*
- *Technologie wird gemanagt, um die Realisierung der Strategie zu unterstützen.*
- *Information und Wissen werden gemanagt, um die effektive Entscheidungsfindung zu unterstützen und die Fähigkeit der Organisation aufzubauen.*

***Prozesse, Produkte und Dienstleistungen***

- *Prozesse werden entwickelt und gemanagt, um den Nutzen für die Interessengruppen zu optimieren.*
- *Produkte und Dienstleistungen werden entwickelt, um optimale Werte für Kunden zu schaffen.*
- *Produkte und Dienstleistungen werden effektiv beworben und vermarktet.*
- *Produkte und Dienstleistungen werden hergestellt, geliefert und gemanagt, um den laufenden Erfolg der Organisation zu sichern.*
- *Kundenbeziehungen werden gemanagt und vertieft.*

Auf der Ergebnisseite haben wir im ersten Anlauf folgende Kennzahlen als steuerungsrelevant identifiziert:

***Kundenbezogene Ergebnisse***

- *Kundenzufriedenheit*
- *Wiederbeauftragung*
- *Umwandlungsquote Termin zu Angebot*
- *Umwandlungsquote Angebot zu Auftrag*
- *Bestandskundenumsatz*
- *Neukundenumsatz*
- *Cross-Selling-Quote*
- *Durchschnittlicher Stundensatz*
- *Umsatzanteil mit dem größten Kunden*
- *Umsatzanteil mit den fünf größten Kunden*

***Mitarbeiterbezogene Ergebnisse***

- *Glaubwürdigkeit*
- *Respekt*
- *Fairness*
- *Stolz*
- *Teamgeist*
- *Fluktuationsrate*
- *Azubi-Quote*
- *Platzierung bei Great Place to Work®*
- *Ausbildungsquote in Tagen pro Mitarbeiter*
- *Zertifikate der Mitarbeiter*

*Gesellschaftsbezogene Ergebnisse*

- *Zeiteinsatz für Corporate Social Responsibility (CSR) Projekte*
- *Schlüsselpositionen in Verbänden*
- *Bewertung der Mitarbeiter bezogen auf die CSR Aktivitäten*
- *Bewerbungseingang*
- *Ausgaben für CSR Tätigkeiten*
- *Anzahl Presseveröffentlichungen*

*Schlüsselergebnisse*

- *Umsatzerlöse*
- *Gewinn vor Steuern*
- *Anzahl Mitarbeiter*
- *Auslastung der Mitarbeiter*
- *Anzahl Auslandsgesellschaften*
- *Kosten und Nutzen des Auslandsgeschäfts*

Bei den Ergebnisbereichen gilt es, belastbare Statistiken von mindestens drei Jahren vorweisen zu können und diese idealerweise mit einem Branchenbenchmark zu vergleichen. Auf diese Weise kann dokumentiert werden, ob sich das Unternehmen entwickelt und ob es im Vergleich zu anderen Unternehmen positiv heraussticht.

Nachdem wir bei noventum das Prozesshaus gebaut hatten, haben wir die Kennzahlen für alle Kernprozesse noch einmal überprüft und aktualisiert und daraus die wichtigsten Kennzahlen extrahiert, die für das Unternehmenscockpit relevant sind.

Auf dieser Basis wird jetzt quartalsweise die Abweichungsanalyse durchgeführt. Bei gelben und roten Ampeln verpflichten sich die Prozessverantwortlichen zu entsprechenden Maßnahmen, die die Kennzahl wieder in den grünen Bereich führen können.

## Die Innovation des Managements

Ich glaube nicht, dass es im 21. Jahrhundert ausreicht, das Handwerk des Managements zu beherrschen, so wie ich oben Boris Grundl, Bodo Schäfer und Friedmund Malik zitiert habe. Auch unser EFQM ist nur die handwerkliche Grundlage unseres Führungsverständnisses. An manchen Stellen führt die akribische Anwendung des Handwerks meines Erachtens sogar in die falsche Richtung, insbesondere, wenn es um detaillierte Aufgabenbeschreibungen und Kontrollen geht. Glaubwürdige Führungs- und Managementkonzepte für das 21. Jahrhundert habe ich u.a. bei Gary Hamels „The Future of Management[55]“, Daniel H. Pinks „Drive[56]“, Stephan R. Coveys „Der 8. Weg[57]“ und bei Matthias Horx „Buch des Wandels[58]“ gefunden. Diese Ideen möchte ich hier als Ergänzung bzw. als Gegenentwurf zu dem Management als Handwerk darstellen.

Gary Hamel erläutert in „The Future of Management”, dass die Taylor'schen Prinzipien

- *Trennung von Arbeit und Verantwortung,*
- *Hierarchie,*
- *Auswahl der Mitarbeiter nach technischer Kompetenz,*
- *Trennung von Inhaber und Manager*
- *und klare und unpersönliche Regeln.*

und die Definitionen des Managements durch Henry Ford, nämlich

- *Planen,*
- *Organisieren,*
- *Anweisen,*
- *Koordinieren*
- *und Überwachen*

zukünftig nicht mehr ausreichen werden.[59] Die Managementsysteme der Industriegesellschaft des 20. Jahrhunderts sind auf die Optimierung reproduzierbarer Tätigkeiten ausgerichtet. Für die Wissensgesellschaft des 21. Jahrhunderts ist eine Weiterentwicklung der Managementverfahren erforderlich. Nach Ansicht von Gary Hamel kommt es jetzt auf Folgendes an:

- *Ziele setzen*
- *Persönliches Engagement mit Unternehmenszielen vereinbaren*
- *Aktivitäten koordinieren und steuern*
- *Talente entwickeln und an der richtigen Stelle einsetzen*
- *Wissen kumulieren und sichern*
- *Aufbau und Pflege von Beziehungen*
- *Ausgleich der Interessen aller Stakeholder*[60]

Dass diese Führungsaufgaben heute in vielen Unternehmen noch nicht vollständig angewandt werden, ist nach Gary Hamels Ansicht dadurch begründet, dass oft

- *zu viel Management und zu wenig Freiheit,*
- *zu viel Hierarchie und zu wenig Gemeinschaft*
- *und zu viele Regeln und zu wenig Sinn*

vorherrschen[61]. Seine Grundsätze des Managements des 21. Jahrhunderts sehen wie folgt aus[62]:

- *Experimente schlagen Planungen*
- *Je vielseitiger die Belegschaft, desto besser*
- *Märkte sind dynamischer als Hierarchien*
- *Produktionseffizienz ist ungleich strategischer Effizienz*
- *Jeder darf eine abweichende Meinung haben*
- *Führung wird verteilt*
- *Die Mission ist entscheidend*
- *Menschen verändern sich, wenn es ihnen wichtig ist*
- *Vielseitigkeit ermöglicht Kreativität*
- *Du kannst unplanbare Chancen begünstigen*

Daniel H. Pink stellt in seinem Buch „Drive" die entscheidenden Faktoren für intrinsische Motivation dar, welche durch die Führungskraft unterstützt werden müssen. Die neuen Faktoren sind Autonomie, Sinn und Perfektion. Sie ersetzen die alten externen Motivatoren Zuckerbrot und Peitsche. Mitarbeiter haben Lust, etwas zu leisten (Perfektion), wenn man ihnen etwas zutraut und sie selbständig arbeiten können (Autonomie) und wenn sie spüren, dass sie einen wichtigen Beitrag leisten (Sinn). Managementsysteme müssen die intrinsische Motivation unterstützen und nicht behindern.[63]

Nach Stephen R. Covey in seinem Buch „Der 8. Weg“ existieren vier Rollen effektiver Führung, und zwar die des Vorbilds, die des Visionärs, die des Moderators und die des Coaches. In der Umsetzung hat die Führungskraft sich nach seiner Meinung auf wenige Ziele zu fokussieren, ein Unternehmenssteuerungssystem einzuführen und das Wichtigste (nicht das Dringendste) zuerst zu tun. Seine 7 plus 1 Wege im Zeitalter der Wissensarbeit sind:

- *Pro-Aktivität*
- *schon am Anfang das Ende im Sinn haben*
- *das Wichtigste zuerst tun*
- *Win-Win Denken*
- *erst Verstehen, dann verstanden werden wollen*
- *die Schaffung von Synergien*
- *das Schärfen der Säge*

und

- *das Finden der inneren Stimme*[64]

Für Covey gelten die Prinzipien Respekt, Ehrlichkeit, Güte, Integrität, Gerechtigkeit und Dienermentalität der modernen Manager und Führungskräfte immer und überall. Er unterscheidet dabei zwischen Managern und Führungskräften. Manager tun die Dinge richtig, Führungskräfte tun die richtigen Dinge. Manager bewältigen Komplexität, Führungskräfte bewältigen Veränderungen. Manager sind Baumeister, Führungskräfte sind Architekten. Manager sind Kontrolleure, Führungskräfte sind Visionäre.[65]

Covey sieht die klassischen Umsetzungsschwachstellen effektiver Führung bei mangelnder Klarheit (Verkünden statt Einbeziehen), mangelnder Verpflichtung (Verkaufen statt Ansprache der ganzen Person), mangelnder Aktion (Jobbeschreibung statt Ziele), mangelnder Ermöglichung (Zuckerbrot und Peitsche statt individueller Ausrichtung), mangelnder Synergie (Appell statt Kommunikation) und mangelnder Verantwortung (Leistungsbeurteilung statt Scoreboard).[66]

Matthias Horx stellt in seinem „Buch des Wandels“ das Modell der meta-strategischen Führung vor. Horx führt aus, dass Unternehmen des Industriezeitalters sich durch raffiniert abgestufte Hierarchien auszeichnen, die von hoher Effizienz geprägt sind. In der klassischen Produktions-Ökonomie macht dies Sinn, geht es doch darum, durch Kontrolle und Kommando „möglichst viel vom Gleichen” zu erzeugen. In einer komplexeren Umwelt steigen jedoch die Transaktionskosten innerhalb der Hierarchien steil an, was zu eskalierenden Krisen und organisatorischen Brüchen führt. Adaptive Netzwerke und ihre meta-strategische Führung sind deshalb die evolutionäre Konsequenz der Unternehmensentwicklung. Dazu ist nach Horx ein heißer Unternehmenskern mit einer hochattraktiven gemeinsamen Vision und fest verankerten Werten entscheidend, um die Kraft der adaptiven Netzwerke zu bündeln. Keine Organisationseinheit innerhalb dieses Systems sollte mehr als 150 Mitarbeiter umfassen, das ist die maximale Steuerungsspanne in der Wissensökonomie.[67]

## GLÜCKLICH FÜHREN

»EIN WEITERERS GEHEIMNIS MEINES GLÜCKS IST SICHERLICH DIE FÄHIGKEIT UND BEREITSCHAFT, VERTRAUEN ZU SCHENKEN. VERTRAUEN ENTLASTET UND REDUZIERT KOMPLEXITÄT, VORAUSGESETZT DER BETRAUTE IST IN DER LAGE, MIT SEINER GEGEBENEN VERANTWORTUNG VERTRAUENSWÜRDIG UMZUGEHEN. DASS DIES MÖGLICH IST, IST MEINE VERANTWORTUNG.«

*Uwe Rotermund*

# TEIL IV

# MARKE, MISSION UND AUSBLICK

# IV.1 NOVENTUM MARKENENTWICKLUNG

## Arbeitgebermarke (Employer Brand)

Die Entwicklung einer Arbeitgebermarke, eines Employer Brands, ist spätestens seit dem Aufkommen der Diskussionen um den Fachkräftemangel in aller Munde. Die Unternehmen, die neue Fachkräfte benötigen, müssen sich durch ein Wertversprechen als Arbeitgeber attraktiv machen. Die dabei verwendeten Kommunikationsmittel sind so vielseitig wie die im Produktmarketing.

Dabei unterscheide ich an dieser Stelle zwischen den werblichen Aussagen, wie z.B. Broschüren, Website, Bewerbermessestand, Plakate, Sponsoring, Stellenanzeigen, Social Media Anwerbungen, Werbevorträge, Preisträgerlogos u.ä. und auf der anderen Seite der substanziellen Kooperation mit Bildungseinrichtungen. Wir haben uns bei noventum entschieden, primär die substanzielle Kooperation mit Hochschulen einzusetzen. Werbliche Aussagen setzen wir in Einzelfällen oder begleitend dazu ein. Wir sind davon überzeugt, dass die substanzielle Kooperation in Form von Gastvorlesungen, Praktikumsplätzen sowie Betreuung von Bachelor- und Masterarbeiten deutlich glaubwürdiger ist und besser zu uns passt, auch wenn die Reichweite dabei sehr begrenzt ist. Durch Mundpropaganda unserer „Fans“ entsteht dann aber doch eine gewisse Breite der Wahrnehmung unserer Arbeitgebermarke.

Die stärkste Wirkung entfacht unsere Arbeitgebermarke jedoch durch die offensive Kommunikation unserer Mitarbeiter in deren Freundeskreis. Echte Schönheit kommt von innen. Bei der regelmäßigen Analyse der Bewerberströme verzeichnen wir die höchste Qualität tatsächlich aus dem Umfeld unserer Mitarbeiter.

Das Great Place to Work® Logo ist dabei in der Regel nicht der Auslöser des Interesses, sondern das i-Tüpfelchen bei bereits Interessierten, insbesondere dann, wenn wir die Haltung, die hinter dem Preis „Deutschlands Beste Arbeitgeber“ steht, persönlich erläutern.

## Auswirkung der noventum Arbeitgebermarke auf die Gesamtmarke

Mit der starken Medienpräsenz, die uns durch den dreimaligen Gewinn des Great Place to Work® Wettbewerbs in Deutschland zuteil wurde und durch unsere eigene Kommunikation dieses Erfolges, ist unsere preisgekrönte Unternehmenskultur inzwischen zu einem sehr starken Markenbestandteil geworden. Kunden und weitere Geschäftspartner sehen bei uns oft das Merkmal des attraktiven Arbeitgebers noch deutlich vor unseren Kerngeschäftsfeldern des IT Managements. Durch die häufige und gestalterisch anspruchsvolle Ankündigung von offenen Veranstaltungen zu zukunftsorientiertem Management zahlen wir zusätzlich auf die Marke als attraktiver Arbeitgeber und als innovationsfreundliches Unternehmen ein. Schließlich verbinden viele Menschen in unserem Umfeld die Marke noventum mit Internationalität und sozialer Verantwortung. Warum überlagern diese nicht-fachbezogenen Attribute unsere Kernkompetenzen im IT Managementconsulting? Vermutlich, weil wir in unseren Kerngeschäften zwar eine sehr nutzenbringende Leistung produzieren, aber die Entwicklung von leicht verständlichen Alleinstellungsmerkmalen erheblich schwieriger und langwieriger ist, als die nicht-fachlichen, außergewöhnlichen und auffälligen Markenbestandteile.

Ist das ein Problem, dass wir mehr für unsere nicht-fachlichen, herausstechenden Merkmale stehen, als für unser Kerngeschäft? Definitiv nicht, denn dort, wo wir fachlich tätig oder im Angebot sind, wissen die Entscheider genau, dass wir für IT Managementberatung stehen. Unsere anderen besonderen Merkmale wirken dort als Verstärker und erhöhen damit unsere Chancen. Bei Entscheidern potenzieller Kunden, die sich noch nicht genauer mit uns befasst haben, mag jedoch tatsächlich der Eindruck entstehen, wir seien eine Veranstaltungsagentur, einfach nur ein netter Arbeitgeber oder eine respektwürdige regionale non-Profit-Spendensammelorganisation. Dieses Image bringt zwar kein Geschäft, hilft aber unseren Vertriebsmitarbeitern, über unsere undifferenzierte Bekanntheit Kontakte aufzubauen, die später in ein Angebot im Umfeld der IT Managementberatung münden können.

## noventum Markenwertanalyse

Die Marke noventum hat sich nach unserem Gefühl in den letzten fünf Jahren deutlich entwickelt. Zum einen haben wir mit großer Energie und über viele Kanäle unsere fachlichen Themen des IT Managements positioniert. Zum anderen haben wir in vermutlich noch höherer Kommunikationsdichte auch unsere Veranstaltungen, unsere Sozialprojekte und unsere preisgekrönte Unternehmenskultur hervorgehoben. Wir waren sehr neugierig, ob diese Markenbildungsmaßnahmen Wirkung gezeigt haben bzw. ob unsere Marke positiv besetzt und bei vielen Entscheidern bekannt ist. Hierzu haben wir mit der Fachhochschule Münster ein Projektseminar zur Markenwertanalyse initiiert. Die Ergebnisse waren ermutigend. Auf die ungestützte Frage im Kreise unserer Kunden, von wem sie IT Consulting Dienstleistungen beziehen würden, wurden zwei Unternehmen herausgehoben: IBM und noventum. Es ist uns schon eine besondere Ehre, zu den beiden Bekanntesten zu gehören. Bezüglich der Qualität haben wir die Relevanz und Wahrnehmung der fünf wichtigsten Attribute erhoben. Diese waren Kompetenz, Lösungsorientierung, Vertrauen, Loyalität und Preis-Leistungsverhältnis. In all diesen fünf Merkmalen war sowohl die Relevanz für die Kunden sehr hoch, als auch unsere Ausprägung.

## IV. 2 NOVENTUM IN NEUER ROLLE

### Great Place to Work® Botschafter

Nachdem wir im Herbst 2011 unseren Kultur Audit© erstellt hatten, war bereits klar, dass dies vorerst die letzte Wettbewerbsteilnahme zu „Deutschlands Beste Arbeitgeber“ sein würde. Nach zuvor zwei ersten Plätzen der Jahre 2010 und 2011 und der Hoffnung auf eine Spitzenplatzierung im Jahre 2012 suchten wir nach einer neuen Rolle in der Great Place to Work® Gemeinschaft. Wir wollten die Mission der Vertrauenskultur verbreiten und dies nicht nur fallweise auf Great Place to Work® Networking Veranstaltungen, sondern aktiv und selbständig als Great Place to Work® Botschafter. Wir wollten vielen Unternehmen, die Interesse an Vertrauenskultur haben, denen aber die Instrumente fehlen, auf dem Weg zu exzellenter Unternehmenskultur helfen. Wir wollten Unternehmen aufspüren, bei denen der Samen der Vertrauenskultur auf fruchtbaren Boden fällt und diese davon überzeugen, durch eine Great Place to Work® Benchmark Studie eine Orientierung zu erhalten. Danach war es unsere Absicht, den langjährigen Lernprozess dieser Unternehmen zu begleiten und dadurch deutlich zu verkürzen.

Nachdem wir diese Idee mit den Geschäftsführern von Great Place to Work® Deutschland besprochen hatten, zeigten diese großes Interesse an unserer Absicht. Die Rolle des Great Place to Work® Botschafters wurde aus diesem Anlass erstmals definiert. Für Great Place to Work® bot dies die Chance, dass wir als Multiplikator diese Idee mit der Glaubwürdigkeit eines langjährigen Teilnehmers weiter verbreiten und somit die Anzahl der teilnehmenden Unternehmen an dem Benchmarking Wettbewerb „Deutschlands Beste Arbeitgeber“ steigern könnten. In diesem Zusammenhang war es für uns allerdings ausgeschlossen, weiter an dem Wettbewerb teilzunehmen. Die Zusammenarbeit mit dem Great Place to Work® Institut wurde dafür zu eng, womit die Neutralität für Außenstehende in Frage gestellt werden könnte. Schweren Herzens verzichten wir jetzt auf den Nervenkitzel der Preisverleihung und lassen uns außer Konkurrenz die Zufriedenheit unserer Mitarbeiter durch das Great Place to Work® Institut überprüfen. Auf dem Treppchen stehen demnächst andere. Unser interner Lern- und Optimierungsprozess geht jedoch selbstverständlich ungebremst weiter.

Die Botschafterrolle fülle ich sehr gerne und engagiert aus, weil ich damit einen Beitrag leisten kann, die Arbeitsbedingungen in den Unternehmen zu verbessern. Das stärkt unseren Standort, denn Unternehmen mit gelebter Vertrauenskultur sind in der Regel wirtschaftlich erfolgreicher. Das haben viele Studien von Great Place to Work® auch international eindeutig belegt. Auch in dem Miteinander von Unternehmen, Kunden, Lieferanten, Wettbewerbern, Behörden und schließlich der gesamten Gesellschaft ist eine Haltung, die von Glaubwürdigkeit, Respekt und Fairness geprägt ist, einfach erfolgreicher und gesünder. Dafür lohnt es sich, sich in vielfältiger Weise einzusetzen.

## „Beste Arbeitgeber im Münsterland"

Mit meiner Berufung in den Beirat des Münster Marketings engagierte ich mich sehr stark für die Idee des Regionalwettbewerbs „Beste Arbeitgeber im Münsterland", damit möglichst viele Münsterländer Unternehmen sich einer vertrauensbasierten Unternehmenskultur verpflichteten. Zu diesem Zeitpunkt gab es in Deutschland noch keine Regionalwettbewerbe. Als ich diese Idee dann dort ansprach, rannte ich offene Türen ein. Das Great Place to Work® Institut hatte parallel auch schon darüber nachgedacht, sodass ich nicht lange überzeugen musste, damit der erste Regionalwettbewerb in 2012/2013 für das Münsterland ausgerichtet wurde. Eine wichtige Voraussetzung war dann noch, starke Multiplikatoren zu finden, um schon bei der Erstauflage des Wettbewerbs „Beste Arbeitgeber im Münsterland" eine ansehnliche Teilnehmerzahl zu haben. Da war der Wunsch des Münster Marketings, konkrete Projekte für das Profilierungselement *Lebensart* auf den Weg zu bringen, Rückenwind für die Idee der Prämierung der Liste „Beste Arbeitgeber im Münsterland". Nachdem in den Gremien der Stadt schnell Einigkeit darüber bestand, dass dieser Wettbewerb eine gute Sache für die Region war, und nachdem sich auch die IHK, die Handwerkskammer und andere Verbände angeschlossen hatten, stand einer Suche nach teilnehmenden Unternehmen eigentlich nichts mehr im Wege. Während man in der Stadt Münster noch darüber nachdachte, wie man die Münsteraner Unternehmen für die Studienteilnahme begeistern könnte, lief ich schon einmal los und führte Gespräche mit den großen und bekannten Unternehmen. Die Resonanz war sehr gut, einige große Namen sagten spontan zu.

Nachdem das Projekt der Teilnehmergewinnung schon einen guten Start hatte, kamen dann doch noch Bedenken aus den Reihen der Stadt und der IHK. Die Sache sei ja im Prinzip ganz gut, aber das Great Place to Work® Institut verdiene doch damit Geld, und wenn eine öffentliche Verwaltung eine privatwirtschaftliche Organisation empfehle, dann könne dies doch von der Öffentlichkeit und gegebenenfalls auch juristisch kritisch gesehen werden. Diese Argumente konnte ich nicht von der Hand weisen, auch wenn uns allen klar war, dass für den Wirtschaftsstandort Münster möglicherweise eine große Chance ungenutzt bleiben müsste, denn ohne die Unterstützung der Stadt würde die Attraktivität des Wettbewerbs deutlich sinken. Auf der Suche nach einer Lösung zur Wahrung der Neutralität der Stadt bei gleichzeitiger Mobilisierung von Multiplikatoren, haben wir dann das Modell entwickelt, den Münsterland e.V. und den Bundesverband mittelständische Wirtschaft BVMW als Schnittstelle zu den Münsterländer Unternehmen zu wählen. Diese schrieben dann ihre Mitglieder an und führten diverse Informationsveranstaltungen mit teilweise großem Zulauf durch. Auch hatte sich der Oberbürgermeister Markus Lewe bereit erklärt, eine Keynote bei der Preisverleihung am 30. April 2013 zu sprechen. Als Medienpartner hatten sich inzwischen die Westfälischen Nachrichten eingebracht. Im Hintergrund und auch im Vordergrund unterstützte das Great Place to Work® Institut kräftig. Und auch ich nutzte jede Chance, meine regionalen Geschäftsfreunde mit der Idee der Vertrauenskultur zu begeistern. Damit stand das Grundgerüst für die Gewinnung der notwendigen Teilnehmerzahl.

Anfang des Jahres 2013 stand dann fest, dass 45 Unternehmen teilgenommen hatten und 20 Unternehmen das Siegel „Beste Arbeitgeber im Münsterland" erhielten. Wie auch im Bundeswettbewerb wurde die genaue Platzierung erst während der Preisverleihungszeremonie bekannt gegeben. Das erste Jahr hat die Erwartungen für das Great Place to Work® Institut voll erfüllt. Meine auch. Nur ist es für mich ein merkwürdiges Gefühl, dass der Name noventum völlig auf der Preisträgerliste fehlt. Ich freue mich schon auf die Preisverleihung des Dachwettbewerbs „Deutschlands Beste Arbeitgeber", wenn dort überproportional viele Unternehmen des Münsterlands unter den Preisträgern sein könnten. Es macht mich stolz, wenn man sich dann fragt, was denn da im Münsterland so attraktiv ist. Der gute Auftakt in 2012/2013 lässt vermuten, dass eine weitere Fortführung in 2013/2014 erfolgt.

Für die teilnehmenden Unternehmen des Münsterlandes liegen die neuen Potenziale auf der Hand. Einerseits können sie mit der neuen Qualität ihrer Arbeitgebermarke die Hochschulabsolventen, Schulabgänger, Wechselwillige u.a. positiv auf sich aufmerksam machen. Die Chance auf das Gütesiegel „Beste Arbeitgeber im Münsterland" ist deutlich höher als im Bundeswettbewerb. Anderseits ist der persönliche, regionale Erfahrungsaustausch zu den Best Practices im wahrsten Sinne des Wortes nahe liegend. So kann eine unternehmensübergreifende Kultur des Vertrauens entstehen, das nützt allen. Für den Regionalwettbewerb wurde übrigens die Mindestmitarbeiterzahl von 50 auf 20 reduziert, womit auch für kleinere Firmen und

Betriebe die Chancen der systematischen Entwicklung der Unternehmenskultur geöffnet wurden. Zudem können rechtlich nicht eigenständige Betriebe, Standorte etc. am regionalen Wettbewerb teilnehmen.

Der Vollständigkeit halber sei erwähnt, dass kurz nach der Entscheidung zur Ausschreibung „Beste Arbeitgeber im Münsterland“ auch die Region Berlin/Brandenburg einen Regionalwettbewerb aufgesetzt hat. Mit einem kleinen Schmunzeln vergleiche ich die Fläche und Bevölkerungszahlen und bin stolz darauf, dass das Münsterland als Pilot für Regionalwettbewerbe die Initiative ergriffen hat. Im jetzt kommenden Jahr werden weitere Regionalwettbewerbe vom Great Place to Work® Institut ausgeschrieben. Das Konzept greift. Für mich ist das Freude und Chance zugleich. Freude über die Verbreitung des Erfolgsfaktors Vertrauenskultur, Chance durch die vielen Unternehmen, denen ich mit Rat und Tat zur Seite stehen kann.

## Great Place to Work® Turkey

Die Preisverleihungen zum „Best Workplace in Europe“, denen wir in London, Wien, Madrid, Paris und Berlin beiwohnen durften, waren aus Sicht der Atmosphäre und der spannenden Gespräche mit den Preisträgern aus anderen Ländern ein ganz besonderes Highlight. Stark vertreten waren neben den Deutschen auch die Skandinavier, die Niederländer, die Engländer, einige Italiener und Franzosen. In Wien im Jahre 2009 hatte sogar ein griechisches Unternehmen den ersten Platz belegt. Als in der Türkei engagierter Unternehmer wunderte ich mich jedoch, warum es bislang keinen Wettbewerb zum besten Arbeitgeber der Türkei gab, zumal das Great Place to Work® Institute in 49 Ländern in der Welt erfolgreich tätig war. Ausgerechnet die Türkei, wo die Wirtschaft boomt, der Kampf um die gut ausgebildeten Fachkräfte tobt und eine rasante Modernisierung der Unternehmen stattfindet, war vom Great Place to Work® Institut bisher noch nicht in den Fokus genommen worden. Woran lag das? Die Antwort der deutschen Geschäftsführer von Great Place to Work® war einfach. Weil sich bislang noch kein Lizenznehmer dafür interessiert hatte. Ich fand, das sollte sich ändern und überzeugte Frank Hauser und Andreas Schubert, zu einer ersten zweitägigen Markteinschätzungsreise mit Turgay und mir nach Istanbul zu fliegen. Dort trafen wir einige unserer Kunden, wie auch Kunden unseres Kooperationspartners Great Place to Work®. Danach war klar, über kurz oder lang musste Great Place to Work® dort präsent sein und Great Place to Work® Deutschland wollte die Verantwortung dafür übernehmen. Als noventum wollte ich mich auch stark einbringen. Dahinter steckte für mich der gleiche Missionarsgeist wie für das Münsterland.

Die Etablierung des Wettbewerbs in der Türkei hat dann in den folgenden Jahren die Komplexität der Einrichtung des Regionalwettbewerbs um ein Vielfaches übertroffen. Es gestaltete sich anspruchsvoller, einen Medienpartner zu finden, die Businessplanung war anspruchsvoller, die Lizenzgebühren und sonstigen Kosten am Rande des Zumutbaren und schließlich waren die türkischen Unternehmen nicht ganz so entscheidungsfreudig wie die Münsterländer. Die Vorbereitungszeit betrug dann schließlich auch ca. zwei Jahre, bis alles in trockenen Tüchern war und das Team von Great Place to Work® Türkiye, ein Tochterunternehmen von Great Place to Work® Deutschland, die ersten Unternehmen für den Wettbewerb „Beste Arbeitgeber in der Türkei" ansprechen und gewinnen konnte. Auch dort konnte dank des sehr engagierten Einsatzes des fünfköpfigen Great Place to Work® Teams in der Türkei Ende 2012 das Eis gebrochen werden, sodass von ca. 45 teilnehmenden Unternehmen erstmalig im Mai 2013 die 20 Besten ausgezeichnet wurden – welch interessante Parallelität zwischen dem Münsterland und der Türkei.

Für uns als noventum Türkiye ist die Nähe zum Great Place to Work® Institut ein markenbereichernder Bestandteil. Obwohl noventum in der Türkei noch zu klein für eine Wettbewerbsteilnahme ist, so stehen wir doch für eine vertrauensbasierte Unternehmenskultur. Schließlich haben wir auf mehreren unserer großen Kundenveranstaltungen *noventum day* für die Ideen des Great Place to Work® Instituts kräftig die Werbetrommel gerührt und Erfolgsgeschichten aus Deutschland erzählt.

Wir arbeiten jetzt gemeinsam mit Great Place to Work® Türkiye daran, die Anzahl der interessierten und teilnehmenden Unternehmen von Great Place to Work® auszubauen, sodass die Anzahl der Wettbewerbsteilnehmer 2013/2014 deutlich höher wird.

## Great Place to Work® Botschafter für ITK

Ganz ohne unsere Anregung, jedoch nicht ohne unsere Unterstützung, wurde in 2012 mit dem ITK Benchmarking ein neuer Branchenwettbewerb von Great Place to Work® Deutschland etabliert. Es ist der zweite Branchenwettbewerb neben der Prämierung „Beste Arbeitgeber Gesundheit & Soziales". Während im Fall des Gesundheitswesens der Treiber war, zu zeigen, dass auch unter schwierigsten äußeren Umständen eine vertrauensbasierte Unternehmenskultur möglich ist, wollte das Great Place to Work® Institut bei der Etablierung des ITK Branchenwettbewerbs insbesondere auch den Unternehmen eine Chance des Employer Brandings im Wettbewerb um die wertvollen IT Fachkräfte bieten.

Nachdem die Entscheidung für den Branchenwettbewerb gefallen war, haben wir ganz im Sinne unserer Botschafterrolle auch unsere Kontakte darauf hingewiesen. In den BITKOM Arbeitskreisen *Vertrieb*, *Professional Services* und *Personalentwicklung* hielt ich Vorträge, in denen ich den Nutzen von Vertrauenskultur darstellte. Auch war es mir ein großes Vergnügen, mit einem leitenden Redakteur der Computerwoche ein ausführliches Interview zum Thema Vertrauenskultur zu führen, welches später umfassend veröffentlicht wurde.

Der Branchenwettbewerb „Beste Arbeitgeber in der ITK“ des Great Place to Work® Instituts ist mit über 90 Teilnehmern sehr erfolgreich gestartet. Wie groß mein Anteil daran ist, kann ich nicht einschätzen, freue mich aber in jedem Fall sehr über die weitere Verbreitung der Idee. Ein bisschen sticht es natürlich, dass in einer der letzten Ausgaben der Computerwoche groß die Preisträger der IT im Jahre 2013 angekündigt wurden und noventum war nicht dabei. Wir hatten ja von einer offiziellen Teilnahme wegen des Botschafterstatus Abstand genommen.

Der nun folgende IT Wettbewerb 2013/2014 hat für uns besonderen Charme. An diesem können jetzt nicht nur IT Gesellschaften in Form von eigenen juristischen Einheiten teilnehmen, sondern auch IT Abteilungen mit mehr als 50 Mitarbeitern. Dem CIO wird damit die Chance gegeben, unabhängig vom Personalleiter eine Erhebung der Unternehmenskultur in seinem Bereich vorzunehmen und eine Bereichsmarke für Bewerber aufzubauen. Mit unserer Botschafterrolle können wir dann direkt bei dem gleichen Ansprechpartner sowohl unseren Nutzen für die Entwicklung der Unternehmens- bzw. Bereichskultur, als auch für unser IT Managementconsulting verdeutlichen.

## Gründung von Great Place to Work® Gesellschaften, z.B. in Südafrika

Vor vier Jahren trieb mich die Idee, das Great Place to Work® Institut von der Chance in der Türkei zu überzeugen. Nach langer Vorbereitungszeit konnte der Wettbewerb dann erfolgreich in 2013 gestartet werden. Bei der Bewertung des Potenzials für einen Wettbewerb der besten Unternehmenskulturen in Südafrika komme ich zu einer ähnlichen Einschätzung wie einst in der Türkei. Die Unternehmen Südafrikas können einen großen Nutzen aus dem Great Place to Work® Ansatz erzielen. Substanzielles Employer Branding hat auch dort eine große Bedeutung.

Aus dieser Überlegung heraus konnte ich meine Tochter Laura überzeugen, die aktuell International Management an der Fachhochschule Münster studiert, ihre Bachelorthesis über die Chancen einer Etablierung eines Great Place to Work® Unternehmens in Südafrika zu schreiben. Auf die Ergebnisse bin ich sehr gespannt. Sollte sich das von mir erwartete Potenzial bestätigen, würde ich sehr gerne in 2014/2015 die Suche nach den besten Arbeitgebern am Kap der Guten Hoffnung als ein neues Projekt mit Great Place to Work® angehen.

Es bleibt atemberaubend.

## Corporate Culture Concepts als Geschäftsfeld

Bei der Überarbeitung des noventum Leistungsportfolios im Herbst 2012 setzen wir uns mit allen Führungskräften daran, uns weiter zu fokussieren. Bis dahin hatten wir uns mit neun Dienstleistungspaketen aufgestellt. Ganz schön vielseitig für ein mittelständisches Unternehmen, fanden wir und fanden auch einige unserer Kunden. Eines von diesen neun Dienstleistungspaketen war der Service *Future Management*, worunter ich von 2010-2012 Vorträge, Workshops, Veranstaltungen und Projekte zum Thema Innovations- und Zukunftsmanagement anbot und verkaufte. Während dieser Zeit fokussierte ich mich nach und nach mehr auf das Thema *zukunftsorientierte Unternehmenskultur*, indem ich die Erkenntnisse des Zukunftsinstituts mit den Strukturen des Great Place to Work® Instituts verknüpfte. Dies sollte sich auch in dem neuen Namen meines Dienstleistungspaketes ausdrücken: *Corporate Culture Concepts – Forum zukunftsorientierter Unternehmenskultur*, kurz CCC, was den Service *Future Management* ersetzt. In diesem Zusammenhang entschieden wir, dass CCC eine eigene Marke außerhalb des noventum IT Managementconsulting Portfolios werden sollte und wir die verbleibenden acht Dienstleistungspakete auf fünf reduzierten.

Mit Corporate Culture Concepts helfen wir den Personalleitern großer Unternehmen, sich erfolgreich auf den Weg zu machen, eine Vertrauenskultur nach dem Great Place to Work® Ansatz zu entwickeln. Das beginnt oft mit motivierenden Keynotes bei Strategiemeetings oder mit Workshops zur Entwicklung von Ansätzen für eine bessere Unternehmenskultur. Sofern sich unsere Kunden danach für eine Teilnahme an dem Great Place to Work® Wettbewerb entschließen, lassen wir sie gerne von unseren langjährigen Erfahrungen bei der Wettbewerbsvorbereitung, der Analyse der Ergebnisse und der darauf basierenden Entwicklung von Instrumenten zur Entwicklung einer echten Vertrauenskultur teilhaben. Ein besonderer Nutzen entsteht dann, wenn die von uns beratenen Unternehmen sich entschließen, dann auch IT HR Managementsysteme einzuführen, um damit die Prozesse in der Personalarbeit deutlich zu verbessern. In diesem Fall können wir die Funktion des Projektleiters zwischen Personalleiter und CIO wahrnehmen. Der Mehrwert liegt darin, dass wir sowohl die Sprache der Personaler als auch der ITler verstehen und damit Projektbarrieren schnell erkennen und wegräumen können.

Ergänzend zu den Vorträgen, Workshops und Projekten organisiere ich auch weiterhin die oben beschrieben Veranstaltungen, die alle das Ziel verfolgen, Anregungen zu zukunftsorientierter Unternehmenskultur zu geben und Erfahrungen mit den Teilnehmern zu teilen.

Es ist sehr befriedigend, dass wir mit CCC ein Geschäftsfeld entwickelt haben, dass nach Stefan Meraths Nutzenpyramide sowohl Kundennutzen *(K)*, als auch Weltnutzen *(W)* erzeugen kann. Vertrauenskultur lohnt sich für Unternehmen und für ganze Wirtschaftssysteme. Und die Menschen sind in einer vertrauensbasierten Umwelt deutlich glücklicher.

## IV. 3 MEINE ÜBERZEUGUNGEN

### Grundmotivation

Jetzt wird es sehr persönlich. Was treibt mich an? Die Antwort auf diese Frage, die Grundmotivation, ist für die Strategieentwicklung eines Unternehmers von essentieller Bedeutung. Aus der Grundmotivation des Unternehmers und aus seinen Glaubenssätzen leiten sich seine Vision und seine Strategie ab. Je klarer und konsequenter die Strategie, desto größer sind die Erfolgschancen. Vorausgesetzt, die Hausaufgaben zur Marktpositionierung wurden gemacht und das Unternehmen hat die Kraft, die Strategie auch umzusetzen.

In der Zeit während und kurz nach der großen IT Krise 2002/2003, als die Unternehmens- und die Privatinsolvenz dicht vor meinen Augen war, habe ich viel nach meiner Grundmotivation und nach meinen Glaubenssätzen gesucht und diese dann auch gefunden. Geholfen haben mir dabei viele Bücher, die sich mit der Suche nach Sinn und Glück beschäftigten.

Inzwischen ist mir klar, dass es meine Grundmotivation ist, Unternehmer zu sein, und zwar ganz im Sinne von Stefan Merath in seinem Buch „Der Weg zum erfolgreichen Unternehmer". Ich möchte am Unternehmen arbeiten, als Entdecker, Inspirator, Unruheherd, Coach, Stratege, Markenbotschafter, Netzwerker und das soziale Gewissen von noventum. Ich suche nach den Kunden und Geschäftschancen von morgen und vertraue meinem Team, die Geschäftschancen von heute zu erkennen und zu nutzen, um damit dem Unternehmen die Stabilität zu geben, die mir den Rücken für meine unternehmerischen Aufgaben freihält.

Besonders viele Glückshormone werden bei mir freigesetzt, wenn ich im Ausland noventum Franchisenehmer suche, finde und dann mit ihnen eine Geschäftsstrategie entwickle, bei deren Umsetzung ich als „Business Angel“ und Coach aktiv mitwirke. Gemeinsam mit dem neuen Partner in fremden Regionen auf Vertriebstour zu gehen und die noventum Attraktivität zu erproben, bereitet mir ein sehr großes Vergnügen. Dahinter steckt sicher auch das Ego-Ziel des Sich-selbst-kopieren-Wollens. Mir ist es wichtig, die in Deutschland erfolgreich aufgebauten und inzwischen etablierten Strukturen noch einmal an anderer Stelle von der Pike auf mit hochzuziehen.

Ein weiteres emotionales Handlungsfeld ist für mich die Organisation von Veranstaltungen zum zukunftsorientierten Management. Zum einen erfüllt es mich mit Stolz, wenn ich viele Menschen aus ganz Deutschland für meine Veranstaltungen gewinnen kann. Dafür fühle ich mich verpflichtet, wirklich außergewöhnliche Inhalte zu bieten und alles mit großer Hingabe und Akribie zu organisieren. Zum anderen sind die Treffen immer ein großes Energie- und Inspirationsfass mit besonderen Menschen, die mir nahe stehen.

Schön ist es für mich auch, vor vielen Menschen zu stehen, denen ich in Vorträgen und Workshops ein Stück meiner Begeisterung für zukunftsorientiertes Management weitergeben kann.

Das ist schon fast alles. Dafür muss ich nicht übermäßig viel arbeiten, auch wenn ich sehr gerne arbeite. Es ist mir wichtig, auch viel Zeit mit meiner Familie zu verbringen und meinen Hobbys Langstreckenlauf, Bücher lesen/hören, Fotografieren, Freunde treffen und Verreisen nachzugehen.

Ja, das ist, was mich antreibt und was mich glücklich und zufrieden macht.

## Glaubenssätze

Welche prägnanten Glaubenssätze und Verhaltensregeln geben mir Orientierung? Ich habe dazu einige Zitate und eigene „Weisheiten" notiert. Eine Liste, die keinen Anspruch auf Vollständigkeit erhebt.

Hier eine unvollständige Liste meiner Glaubenssätze:

1. *Ich bin da, wo ich sein will – denn alles andere war mir bisher in meiner Vorstellung zu teuer (Jens Corssen)*
2. *Jedes starke Bild wird Wirklichkeit (Antoine de St. Exupéry)*
3. *Ein Traum ist unerlässlich, wenn Du die Zukunft gestalten willst (Victor Hugo)*
4. *Ich bin als Geschäftsführer nicht für alles, sondern für das Ganze verantwortlich (Götz Werner)*
5. *Gewinn ist nie Ziel eines Unternehmens, sondern eine wichtige Voraussetzung (Götz Werner)*
6. *Ein Weg entsteht, indem man ihn geht (Chuang Tzu)*
7. *Genieße den Augenblick*
8. *Jeder hat Recht, in seinem Angst- und Denksystem (Jens Corssen)*
9. *Opfer haben Recht, Täter gestalten (Dr. Josef Mönninghoff)*
10. *Wiederholte Kritik erhöht nicht die Chance auf Veränderung (ist wie Wahlwiederholung einer falschen Rufnummer)*
11. *Kein Hass, keine Vergeltung*
12. *Geld ist nicht wichtig. Achte nur darauf, dass Du mehr einnimmst als Du ausgibst (Karl Gamper)*
13. *Rede über andere immer so, als wären Sie dabei (Bernd Reutemann)*
14. *Keine Vorwürfe*
15. *Keine Rechtfertigungen bei Kritik oder Vorwürfen*
16. *Ich habe immer Zeit – für die Menschen und Dinge, die mir wichtig sind*
17. *Jede Störung ist eine Einladung (placebo – Improgrundsatz)*

18. *Mache den anderen groß (placebo – Improgrundsatz)*
19. *Helfen ist Pflicht (placebo – Improgrundsatz)*
20. *Die Szene geht vor (placebo – Improgrundsatz)*

## Vision

Eine Vision ist mir nicht genug. Ich brauche eine Vision für mein Unternehmen noventum, welches auf IT Managementconsulting fokussiert ist und eine zweite Vision für meine Corporate Culture Concepts. Diese beiden Visionen sind im ersten Ansatz sehr unterschiedlich, können aber schließlich doch auf wunderbare Weise miteinander verbunden werden.

Eine gute Vision muss viele Ansprüche erfüllen. Sie muss in die Zukunft gerichtet sein, muss einen Kunden- oder Weltnutzen bieten, muss für Mitarbeiter und Kunden attraktiv sein, muss eine einzigartige Unternehmenspositionierung beschreiben, muss qualitativ und nicht quantitativ sein, muss emotional sein – und bei allem kurz und prägnant. Nun gut, das ist erst einmal eine Herausforderung oder ein Zielkonflikt.

In vielen internen Runden haben wir an der noventum IT Managementconsulting Vision gefeilt, ohne jedoch allen Ansprüchen gerecht zu werden. Parallel habe ich an meiner Vision für Corporate Culture Concepts gearbeitet, bei der es mir leicht fiel, viele der Ansprüche an eine Vision zu erfüllen:

»ES IST UNS EIN BESONDERES ANLIEGEN, AUF BASIS UNSERER EIGENEN ERFAHRUNGEN UNTERNEHMEN AUF IHREM WEG ZU EINER ZUKUNFTSORIENTIERTEN, VERTRAUENSBASIERTEN UNTERNEHMENSKULTUR ZU UNTERSTÜTZEN. UNTERNEHMEN MIT GELEBTER VERTRAUENSKULTUR PRÄGEN DAS GESAMTE ›BUSINESS-ÖKO-SYSTEM‹ POSITIV MIT UND TRAGEN DAMIT ZU EINER BESSEREN GESELLSCHAFT BEI. DAFÜR LOHNT ES SICH, SICH ZU ENGAGIEREN!«

Mutig haben wir dann die CCC Vision in die zuvor technisch geprägte Vision der noventum IT Managementconsulting integriert, und das ist dabei herausgekommen:

corporate culture concepts

»NOVENTUM CONSULTING STEHT FÜR MENSCHENORIENTIERTE IT MANAGEMENTBERATUNG. AUF AUGENHÖHE MIT DEN GROSSEN INTERNATIONALEN IT STRATEGIEBERATUNGEN, JEDOCH MITTELSTÄNDISCH, PERSÖNLICH UND VERBINDLICH. BERATEN HEISST FÜR UNS AUCH UMSETZEN. ALS VIELFACH PRÄMIERTER EXPERTE FÜR VERTRAUENSKULTUR UND KOMMUNIKATIONSSTÄRKE GESTALTEN WIR IT PROJEKTE GANZHEITLICH UND MACHEN DAMIT UNSERE AUFTRAGGEBER ERFOLGREICH.«

Das klingt doch nicht schlecht, oder? Also, volle Kraft voraus!

## Strategie

Die Strategie beschreibt den Weg zur Vision und zu den Zielen. Mein Anspruch ist, die wesentlichen Bestandteile der Strategie auf eine einzige Powerpointfolie prägnant schreiben zu können. Hinter den einzelnen strategischen Handlungssträngen stecken dann wiederum komplexe Projekte und Prozesse. Die Strategie muss einfach fokussierbar sein. Die Beschreibung und Durchführung aller strategischen Projekte und Prozesse ist dies nicht. Strategieentwicklung und -umsetzung ist harte Unternehmer- und Managerarbeit.

Auch hier habe ich die beiden Betrachtungsweisen noventum IT Managementconsulting und Corporate Culture Concepts erst einmal getrennt voneinander betrachtet. Es ergeben sich durch die beiden unterschiedlichen Ausrichtungen jedoch wieder viele Synergien. Erst einmal die Strategie der noventum IT Managementconsulting:

- *Wir arbeiten hart daran, dauerhaft Deutschlands bester Arbeitgeber zu bleiben.*
- *Wir stehen für Exzellenz auf allen Ebenen und beweisen es durch einen EFQM Spitzenplatz.*
- *Unser Internationalisierungskonzept NCI ermöglicht internationale Kompetenz zum Nutzen unserer Mitarbeiter und Kunden.*
- *Wir entwickeln unsere Mitarbeiter in außerordentlicher Weise persönlich und fachlich.*
- *Unsere Vertriebsstrategie basiert auf systematischem Empfehlungsmarketing in „Communities“ und wird ergänzt durch Kontakte via CCC und NCI.*
- *Wir entwickeln unsere Dienstleistungen systematisch nach den Grundsätzen der engpasskonzentrierten Strategie.*
- *Wir betreiben intensives Partner- und Markenmanagement und engagieren uns außerordentlich in Verbänden und sozialen Projekten.*

- *Wir stellen einen wirtschaftlichen Erfolg sicher, der eine langfristige Entwicklung des Unternehmens im Sinne aller Stakeholder ermöglicht.*

Für Corporate Culture Concepts sind die strategischen Thesen noch übersichtlicher:

- *Wir unterstützen Unternehmen durch Vorträge, Workshops und Beratungsprojekte dabei, mit unserer Erfahrung eine Vertrauenskultur nach den Grundsätzen des Great Place to Work® Instituts aufzubauen.*
- *Wir akquirieren unsere Kunden aus dem Kreise der noventum Kunden und Zielkunden, sowie über unsere umfassenden Netzwerke. Wir fokussieren uns dabei auf große Unternehmen.*
- *Wir schaffen Synergien zwischen den Geschäftsfeldern noventum IT Managementberatung und Corporate Culture Concepts, sofern das für unsere Kunden von Nutzen ist.*
- *Mit unseren Veranstaltungen erzeugen wir ein Forum des Austausches zu zukunftsorientierter Unternehmenskultur und stärken gleichzeitig die Marke CCC und noventum.*

Damit sind die wesentlichen strategischen Handlungsfelder gesetzt.

## Ziele

Die Ziele quantifizieren und konkretisieren die qualitative Vision und bilden die Zahlenbasis für die Unternehmenssteuerung. Sie bieten damit allen Managern und Mitarbeitern Orientierung. Die Ziele werden auf verschiedenen Ebenen definiert. Auf der obersten Ebene, der Unternehmensebene, sind bei noventum für die Marke des IT Managementconsultings folgende Ziele für den Zeitraum der nächsten fünf Jahre definiert:

- *Anzahl der Mitarbeiter: 100-150*
- *Durchschnittlicher Stundensatz: >120 €*
- *Mitarbeiter, die die Frage nach einem sehr guten Arbeitsplatz positiv beantworten: 95%*
- *Managementexzellenz: EFQM 5******
- *Anzahl NCI Franchisenehmer: 20*
- *Umsatzrendite: 5%-10%*
- *Kundenzufriedenheit bzw. Empfehlungsbereitschaft: 90%*
- *Auftragsbestand in Euro: Kennzahl noch nicht festgelegt*

Aus diesen Zielen auf Unternehmensebene werden entsprechend die Ziele der Geschäftsprozesse und der Geschäftsbereiche entwickelt. Außerdem werden auf Monats-, Quartals-, und Jahresebene die erwarteten Zwischenergebnisse definiert. Im Rahmen des Unternehmenssteuerungsprozesses überprüfen die Manager die Zielerreichung und leiten bei Abweichungen geeignete Handlungen ein.

Für die Marke CCC ist eine stabile Zielstruktur noch nicht definiert. Hier arbeiten wir eher nach dem Prinzip der „Effectuation[68]“, was unter anderem von Marcus Ambrosch und Heinrich Faschingbauer beschrieben wurde. Danach steuert der Unternehmer nach den folgenden vier Prinzipien[69]:

- *Mittelorientierung – Was habe ich an Voraussetzungen?*
- *Leistbarer Verlust – Wieviel bin ich bereit einzusetzen?*
- *Strategische Partnerschaften und Allianzen – Wer kann mir helfen?*
- *Zufälle und Überraschungen – wie bleibe ich aufmerksam für Chancen?*

Zu den Mitteln und Allianzen von CCC habe ich oben schon ausführlich Stellung genommen. Der leistbare Verlust ist ein Teil meiner Zeit und der Zeit einiger meiner Mitarbeiter, sowie in sehr geringem Maße Werbe- und Reisekosten. Für Zufälle und Überraschungen bin ich offen und freue mich darauf. Als erste Orientierung dient mir in 2013, dass ich mit ca. 50 Zielkunden über das Thema der vertrauensbasierten Unternehmenskultur ins Gespräch kommen möchte. Außerdem plane ich in diesem Jahr zusätzlich zu den noventum Veranstaltungen 10-15 weitere offene Vorträge. Wie viele Unternehmen sich dann von mir beraten lassen und wer sich dem Great Place to Work® Wettbewerb stellen möchte, habe ich noch nicht in meinem Zielsystem festgelegt.

Mit den Zielen haben wir das Cockpit in unserem Unternehmensauto definiert. Die Strategie ist die Straßenkarte, um dann unsere finale Destination, die Vision, zu erreichen.

# TEIL V

# FINALE

## V.1 EINLADUNG ZUM DIALOG

Lenker, Entscheider, Führungskräfte und Manager von Organisationen, die Anregungen, Konzepte und Strukturen aus diesem Buch in ihr Umfeld übernehmen möchten, lade ich herzlich zum Dialog ein.

E-Mails an *uwe.rotermund@noventum.de* sind willkommen.

Auch schicke ich gerne Auszüge aus einigen, in diesem Buch erwähnten, internen noventum Dokumenten zu, z.B.

- *Bewerbungsbuch,*
- *EFQM Bewerbung,*
- *Leitbild,*
- *Qualitätsmanagementhandbuch,*
- *Handbuch der Corporate Social Responsibility,*
- *Mitarbeiterzeitschrift nosy,*
- *Magazin für Kunden, Geschäftspartner und Mitarbeiter novum,*
- *Broschüre des noventum Fürsorgeprogramms Take Care*
- *und das noventum Ausbildungscurriculum.*

Ganz frisch habe ich die Seite
*www.noventum.de/de/corporate-culture-concepts.html*
zum Austausch unserer Erfahrungen und Ideen zu zukunftsorientierter Unternehmenskultur eingerichtet. Ich freue mich auf inspirierenden Austausch.

Den Katalog der offenen Veranstaltungen zum zukunftsorientierten Management finden Sie hier:
*www.noventum.de/de/Veranstaltungen.html.*
Sehen wir uns dort mal?

## V.2 GASTBEITRÄGE ZUM THEMA ZUKUNFTSORIENTIERTE UNTERNEHMENSKULTUR

Gastbeitrag von Dr. Kerstin Friedrich
Top-Expertin und Keynote-Speaker für die Themen EKS (Engpasskonzentrierte Strategie nach W. Mewes) und emotionale Kundenbindung, Autorin mehrerer Business-Bestseller (u.a. Strategiebuch des Jahres 2010)

www.friedrich-strategie.de

1. Wodurch ist für Sie der Führungsstil des 21. Jahrhunderts geprägt?

Zunächst mal dadurch, dass das Thema „Führung" selbst verschärft in den Mittelpunkt des unternehmerischen Denkens rückt – es mutiert vom Luxusartikel zum Überlebensfaktor Nr. 1. Historisch gesehen hatten wir noch nie einen derart harten Verdrängungswettbewerb und ein so dramatisches Überangebot auf vielen Märkten. Es hat sich mittlerweile bis zum Kleinbetrieb herumgesprochen, dass die Mitarbeiter den entscheidenden Unterschied ausmachen und dass deren Engagement und Performance in hohem Maße vom Führungsstil abhängig ist. Die Demographie tut ein Übriges: mit den gleichen Mitteln, mit denen um Kunden geworben wird, wird man künftig auch um Mitarbeiter konkurrieren. Woran ich nicht glaube: an die Renaissance der „Great-Man-Theories", die heute im Gewand der transformationalen und charismatischen Führung daher kommt. Danach braucht es für gute Führung Überpapas oder –muttis, die durch ihre vorbildliche Persönlichkeit und ihre

Begeisterungsfähigkeit die Einstellung und das Verhalten ihrer Mitarbeiter transformieren. Gute Führung muss meiner Meinung nach eher „situativ“ ihren Stil anpassen können, also über eine ganze Bandbreite von Führungsinstrumenten und -stilen verfügen, sowie je nach Entscheidungssituation und Reifegrad der Mitarbeiter autoritär oder partizipativ führen. Auf der Meta-Ebene werden sich diejenigen Führungsmethoden durchsetzen, die abhängig von den Aufgaben

- die Selbstorganisation fördern durch klare Ziele und Spielregeln und dafür sorgen, dass diese eingehalten werden (auch und gerade im Konfliktfall) und

- den jedem Menschen innewohnenden Grundbedürfnissen nach Wertschätzung und persönlichem Wachstum Raum und Rahmen geben.

Last but not least spielt natürlich die Unternehmensstrategie eine große Rolle: lohnt es sich, für die Ziele des Unternehmens mein Bestes zu geben? Insofern kann Führung allein nicht isoliert von der Strategie betrachtet werden, ebenso wie die Strategie nie ohne Führung funktioniert.

2. Welche Unternehmen bzw. Unternehmenstypen sind nach Ihrer Einschätzung die Gewinner in der Zukunft?

Kurz und platt: Unternehmen, die nicht Teil des Problems, sondern Teil der Lösung sind. Unternehmen, die dazu beitragen, die erheblichen ökologischen, sozialen und demographischen Probleme zu lösen: entweder, indem sie dafür innovative Produkte und Dienstleistungen entwickeln, oder, indem sie konventionelle Leistungen in der gesamten Wertschöpfungskette durch lebensfreundliche Prozesse und Verfahren ersetzen – zum Beispiel nach dem cradle-to-cradle-Prinzip. Gewinner werden die Unternehmen sein, die ihre Kräfte im Außen darauf konzentrieren, sinnvolle Innovationen marktfähig zu machen und die im Inneren eine großartige Unternehmenskultur schaffen. Diese Unternehmen werden Gewinner sein, weil sie für andere Menschen eine hohe Anziehungskraft entwickeln werden – sei es in ihrer Rolle als Kunde, Mitarbeiter oder Geschäftspartner. Diese Prognose ist natürlich sehr stark von Wunschdenken geprägt ...

3. Was sind für Sie die Messgrößen der Gewinner?

Das ist ein Fachgebiet, von dem ich nicht einmal ansatzweise etwas verstehe – nur so viel, dass es schon viele praktikable Ansätze gibt. Sicher ist, dass der universelle Maßstab „Gewinn“ mit dem dasaströsen Oberziel „Gewinnmaximierung“ ausdienen wird – zumindest in den nicht-kapitalmarktgetriebenen Unternehmen, die noch die Macht haben, ihre eigenen Ziele und Regeln zu setzen. An diese Stelle tritt die Gewinnoptimierung: so viel Gewinn wie nötig, um das Unternehmen zu nähren und um es zu einem guten Ort für Kunden, Lieferanten und Mitarbeiter zu machen. Daneben wird es Kennzahlen geben, die in vielen Dimensionen messen, was das Unternehmen mit seinen Vernetzungen auf vielfältigen Ebenen bewirkt – nicht nur im materiellen, sondern auch im immateriellen Sinne.

4. Haben Sie einen persönlichen Tipp für Unternehmer und Führungskräfte, sich „fit for future“ zu machen?

Fangen Sie bei sich selbst und Ihren Denkmodellen an.
Erstens: machen Sie sich bewußt, dass Sie den wichtigsten Beruf der Welt ausüben. Den Fortschritt an Lebensqualität in der Welt verdanken wir nicht Wissenschaftlern, Politikern oder Verwaltungsfachleuten, sondern innovativen und verantwortlich handelnden Unternehmern. Einigen verdanken wir allerdings auch die größten

Katastrophen, großes Leid und Elend auf dieser Welt. Fragen Sie sich, zu welcher Gruppe sie in der Tiefe Ihres Herzens gehören wollen: zu denen, die unterm Strich dafür sorgen, dass es einem großen, kleinen oder winzig kleinen Teil der Menschen und der Welt besser geht – oder zu denen, die unterm Strich die Probleme vergrößern.
Zweitens: Raus aus den lebensfeindlichen und verkrampften Denkmodellen der Ökonomie und vor allem: weg mit dem völlig schrägen Menschenbild dieser Zunft. Arbeit ist kein notwendiges Übel, das von der ersten Stunde an „Grenzleid" verursacht (wie es die klassische Arbeitsmarkttheorie postuliert), sondern ein integraler Bestandteil eines gelungenen und glücklichen Lebens. Sorgen Sie mit guter Strategie dafür, dass viele Menschen an ihrem Arbeitsplatz genau dieses Leben führen können.

### 5. Worauf sollten Mitarbeiter bei der Auswahl ihres zukünftigen Arbeitgebers achten?

Stimmen die Ziele und Werte des Unternehmens mit meinen eigenen überein? Kann ich meine Talente hier zum Nutzen des Unternehmens und seiner Kunden entfalten? Was sagt mein Bauchgefühl nach dem Vorstellungsgespräch über die Kultur des Unternehmens? Nehme ich die Stelle an, weil ich Angst habe, nichts Besseres zu finden – oder ist es mein Herzenswunsch, Teil dieses Teams zu sein?

## Gastbeitrag von Frank Petersen

arbeitet seit 1995 mit Uwe Rotermund zusammen, heute COO und Personalchef bei noventum consulting

Mitte der 90er Jahre in einem vergangenen Jahrtausend wagte ich den Sprung aus einem Konzern mit mehr als 50.000 Mitarbeitern in ein kleines, mittelständisches Beratungsunternehmen mit einer handvoll Mitarbeitern.

Der Pioniergeist, der in diesem kleinen, agilen Unternehmen herrschte, war im ersten Moment gleichzeitig total begeisternd, auf der anderen Seite aber auch ein Kulturschock. In einem Großkonzern bestand weder die Möglichkeit noch die Notwendigkeit, Verantwortung zu übernehmen; dafür sorgte schon die vielstufige Hierarchie. Der krasse Gegenentwurf dazu war das Arbeiten in einem kleinen, visionären Beratungsunternehmen, dessen Inhaber Uwe Rotermund selbst von morgens bis abends im Dienste der Kunden unterwegs war und im vollen Vertrauen auf seine Mitarbeiter Aufgaben und Verantwortung an diese übertragen hatte. Das war im besten Sinne „delegate and forget“ in dem Wissen und Vertrauen, dass alles, was zu tun ist, auch getan wird.

Diese Grundhaltung des Abgebens und des Führens an der langen Leine, oder neudeutsch „Laissez-faire“ in der positiven Deutung, hat noventum in dem stürmischen Wachstum Ende der 90er Jahre begleitet und geprägt.

In einem Umfeld, das stark von gegenseitigem Vertrauen, von Transparenz, Offenheit, Ehrlichkeit und Respekt geprägt war, konnte sich das Unternehmen prächtig entwickeln und die Mitarbeiterzahl wuchs sehr schnell. Viele der heutigen Führungskräfte bei noventum sind in dieser Zeit ins Unternehmen gekommen. Wir alle gemeinsam versuchen, Geist und Werte der „noventum Gründerzeit" auch in einem Unternehmen mit 100 oder mehr Mitarbeitern erlebbar zu machen. Das ist nicht immer einfach und damit gleichsam die tägliche Aufgabenstellung aller im Unternehmen. Dazu gehört das Bewusstsein, Führungskraft nicht auf Grund eines Titels zu sein, sondern auf Grund der Tatsache, dass andere bereit sind, einem zu folgen. Das heißt für Führungskräfte auch, den Blick auf die individuellen Stärken der einzelnen Mitarbeiter zu richten und diese in ihrer Entwicklung zu unterstützen. Dabei müssen wir sie auch fordern, in dem wir ihnen etwas zutrauen und im schlimmsten Fall akzeptieren, dass Fehler gemacht werden. Im konstruktiven Umgang mit Fehlern und den daraus gezogenen Lehren kann der Boden bereitet werden für ein leistungsbereites und leistungsfähiges Umfeld. Ein hohes Maß an Freiheitsgraden im Unternehmen, das Ausprobieren lassen und Gestalten dürfen, ist ein wesentlicher Baustein zu motivierten und zufriedenen Mitarbeitern.

Eine wert- und menschenorientierte Mitarbeiterführung, wie sie bei noventum gelebt wird, wird in den kommenden Jahrzehnten immer stärker in den erfolgreichen Unternehmen anzutreffen und gleichsam Grundvoraussetzung für den Erfolg sein. Der Fachkräftemangel hat viele Branchen bereits erreicht und wird sich in den nächsten Jahren weiter verschärfen. Insbesondere die in den nächsten Jahren in den Arbeitsmarkt drängende Generation strebt nach sinnhaftem Tun und Selbstverwirklichung. Damit treten bei der Auswahl der potenziellen Arbeitgeber neben rein materiellen Kriterien zunehmend auch weiche Faktoren in den Vordergrund. Hier sind kleine, agile Unternehmen in einer guten Ausgangsposition, um mit den „Big Brands" um die guten Köpfe zu konkurrieren und ich freue mich darauf, diesen Wettkampf in den nächsten Jahren anzunehmen und auch andere Unternehmen dabei zu unterstützen.

## V.3 LITERATUREMPFEHLUNGEN

### Bücher mit großem Einfluss

Die Bücher und Reden einiger Autoren haben wesentlich zu meinem Weltbild der zukunftsorientierten Unternehmenskultur und zu entsprechendem Führungs- und Managementverhalten beigetragen. Die wichtigsten möchte ich hier in alphabetischer Reihenfolge der Autoren kurz erwähnen.

Effectuation – Unternehmergeist denkt anders!
Der Selbst-Entwickler
Das Corssen Seminar
Corssen
Stephen R. Covey
Der 8. Weg
Mit Effektivität zu wahrer Größe
US-Bestseller
GABAL
Gunter Dueck
Professionelle Intelligenz
Worauf es morgen ankommt
FRIEDRICH MALIK SEIWERT
Das große 1x1 der Erfolgsstrategie
EKS – Die Strategie für die neue Wirtschaft
GABAL
PANKAJ GHEMAWAT
WORLD 3.0
Malcolm Gladwell
Tipping Point
Leading Simple
Führen kann so einfach sein
GABAL
THE FUTURE OF MANAGEMENT
GARY HAMEL
WITH BILL BREEN
MATTHIAS HORX
DAS BUCH DES WANDELS
Wie Menschen Zukunft gestalten
MATTHIAS HORX
Das Megatrend Prinzip
Wie die Welt von morgen entsteht
FUTURE FITNESS
Charlene Li
OPEN LEADERSHIP
HOW SOCIAL TECHNOLOGY CAN TRANSFORM THE WAY YOU LEAD
The Tipping Point
How Little Things Can Make a Big Difference
Malcolm Gladwell
campus
MALIK
Der Weg zum erfolgreichen UNTERNEHMER
GABAL
Die Kunst seine Kunden zu LIEBEN
Neurostrategie® für Unternehmer
GABAL
campus
Ian Morris
WER REGIERT DIE WELT?
Daniel H. Pink
DRiVE
The Surprising Truth About What Motivates Us
WELT MIT ZUKUNFT
Franz Josef Radermacher
Nassim Nicholas Taleb
Der Schwarze Schwan
HANSER
Fooled by Randomness
The Hidden Role of Chance in Life and in the Markets
Nassim Nicholas Taleb
Handbuch Resilienz-Training
Resilienz-Traini
für Führende
Fels in der Bran
statt Hamster i

## Marcus Ambrosch – *Effectuation*

*Abseits von den klassischen Managementansätzen konzentriert sich der von Saras D. Sarasvathy entwickelte Effectuationansatz an den Prinzipien der Mittelorientierung (was habe ich, was kann ich, wen kenne ich), dem leistbaren Verlust, den strategischen Allianzen, sowie den Zufällen und Überraschungen. Diese Prinzipien finden sich auch an einigen Stellen in meinem Buch wieder, insbesondere wenn ich über die Stärke der Intuition jenseits der Grenzen des klassischen Managements spreche.*

## Jens Corssen – *Der Selbst-Entwickler*

*Auf die in dem Buch von Jens Corssen beschriebenen Prinzipien von Selbst-Verantwortung, Selbst-Bewusstheit, Selbst-Vertrauen und Selbst-Überwindung nehme ich in meinem Buch Bezug in Teil I, insbesondere beim Megatrend Gesundheit durch Selbstverantwortung. Außerdem finden sich die Prinzipien auch in Teil II beim Kultur Audit© im Bereich Fürsorge wieder.*

## Stephen R. Covey – *Der 8. Weg*

*Der Managementguru Stephen R. Covey beschreibt im „8. Weg" die 4 Rollen effektiver Führung, die 4 Umsetzungsdisziplinen, die 4 Führungsintelligenzen und schließlich die 7+1 Wege im Zeitalter der Wissensarbeit. Als 8. Weg hat er dabei die Intuition hinzugefügt, also das Hören auf die innere Stimme. Stephen R. Covey verbindet in seinem Buch sowohl die klassischen, handwerklichen Führungsaufgaben mit den stärker vertrauens- und intuitionsbasierten Methoden von modernen Unternehmen der Wissensökonomie. Dieses Gedankengut habe ich an vielen Stellen in meinem Buch aufgenommen.*

Gunter Dueck – *Professionelle Intelligenz*

*Gunter Dueck favorisiert in seinem Buch das Menschenbild des Menschen mit Professioneller Intelligenz: „Der Mensch möchte wirksam sein und etwas vollbringen, auf das er stolz ist. Er arbeitet gern in der Gemeinschaft und trägt zum Ganzen bei. Er ist Quelle positiver Kraft und er übernimmt Verantwortung. Er bemüht sich um Professionalität und weitet seine eigenen Fähigkeiten und Horizonte permanent aus." Gunter Dueck zeigt auf, welche Anstrengungen unser Bildungs- und Führungssystem aufbringen muss, damit aus diesem Bild umfassend Wirklichkeit wird. Die Sichtweise von Gunter Dueck findet sich in meinem Buch an vielen Stellen wieder.*

Kerstin Friedrich, Fredmund Malik, Lothar Seiwert –
*Das große 1 x 1 der Erfolgsstrategie. EKS – Die Strategie für die neue Wirtschaft*

*Den wichtigsten Engpass des Kunden erkennen und den passenden Kunden zu identifizieren sind die Grundsätze der von Prof. Mewes entwickelten engpasskonzentrierten Strategie (EKS). In Teil III meines Buches beziehe ich mich an einigen Stellen darauf, insbesondere auch, wenn es um die strategische Vernetzung mit Partnern geht, um optimalen Kundennutzen zu erzeugen.*

Pankaj Ghemawat – *World 3.0*

*Prof. Ghemawat zeigt eine optimistische Perspektive der Globalisierung im 21. Jahrhundert auf. Ausgehend von einer Globalisierung der Nationen, über eine Globalisierung der multinationalen Konzerne kommen wir in eine vielfach verflochtene Globalisierung von Gesellschaften, die bei gegenseitiger Wertschätzung großes Potenzial bietet, sofern die Stakeholder dort mitspielen.*

*Diese Gedanken fließen bei mir ein in Teil I bei der Betrachtung des Megatrends Globalisierung, sowie in Teil III.1 bei der Darstellung des Internationalisierungskonzepts von noventum.*

## Malcolm Gladwell – *Tipping Point*

*In diesem kurzweiligen Buch untersucht Malcom Gladwell, wie sich Ideen und Trends verbreiten. Der „Tipping Point" ist der magische Moment, in dem eine Produkt-Idee oder ein bestimmtes soziales Verhalten eine Schwelle überschreiten und sich dann wie eine Epidemie ausbreiten. Wie kommt es dazu, dass sich Millionen von Kindern auf einmal wieder einen Roller wünschen? Wieso gab es überall dieses Tamagotchi? Wenn eine geringe Anzahl Kranker eine Grippe-Epidemie erzeugen kann, überlegt er, können dann nicht auch wenige Begeisterte mit Ideen anstecken und sie verbreiten, Produkte weiträumig vertreiben, politische Trends voranbringen und sozialen Wandel erzeugen? Und die spannendste Frage ist: Wie löst man diesen „Tipping point" aus? Ich habe den „Tipping Point"-Gedanken in unsere Konzepte der Vernetzung und des gesellschaftlichen Engagements in Teil III meines Buches einfließen lassen.*

## Boris Grundl und Bodo Schäfer – *Leading Simple*

*Boris Grundl und Bodo Schäfer beschreiben die 5 Aufgaben, die 5 Hilfsmittel und die 5 Prinzipien von erfolgreicher Führung. Sie finden sich in meinem Buch ebenfalls an einigen Stellen im Kultur Audit© in Teil II wieder und werden ausführlicher in Teil III.4 behandelt.*

Gary Hamel – *The Future of Management*

*Gary Hamels Thesen und Einschätzungen ziehen sich durch sehr viele Bereiche meines Buches. Es ist für mich ein sehr inspirierendes und ermutigendes Buch über die Funktionsweise von Führung und Management in der Wissensökonomie. Kreativität, Motivation und Verbundenheit sind nach Gary Hamel die Erfolgskriterien der Unternehmen des 21. Jahrhunderts, seien sie klein, mittel oder riesengroß. Die Unternehmensführung muss es jedoch wagen, Vertrauen und Kraft an ihre Mitarbeiter zu verschenken.*

Matthias Horx – *Das Megatrend Prinzip , Das Buch des Wandels, Future Fitness* und *Zukunft passiert*

*Als Einflussfaktoren gehört das Horx'sche Zukunftsinstitut neben dem Great Place to Work® Institut zu den wichtigsten Quellen. In meinem Buch finden sich die Megatrends ausführlich in Teil I wieder. Außerdem stellt Matthias Horx in seinen Büchern immer wieder klar, dass eine vertrauensorientierte Gesellschaft einfach besser funktioniert, gesünder ist und eine hohe Lebensqualität verspricht. Er unterstreicht damit die Kernmission des Great Place to Work® Instituts und übrigens auch meine Meinung.*

Charlene Li – *Open Leadership*

*In diesem Buch werden anhand einiger Fallbeispiele moderne Kommunikationsinstrumente vorgestellt, die eine wichtige Grundlage für eine vertrauensbasierte Führung sind. Die in Teil II meines Buches dargestellten Kultur Audit© Instrumente des Informierens und Zuhörens beziehen sich dabei implizit auf die Thesen von Charlene Li.*

## Fredmund Malik – *Führen, Leisten, Leben*

*Die in dem Buch von Malik beschriebenen wirksamen handwerklichen Führungsinstrumente finden sich an einigen Stellen des Kultur Audit© Reports in Teil II wieder und werden ausführlicher in Teil III.4 behandelt.*

## Stefan Merath – *Die Kunst, seinen Kunden zu lieben* und *Der Weg zum erfolgreichen Unternehmer*

*Mit seiner Neurostrategie zeigt Stefan Merath auf, dass ein zukunftsorientiertes Unternehmen sowohl einen langfristigen Kundennutzen bieten muss als auch idealerweise einen Weltverbesserungsbeitrag leistet. Als Managementmethode lehnt er sich dabei an die Engpasskonzentrierte Strategie von Dr. Kerstin Friedrich an. Das Weltbild der kunden- und weltnutzenorientierten Unternehmensmission fließt in meinem Buch an vielen Stellen ein, insbesondere auch in Teil II, beim Bereich Inspirieren im Kultur Audit© und in Teil III bei der Betrachtung des gesellschaftlichen Engagements.*

*„Der Weg zum erfolgreichen Unternehmer" nimmt hingegen den Unternehmer und seine Vision und Mission in den Mittelpunkt. Das habe ich in meinem Buch insofern aufgegriffen, als dass damit die für das Unternehmen und dessen Mitarbeiter wichtige strategische Orientierung und Inspiration unterstützt wird.*

Ian Morris – *Wer regiert die Welt?*

*Ian Morris verdeutlicht mit seinem „Blockbuster" der Menschheitsgeschichte Aufstieg und Fall verschiedener Kulturen und schärft den Blick auf die Vielseitigkeit und Veränderbarkeit von Gesellschaften, zeigt aber auch die Gemeinsamkeiten aller Menschen dieser Welt auf. Ein Buch, das einen Beitrag für interkulturelle Sensibilität liefert. Es ist in meine Gedanken zum Megatrend Globalisierung in Teil I und in das Internationalisierungskonzept von noventum eingeflossen.*

Daniel H. Pink – *Drive - The surprising truth about what motivates us*

*Dieses Buch stellt für mich in überzeugender Weise dar, wie die von uns angestrebte intrinsische Motivation funktioniert und wie Führungskräfte diese bei ihren Mitarbeitern begünstigen können. Daniel H. Pink hebt dabei als die drei Kernkomponenten intrinsischer Motivation „Sinn", „Autonomie" und „Streben nach Perfektion" hervor. Diese Prinzipien finden sich auch an vielen Stellen in meinem Buch wieder.*

Franz-Josef Radermacher – *Welt mit Zukunft*

*Prof. Dr. Dr. Franz-Josef Radermacher sieht in einer „Global Governance" die einzige vernünftige und gesunde Alternative zu den beiden anderen Optionen der „Brasilianisierung", d.h. des Herrschens einer Elite über viele arme Menschen oder des „offenen Kampfes" der Kulturen, Nationen und Gesellschaftsschichten. Ich habe dies auch in Teil I meines Buches bei der Betrachtung des Megatrends Globalisierung erwähnt.*

Nassim Nicholas Taleb – *Der schwarze Schwan* und *Fooled by Randomness*

*Beim Lesen der Bücher von Nassim Nicholas Taleb war ich bezüglich der Zukunftsforschung ein wenig ernüchtert, machten sie mir doch überzeugend deutlich, dass die wirklich wichtigen Veränderungen nicht vorhersagbar sind. Und doch, Nassim Taleb hat mich nicht von der Irrelevanz der Megatrends überzeugt, nur von deren Unvollständigkeit.*

Sylvia Kéré Wellensiek – *Handbuch Resilienz Training, Fels in der Brandung statt Hamster im Rad* und *Resilienztraining für Führungskräfte*

*Auf das Prinzip der Selbstverbundenheit und der Resilienz beziehe ich mich in meinem Buch u.a. im Umfeld der Fürsorge, somit auch in Teil II bei dem Kultur Audit© Bereich Fürsorge. Sylvia Kéré Wellensiek hilft in ihren Coachings, Seminaren und Büchern Menschen, zu innerer Sicherheit, Gelassenheit und Achtsamkeit zu gelangen.*

## Weitere Buchempfehlungen

Darüber hinaus haben weitere Bücher zu meinem Weltbild des zukunftsorientierten Managements beigetragen. Die folgende Liste in alphabetischer Reihenfolge der Autoren kann ich zur Lektüre durchaus empfehlen. Nicht alle der genannten Bücher entsprechen an allen Stellen meinen Überzeugungen.

| | |
|---|---|
| *Me Conomy* | Markus Albers |
| *Baked In* | Alex Bogusky, John Winsor |
| *Losing my Virginity* | Richard Branson |
| *The Great Workplace* | Michael Burchell, Jennifer Robin |
| *The Invisible Gorilla* | Christopher Chabris |
| *7 Habits of highly effective people* | Stephen R. Covey |
| *Das Buch der Menschlichkeit* | Dalai Lama |
| *The Beginning of infinitiy* | David Deutsch |
| *Brett für die Welt* | Titus Dittmann |
| *Die Kunst des klaren Denkens* | Rolf Dobelli |
| *Nur Tote bleiben liegen* | Anja Förster und Peter Kreuz |
| *Alles, außer gewöhnlich* | Anja Förster und Peter Kreuz |
| *Spuren statt Staub* | Anja Förster und Peter Kreuz |
| *Überflieger* | Malcolm Gladwell |
| *Der Wohlstand kommt in langen Wellen* | Erik Händeler |
| *Ich und andere Nebensächlichkeiten* | Charles Handy |
| *The empty raincoat* | Charles Handy |
| *Brain View - Warum Kunden kaufen* | Hans-Georg Häusel |
| *Glücksbringer* | Eckhardt von Hirschhausen |
| *Die zehn Regeln des Glücks* | Adam Jackson |
| *Thinking, fast and slow* | Daniel Kahnemann |
| *Helping clients succeed* | Mahan Khalsa |

| | |
|---|---|
| *Buy In* | John Kotter |
| *Das Pinguin Prinzip* | John Kotter |
| *Der Termin* | Tom de Marco |
| *Architects of poverty* | Moeletsi Mbeki |
| *The Predictioneer's game* | Bruce Bueno de Mequita |
| *Die fünf Zukunftsbrillen* | Pero Micic |
| *Managing* | Henry Mintzberg |
| *Die sieben Knappheiten* | Henrik Müller |
| *Mindset!* | John Naisbitt |
| *In Search of Excellence* | Thomas Petersen |
| *Influencer* | Kerry Pettersen |
| *Die Türkei gehört in die EU* | Ruprecht Polenz |
| *Die Kunst ein Egoist zu sein* | Richard Precht |
| *Wer bin ich und wenn ja, wie viele?* | Richard Precht |
| *Erfolgreiche Positionierung* | Peter Sawtschenko |
| *Riding the Blue Train* | Bart Sayle and Surinder Kumar |
| *Grau ist bunt* | Henning Scherf |
| *Schönes Leben* | Wilhelm Schmid |
| *Glück* | Wilhelm Schmid |
| *Maverick!* | Ricardo Semler |
| *Here comes everybody* | Clay Shirky |
| *Wachsen ohne Wachstumsmärkte* | Slywotzki/Wise |
| *Eine humane Weltwirtschaft* | Peter Spiegel |
| *The Big 5 for Life* | John Strelecky |
| *Master Success Academy* | Brian Tracy |
| *Kampfabsage* | Ilja Trojanow |
| *Die großen Strategien der Mittelständler* | Arnold Weissman |
| *Future Company* | Zukunftsinstitut |

## V.4 HINWEISE AUF REDNER UND VERANSTALTUNGEN

Durch folgende Redner und Veranstaltungen habe ich viele Inspirationen erhalten:

Redner

- Anja Förster & Dr. Peter Kreuz
- Jens Corssen
- Alexander Christiani
- Peter Sawtschenko
- Dr. Kerstin Friedrich
- Boris Grundl
- Prof. Gerald Hüther
- Anselm Grün
- Joey Kelly
- Matthias Horx
- Sylvia Kéré Wellensiek
- Gunter Dueck
- Nick Sohnemann
- Reinhard K. Sprenger
- Jörg Löhr
- Edgar Geffroy

Veranstaltungen

- Zukunftskongress des Zukunftsinstituts
- Forum Führung des BVMW
- Horizonte Managerreisen des BVMW
- Unternehmertage der Unternehmercoach GmbH
- Braintrusts der Unternehmercoach GmbH
- Great Place to Work® Netzwerktreffen

## V.5 »THE CAST«

### Meine Familie

Familie Rotermund

Die noventum-Familie

PIRATEN
KOSTÜM

Meisterbetrieb
MENSCHEN
PROJEKTE
QUALITÄT
Moventum
the art of business
MÜNSTER
gehtaus

## ANMERKUNGEN

[1]Siehe Zukunftsinstitut (2012): „Megatrend Dokumentation – Arbeiten mit Megatrends“, Zukunftsinstitut GmbH, Kelkheim; Horx, M. (2011): „Das Megatrend Prinzip - Wie die Welt von morgen entsteht“, Deutsche Verlags-Anstalt, München, S. 60 ff.

[2]Vgl. Zukunftsinstitut (2012): „Megatrend Dokumentation – Megatrend Individualisierung“, sowie Horx, M. (2011): „Das Megatrend Prinzip - Wie die Welt von morgen entsteht“, Deutsche Verlags-Anstalt, München, S. 111 ff.

[3]Horx, M. (2011): „Das Megatrend Prinzip - Wie die Welt von morgen entsteht“, Deutsche Verlags-Anstalt, München.

[4]Gatterer et al. (2012): „work:design: Die Zukunft der Arbeit gestalten“, Zukunftsinstitut GmbH, Kelkheim, ISBN 9783938284643.

[5]Vgl. Zukunftsinstitut (2012): „Megatrend Dokumentation – Megatrend Female Shift“, Zukunftsinstitut GmbH, Kelkheim, sowie Horx, M. (2011): „Das Megatrend Prinzip - Wie die Welt von morgen entsteht“, Deutsche Verlags-Anstalt, München, S. 96 ff.

[6]Vgl. Zukunftsinstitut (2012): „Megatrend Dokumentation – Megatrend Silver Society“, Zukunftsinstitut GmbH, Kelkheim, sowie Horx, M. (2011): „Das Megatrend Prinzip - Wie die Welt von morgen entsteht“, Deutsche Verlags-Anstalt, München, S. 128 ff.

[7]Vgl. Zukunftsinstitut (2012): „Megatrend Dokumentation – Megatrend Silver Society“, Zukunftsinstitut GmbH, Kelkheim.

[8]Siehe u.a. Zukunftsinstitut (2012): „Megatrend Dokumentation – Neues Lernen“, Zukunftsinstitut GmbH, Kelkheim, Horx, M. (2005): „Future Fitness“, Eichborn Verlag; Horx, M. (2006): „Zukunft passiert. Prognosen, Visionen und falsche Bärte“,Molden Verlag; Horx, M. (2009): „Das Buch des Wandels - Wie Menschen Zukunft gestalten“, Deutsche Verlags-Anstalt, München.

[9]Wellensiek, S. (2012a): „Handbuch Resilienz-Training: Widerstandskraft und Flexibilität für Unternehmen und Mitarbeiter", 1. Auflage, Beltz Verlag.

[10]Wellensiek, S. (2011): „Fels in der Brandung statt Hamster im Rad - Zehn praktische Schritte zu persönlicher Resilienz", 1. Auflage, Beltz Verlag.

[11]Wellensiek, S. (2012b): „Resilienz-Training für Führende: So stärken Sie Ihre Widerstandskraft und die Ihrer Mitarbeiter", 1. Auflage, Beltz Verlag.

[12]Siehe Corssen, J. (2003): „Der Selbst-Entwickler - Das Corssen Seminar", Beust Verlag, München.

[13]Ghemawat, P. (2011): „World 3.0: Global Prosperity and how to Achieve it", Harvard Business School Press, Boston, Massachusetts.

[14]Ghemawat, P. (2011): „World 3.0: Global Prosperity and how to Achieve it", Harvard Business School Press, Boston, Massachusetts, S.323.

[15]Vgl. Horx, M. (2011): „Das Megatrend Prinzip - Wie die Welt von morgen entsteht", Deutsche Verlags-Anstalt, München, S. 93.

[16]Radermacher, F. J., Beyers, B. (2011): „Welt mit Zukunft – Die ökosoziale Perspektive", Murmann Verlag, Hamburg.

[17]Vgl. Zukunftsinstitut (2012): „Megatrend Dokumentation – Megatrend Mobilität", Zukunftsinstitut GmbH, Kelkheim.

[18]Vgl. Zukunftsinstitut (2012): „Megatrend Dokumentation – Megatrend Neo-Ökologie", Zukunftsinstitut GmbH, Kelkheim.

[19]Siehe u.a. Horx, M. (2011): „Das Megatrend Prinzip - Wie die Welt von morgen entsteht", Deutsche Verlags-Anstalt, München, S.167 ff.; Horx, M. (2009): „Das Buch des Wandels - Wie Menschen Zukunft gestalten", Deutsche Verlags-Anstalt, München, S. 253ff; Zukunftsinstitut (2012): „Megatrend Dokumentation – Megatrend Connectivity", Zukunftsinstitut GmbH, Kelkheim.

[20]Siehe Zukunftsinstitut (2012): „Megatrend Dokumentation – Megatrend Urbanisierung", Zukunftsinstitut GmbH, Kelkheim;

Horx (2011): „Das Megatrend Prinzip - Wie die Welt von morgen entsteht“, Deutsche Verlags-Anstalt, München, S. 147 ff.

[21]Eine detaillierte Darstellung der besprochenen Megatrends und deren Kennzahlen findet dich in der Studie, Deutsche Gesellschaft für Personalführung e.V. (2011): „DGFP Studie: Megatrends und HR Trends“, Praxis Papier 7/2011, Düsseldorf.

[22]Micic, Pero (2007): „Die fünf ZukunftsBrillen: Chancen früher erkennen durch praktisches Zukunftsmanagement“, GABAL Verlag GmbH, Offenbach.

[23]Für eine weiterführende Darstellung siehe Micic, Pero (2007): „Die fünf ZukunftsBrillen: Chancen früher erkennen durch praktisches Zukunftsmanagement“, GABAL Verlag GmbH, Offenbach.

[24]Great Place to Work® Institut (2013): *http://www.greatplacetowork.de/storage/documents/GPTW_Modell.pdf*, Zugriff am 14.08.2013.

[25]Die Kategorien entstammen dem Great Place to Work® Kultur Audit© Fragebogen, interne Arbeitsdatei, Stand 08/2013.

[26]Werner, G. (2008): „Einkommen für alle“, 1. Auflage, Bastei Lübbe Taschenbuch Verlag.

[27]Merath, S. (2011b): „Der Weg zum erfolgreichen Unternehmer: Wie Sie und Ihr Unternehmen neue Dynamik gewinnen“, GABAL Verlag GmbH, Offenbach.

[28]Friedrich, K., Malik, F., Seiwert, L. (2009): „Das große 1x1 der Erfolgsstrategie: EKS - Erfolg durch Spezialisierung“, GABAL Verlag GmbH, Offenbach.

[29]Die 5 Kategorien entstammen dem Great Place to Work® Fragebogen zur Mitarbeiterbefragung 2013/2014, interne Arbeitsdatei, Stand 08/2013.

[30]Die Fragen entstammen dem Great Place to Work® Fragebogen zur Mitarbeiterbefragung 2013/2014, interne Arbeitsdatei, Stand 08/2013.

[31]Die Fragen entstammen dem Great Place to Work® Fragebogen zur Mitarbeiterbefragung 2013/2014, interne Arbeitsdatei, Stand 08/2013.

[32]Die Fragen entstammen dem Great Place to Work® Fragebogen zur Mitarbeiterbefragung 2013/2014, interne Arbeitsdatei, Stand 08/2013.

[33]Die Fragen entstammen dem Great Place to Work® Fragebogen zur Mitarbeiterbefragung 2013/2014, interne Arbeitsdatei, Stand 08/2013.

[34]Die Fragen entstammen dem Great Place to Work® Fragebogen zur Mitarbeiterbefragung 2013/2014, interne Arbeitsdatei, Stand 08/2013.

[35]Ghemawat, P. (2011): „World 3.0: Global Prosperity and how to Achieve it", Harvard Business School Press, Boston, Massachusetts.

[36]Gladwell, M. (2000): „Der Tipping Point - Wie kleine Dinge Großes bewirken", Berlin Verlag, Berlin.

[37]Merath, S. (2011b): „Der Weg zum erfolgreichen Unternehmer: Wie Sie und Ihr Unternehmen neue Dynamik gewinnen", GABAL Verlag GmbH, Offenbach.

[38]Merath, S. (2011a): „Die Kunst, seine Kunden zu lieben: Neurostrategie® für Unternehmer", GABAL Verlag GmbH, Offenbach.

[39]Gladwell, M. (2000): „Der Tipping Point - Wie kleine Dinge Großes bewirken", Berlin Verlag, Berlin.

[40]Merath, S. (2011a): „Die Kunst, seine Kunden zu lieben: Neurostrategie® für Unternehmer", GABAL Verlag GmbH, Offenbach.

[41]Vgl. Merath, S. (2013), Präsentation, „Strategie und Positionierungs-Special", Veranstaltung: Unternehmercoach GmbH, Frankfurt a.M.

[42]Grundl, B., Schäfer, B. (2007): „Leading Simple: Führen kann so einfach sein", GABAL Verlag GmbH, Offenbach.

[43]Grundl, B., Schäfer, B. (2007): „Leading Simple: Führen kann so einfach sein", GABAL Verlag GmbH, Offenbach, S.135 - 151.

[44]Vgl. Grundl, B., Schäfer, B. (2007): „Leading Simple: Führen kann so einfach sein", GABAL Verlag GmbH, Offenbach, S.135 - 151.

[45]Grundl, B., Schäfer, B. (2007): „Leading Simple: Führen kann so einfach sein", GABAL Verlag GmbH, Offenbach, S. 152 - 165.

[46]Vgl. Grundl, B., Schäfer, B. (2007): „Leading Simple: Führen kann so einfach sein", GABAL Verlag GmbH, Offenbach, S. 152 - 165.

[47]Grundl, B., Schäfer, B. (2007): „Leading Simple: Führen kann so einfach sein", GABAL Verlag GmbH, Offenbach, S. 166 -177.

[48]Vgl. Grundl, B., Schäfer, B. (2007): „Leading Simple: Führen kann so einfach sein", GABAL Verlag GmbH, Offenbach, S. 166 -177.

[49]Malik, F. (2006): „Führen, Leisten, Leben: Wirksames Management für eine neue Zeit", Campus Verlag, Frankfurt a.M..

[50]Vgl. Malik, F. (2006): „Führen, Leisten, Leben: Wirksames Management für eine neue Zeit", Campus Verlag, Frankfurt a.M..

[51]Vgl. Malik, F. (2006): „Führen, Leisten, Leben: Wirksames Management für eine neue Zeit", Campus Verlag, Frankfurt a.M., S. 75 ff.

[52]Vgl. Malik, F. (2006): „Führen, Leisten, Leben: Wirksames Management für eine neue Zeit", Campus Verlag, Frankfurt a.M., S. 171 ff.

[53]Vgl. Malik, F. (2006): „Führen, Leisten, Leben: Wirksames Management für eine neue Zeit", Campus Verlag, Frankfurt a.M., S. 267 ff.

[54]EFQM (2013): „EFQM Excellence Modell 2013", EFQM Publications, Kindle Edition, ASIN: B009SCYRRI.

[55]Hamel, G., Breen, B. (2007): „The Future of Management", Harvard Business School Press, Boston, Mass..

[56]Pink, D. H. (2011): „Drive - The surprising truth about what motivates us", Verlag Penguin Group US.

[57]Covey, S. R. (2006): „Der 8. Weg - Mit Effektivität zu wahrer Größe", GABAL Verlag GmbH, Offenbach.

[58]Horx, M. (2009): „Das Buch des Wandels - Wie Menschen Zukunft gestalten", Deutsche Verlags-Anstalt, München.

[59]Hamel, G., Breen, B. (2007): „The Future of Management“, Harvard Business School Press, Boston, Massachusetts zitiert nach Henry Ford und William Taylor. S. 11 ff.

[60]Hamel, G., Breen, B. (2007): „The Future of Management“, Harvard Business School Press, Boston, Massachusetts. S. 20

[61]Hamel, G., Breen, B. (2007): „The Future of Management“, Harvard Business School Press, Boston, Massachusetts. S. 60 ff.

[62]Hamel, G., Breen, B. (2007): „The Future of Management“, Harvard Business School Press, Boston, Massachusetts. S.157 ff.

[63]Vgl. Pink, D. H. (2011): „Drive - The surprising truth about what motivates us”, Verlag Penguin Group US.

[64]Covey, S. R. (2006): „Der 8. Weg - Mit Effektivität zu wahrer Größe“, GABAL Verlag GmbH, Offenbach. S. 181 ff.

[65]Vgl. Covey, S. R. (2006): „Der 8. Weg - Mit Effektivität zu wahrer Größe“, GABAL Verlag GmbH, Offenbach.

[66]Vgl. Covey, S. R. (2006): „Der 8. Weg - Mit Effektivität zu wahrer Größe“, GABAL Verlag GmbH, Offenbach.

[67]Vgl. Horx, M. (2009): „Das Buch des Wandels - Wie Menschen Zukunft gestalten“, Deutsche Verlags-Anstalt, München.

[68]Ambrosch, M. (2010): „Effectuation - Unternehmergeist denkt anders!“, Chomedia Verlag und Österreichische Marketing-Gesellschaft, Wien.

[69]Ambrosch, M. (2010): „Effectuation - Unternehmergeist denkt anders!“, Chomedia Verlag und Österreichische Marketing-Gesellschaft, Wien.

# QUELLENVERZEICHNIS


Ambrosch, M. (2010): „Effectuation - Unternehmergeist denkt anders!“, Chomedia Verlag und Österreichische Marketing-Gesellschaft, Wien, ISBN 3902672196.

Bantle, F., Pröbstl, B., Schuble, J. (2000): „TOP 100 Nordrhein-Westfalen“, Schlaumeier Medien GmbH, ISBN 3930016079.

Corssen, J. (2003): „Der Selbst-Entwickler - Das Corssen Seminar“, Beust Verlag, München, ISBN 9783895300721.

Covey, S. R. (2006): „Der 8. Weg - Mit Effektivität zu wahrer Größe“, 8. Auflage, GABAL Verlag GmbH, Offenbach, ISBN 3897495740.

Deutsche Gesellschaft für Personalführung e.V. (2011): „DGFP Studie: Megatrends und HR Trends“, Praxis Papier 7/2011, Düsseldorf, ISSN 1613-2785.

Dueck, G. (2011): „Professionelle Intelligenz: Worauf es morgen ankommt“, Eichborn Verlag, Frankfurt a.M., ISBN 3821865504.

EFQM (2013): „EFQM Excellence Modell 2013“, EFQM Publications, Kindle Edition, ASIN: B009SCYRRI.

Friedrich, K., Malik, F., Seiwert, L. (2009): „Das große 1x1 der Erfolgsstrategie: EKS - Erfolg durch Spezialisierung“, GABAL Verlag GmbH, Offenbach, ISBN 3869360011.

Gatterer, H., Kühmayer, F., Seitz, J. (2012): „work:design: Die Zukunft der Arbeit gestalten“, Zukunftsinstitut GmbH, Kelkheim, ISBN 9783938284643.

Ghemawat, P. (2011): „World 3.0: Global Prosperity and how to Achieve it“, Harvard Business School Press, Boston, Mass., ISBN 9781422138649.

Gladwell, M. (2000): „Der Tipping Point - Wie kleine Dinge Großes bewirken“, Berlin Verlag, Berlin, ISBN 9783827002747.

Grundl, B., Schäfer, B. (2007): „Leading Simple: Führen kann so einfach sein“, GABAL Verlag GmbH, Offenbach, ISBN 3897497085.

Hamel, G., Breen, B. (2007): „The Future of Management“, Harvard Business School Press, Boston, Mass., ISBN 1422102505.

Horx, M. (2011): „Das Megatrend Prinzip - Wie die Welt von morgen entsteht“, Deutsche Verlags-Anstalt, München, ISBN 3421044430.

Horx, M. (2009): „Das Buch des Wandels - Wie Menschen Zukunft gestalten“, Deutsche Verlags-Anstalt, München, ISBN 3421034433.

Horx, M. (2006): „Zukunft passiert. Prognosen, Visionen und falsche Bärte“, 1. Auflage, Molden Verlag, ISBN 3854851677.

Horx, M. (2005): „Future Fitness“, Eichborn Verlag, Frankfurt a.M., ISBN 3821839791.

Li, C. (2010): „Open Leadership: How Social Technology Can Transform the Way You Lead“, Verlag John Wiley & Sons, San Francisco, ISBN 0470636696.

Malik, F. (2006): „Führen, Leisten, Leben: Wirksames Management für eine neue Zeit“, Campus Verlag, Frankfurt a.M., ISBN 3593382318.

Merath, S. (2011a): „Die Kunst, seine Kunden zu lieben: Neurostrategie® für Unternehmer“, 3. Auflage, GABAL Verlag GmbH, Offenbach, ISBN 978-3869361765.

Merath, S. (2011b): „Der Weg zum erfolgreichen Unternehmer: Wie Sie und Ihr Unternehmen neue Dynamik gewinnen“, 8. Auflage, GABAL Verlag GmbH, Offenbach, ISBN 978-3897497931.

Micic, Pero (2007): „Die fünf ZukunftsBrillen: Chancen früher erkennen durch praktisches Zukunftsmanagement“, 1. Auflage, GABAL Verlag GmbH, Offenbach, ISBN 3897496690.

Morris, I. (2011): „Wer regiert die Welt? Warum Zivilisationen herrschen oder beherrscht werden“, Campus Verlag, Frankfurt a.M., ISBN 978-3593381061.

Pink, D. H. (2011): „Drive - The surprising truth about what motivates us”, Verlag Penguin Group US, ISBN 9781101524381.

Radermacher, F. J., Beyers, B. (2011): „Welt mit Zukunft – Die ökosoziale Perspektive“, Murmann Verlag, Hamburg, ISBN 978-3867741118.

Taleb, N.N. (2008a): „Der Schwarze Schwan: Die Macht höchst unwahrscheinlicher Ereignisse“, Hanser Wirtschaft, ISBN 978-3446415683. (Original: „The Black Swan: The Impact of the Highly Improbable“, Verlag Penguin Group US, ISBN 978-0141034591, Februar 2008)

Taleb, N.N. (2008b): „Narren des Zufalls: Die verborgene Rolle des Glücks an den Finanzmärkten und im Rest des Lebens“, Wiley-VCH, ISBN 978-3527504329. (Original: „Fooled by Randomness: The Hidden Role of Chance in Life and in the Markets“, Random House Trade Paperbacks, ISBN 978-0812975215, August 2005)

Wellensiek, S. (2012a): „Handbuch Resilienz-Training: Widerstandskraft und Flexibilität für Unternehmen und Mitarbeiter“, 1. Auflage, Beltz Verlag, Weinheim und Basel, ISBN 978-3407365118.

Wellensiek, S. (2012b): „Resilienz-Training für Führende: So stärken Sie Ihre Widerstandskraft und die Ihrer Mitarbeiter“, 1. Auflage, Beltz Verlag, Weinheim und Basel, ISBN 978-3407365170.

Wellensiek, S. (2011): „Fels in der Brandung statt Hamster im Rad - Zehn praktische Schritte zu persönlicher Resilienz“, 1. Auflage, Beltz Verlag, Weinheim und Basel, ISBN 978-3407365040.

Werner, G. (2008): „Einkommen für alle“, 1. Auflage, Bastei Lübbe Taschenbuch Verlag, ISBN 3404606078.

Zukunftsinstitut (2012): „Megatrend Dokumentation“, Zukunftsinstitut GmbH, Kelkheim.

## BILDNACHWEIS

*Umschlag: © noventum consulting*
*Seite 5 © noventum consulting*
*Seite 11 © Orhideal® IMAGE International Orhidea Briegel*
*Seite 21 © noventum consulting*
*Seite 21 © IBM Archiv*
*Seite 26 © noventum consulting*
*Seite 28 © noventum consulting*
*Seite 31 © noventum consulting*
*Seite 33 © noventum consulting*
*Seite 53 © noventum consulting*
*Seite 55 © Great Place to Work® Institut*
*Seite 55 © noventum consulting*
*Seite 73 istockphoto.de © [larus_ov]+[antagain],*
*photocase.de © [zanthia]+[simonthon],*
*photocase.de © [gregepperson],*
*fotolia.de © [optikon]*
*Seite 88 © noventum consulting*
*Seite 103 © noventum consulting*
*Seite 108 © noventum consulting*
*Seite 113 © noventum consulting*
*Seite 119 © noventum consulting*
*Seite 119 © froodmat/photocase.de*
*Seite 123 © noventum consulting*
*Seite 129 © noventum consulting*
*Seite 141 © noventum consulting*
*Seite 148 + 149 © noventum consulting*
*Seite 149 photocase.de © [chriskuddl\ZWEISAM]*
*Seite 177 © noventum consulting*
*Seite 186 © noventum consulting*
*Seite 190 © noventum consulting*
*Seite 193 © ERCIS/IHK Nord Westfalen*
*Seite 198 © noventum consulting*

*Seite 199 © skate-aid*
*Seite 200 © noventum consulting*
*Seite 203 © noventum consulting*
*Seite 204 © noventum consulting*
*Seite 205 © noventum consulting*
*Seite 215 © noventum consulting*
*Seite 220 © noventum consulting*
*Seite 223 © noventum consulting*
*Seite 251 © noventum consulting*
*Seite 275 © noventum consulting*
*Seite 279 © Dr. Kerstin Friedrich*
*Seite 283 © noventum consulting*
*Seite 286 Buchcover*
*Seite 297 © noventum consulting*
*Seite 298 © noventum consulting*
*Seite 299 © noventum consulting*

noventum
IT MANAGEMENT CONSULTING